Rolf A. Schütze

Deutsch-amerikanische
Urteilsanerkennung

RiWV 9

Recht des internationalen Wirtschaftsverkehrs

herausgegeben von

Norbert Horn, Köln

in Verbindung mit

Ulrich Drobnig, Hamburg

Rolf Herber, Hamburg

Rolf A. Schütze, Stuttgart

und der Forschungsstelle für Vertragsrecht der internationalen Wirtschaft an der Universität zu Köln

Band 9

Walter de Gruyter · Berlin · New York

Deutsch-amerikanische Urteilsanerkennung

von

Rolf A. Schütze

W DE G

1992

Walter de Gruyter · Berlin · New York

Professor Dr. Rolf A. Schütze, Rechtsanwalt in Stuttgart

⊗ Gedruckt auf säurefreiem Papier, das die US-ANSI-Norm über Haltbarkeit erfüllt.

Die Deutsche Bibliothek – CIP-Einheitsaufnahme

Schütze, Rolf A.:
Deutsch-amerikanische Urteilsanerkennung / von Rolf A. Schütze. – Berlin ; New York : de Gruyter, 1992
(Recht des internationalen Wirtschaftsverkehrs ; Bd. 9)
ISBN 3-11-012703-2
NE: GT

Printed in Germany.
Satz und Druck: Arthur Collignon GmbH, Berlin
Buchbinderische Verarbeitung: Lüderitz & Bauer Buchgewerbe GmbH, Berlin

Für B. A.

Vorwort

Die Zahl der Publikationen über die allgemeinen Prinzipien der Anerkennung und Vollstreckbarerklärung ausländischer Zivilurteile in den USA wächst in abundante Fülle. Diese Darstellungen sind mehr von wissenschaftlichem Interesse denn von praktischem Wert, da es keine einheitliche Regelung der Wirkungserstreckung ausländischer Titel in den USA gibt. Die Materie fällt in die Kompetenz der Einzelstaaten.

Kernstück der vorliegenden Arbeit ist deshalb eine Darstellung des Rechts der Wirkungserstreckung in den Einzelstaaten der USA. Sie basiert auf einer Serie von Aufsätzen, die in den Jahren 1986 bis 1990 in der JURISTISCHEN RUNDSCHAU erschienen ist. Mancherlei hat sich zwischenzeitlich geändert. Weitere Staaten haben die Mustergesetze über die Anerkennung und Vollstreckbarerklärung von Zahlungsurteilen, Unterhalts- und Sorgerechtsentscheidungen übernommen. Ständig ergehen neue Gegenseitigkeitsbekanntmachungen nach dem Auslandsunterhaltsgesetz. Dies alles ist nach dem Stand vom 1. 1. 1991 berücksichtigt.

Nachdem sich in der jüngeren Vergangenheit zunehmend Probleme bei der Geltendmachung US-amerikanischer Schadensersatzurteile ergeben haben – insbesondere bei solchen, die nach extensiver pre-trial discovery ergangen sind oder die punitive damages Zusprechungen enthalten – wird auch die Wirkungserstreckung US-amerikanischer Titel in der Bundesrepublik Deutschland erörtert.

Hilfe ist dem Verfasser von vielen Seiten zuteil geworden. Gedankt sei allen, die Materialien und Informationen zur Verfügung gestellt haben, insbesondere zahlreichen amerikanischen Anwälten und attorney generals. Der Verlag de Gruyter & Co. hat viel Geduld und Verständnis gezeigt. Herrn Dr. Dr. Hassenpflug, der die Aufsatzreihe angeregt, und Frau Dr. Walther, die sie später betreut hat, gilt der besondere Dank des Verfassers.

Stuttgart, den 1. August 1991 *Rolf A. Schütze*

Inhaltsverzeichnis

Literaturverzeichnis

ALEXANDER, A. A., Enforcement of Foreign Judgments Under the Comity of Nations, 17 Geo. L. J. 221 (1929)

APPLETON, S. F., Surrogacy arrangements and the conflict of laws, 1990 WisLRev 390 (1990)

BARRY, H., Comity, 12 Va. L. Rev. 353 (1926)

BATES, E. E. (JR.), Uniform Child Custody Jurisdiction Act: Progress and pitfalls, 17 Ga. S. B. J. 72 (1980)

BAUMANN, P., Die Anerkennung und Vollstreckung ausländischer Entscheidungen in Unterhaltssachen, 1989

BAUR, F., Einige Bemerkungen zum verfahrensrechtlichen ordre public, Festschrift für Guldener, 1973, S. 1 ff.

BEHRENS, P., Internationale Gerichtsstandsvereinbarungen vor amerikanischen Gerichten, RabelsZ 38 (1974), S. 590 ff.

BERGMANN, A./FERID, M., Internationales Ehe- und Kindschaftsrecht, o. J.

BERNSTEIN, H., Prozessuale Risiken im Handel mit den USA (Ausgewählte Fragen zu § 328 ZPO), Festschrift für Ferid, 1978, S. 75 ff.

BERNSTEIN, H., Der lange Arm amerikanischer Gerichte, UFITA 76 (1976), S. 195 ff.

BISHOP, R. D., Obtaining Recognition and Enforcement of Foreign Country Judgments in Texas, 45 TexBJ 287 (1982)

BISHOP, R. D./BURNETTE, S., United States Practice Concerning the Recognition of Foreign Judgments, 16 Int'l Law 425 (1982)

BLACK, CH. L.,The Bremen, COGSA and the Problem of Conflicting Interpretation, 6 VandJTransnatL 365 (1972–73)

BLACK, S. F./LANGE, D. G., Civil Litigation in the United States: A Practical Guide for German Companies, 1985

DIES., Der Zivilprozeß in den Vereinigten Staaten, 1987

BLUMENWITZ, D., Einführung in das anglo-amerikanische Recht, 4. Aufl., 1990

BÖHMER, CH., Das Auslandsunterhaltsgesetz (AUG) vom 19. Dezember 1986, IPRax 1987, S. 139 ff.

VON BOEHMER, H./JANDER, K. H., Anerkennung von Gerichtsstandsvereinbarungen in den USA, AWD 1972, S. 449 ff.

BOLLMANN, H., Gegenrecht und Anerkennung schweizerischer Urteile in den USA, vor allem in New York, SJZ 1974, S. 236 ff.

BORN, G. B./WESTIN, D., International Civil Litigation in United States Courts, 1989

BRENSCHEIDT, M., Anerkennung und Vollstreckung ausländischer Geldurteile in den USA, RIW/AWD 1976, S. 554 ff.

DERS., The Recognition and Enforcement of Foreign Money-Judgments in the Federal Republic of Germany, 11 Int'l Law 261 (1977)

BRUNNER, D./APPLBAUM, E., Mexican Divorces: Are they Recognized in California? 4 Cal.W.L.Rev. 341 (1968)

BÜLOW, A./ARNOLD, H., Der Internationale Rechtsverkehr in Zivil- und Handelssachen, 1. Aufl., 1954 ff.

BUNGE, J., Der englische Zivilprozeß, 1974

CALDWELL, M. S., Enforcing Foreign Country Judgments in Colorado, 13 Colo. Law 381 (1984)

CARL, B. M., Recognition of Texas Judgments in Courts of Foreign Nations – and Vice Versa. 13 HoustonLRev 680 (1976)

CASAD, R. C., Long Arm and Convenient Forum 20 KanLRev 1 (1971)

DERS., Jurisdiction in Civil Actions, 1983

CLARK, H. H. J., Estoppel Against Jurisdictional Attack on Decrees of Divorce 70 YaleLJ 45 (1960)

COMMENT, Enforcement of Foreign Money-Judgments in the Federal Republic of Germany, 17 Tex. Int'l L. J. 195 (1982)

COOMBS, R. M., Interstate child custody: Jurisdiction, recognition and enforcement, 66 MinnLRev 711 (1982)

DEUTSCH, E., Die Anerkennung ausländischer Urteile in den Staaten der USA, ZZP 71 (1958), S. 321 ff.

DOLZER, R., Neuregelung der Durchsetzung von Unterhaltsansprüchen deutscher Kinder in Kalifornien, FamRZ 1980, S. 646 f.

DROBNIG, U., American-German Private International Law, 1972

DROLSHAMMER, J./SCHÄRER, H., Die Verletzung des materiellen ordre public als Verweigerungsgrund bei der Vollstreckung eines US-amerikanischen „punitive damages-Urteils" (Urteilsanmerkung), SJZ 1986, S. 309 ff.

EHRENZWEIG, A. A., Interstate recognition of support duties under the California uniform act, 42 CalLRev 382 (1954)

DERS., The Transient Rule of Personal Jurisdiction, 65 YaleLJ 289 (1956)

EIKENBERRY, K. O./JOHNSON, J. M./WULF, L. L., Enforcing Washington Judgments in British Columbia: „Reciprocating State" Status for Washington Will Make Enforcement Easier, 13 UPugetSLRev 491 (1990)

ERNSTER, P. G., Recognition and Enforcement of Foreign Money-Judgments: A Clear Position for New Jersey, 22 RutgersLRev 327 (1968)

FELLER, A. H., Die Vollstreckbarkeit von Urteilen amerikanischer Gerichte in Deutschland, JW 1931, S. 112 ff.

FOSTER, H. H., Child custody jurisdiction, 27 N.Y.L.Sch.L.Rev. 297 (1981)

FOX, W. F., The Uniform Reciprocal Enforcement of Support Act, 12 Fam.L.Q. 113 (1978)

FRAGISTAS, CH. N., Der Begriff der Gegenseitigkeit bei der Anerkennung der ausländischen Urteile, Festschrift für Schätzel, 1960, S. 149 ff.

FREI, L., Discovery, Secrecy and International Mutual Assistance in Civil Matters, in: Zäch (Herausg.), Litigation in Business Matters in the United States and Legal Assistance, 1984, S. 169 ff.

FRICKE, M., Anerkennungszuständigkeit zwischen Spiegelbildgrundsatz und Generalklausel, 1990

FRIEDENTHAL, J. H./KANE, M. K./MILLER, A. R., Civil Procedure, 1985

FRUMKES, M. B./ELSER, M. B., Uniform Child Custody Jurisdiction Act: Florida experience, 53 Fla.Bar J. 684 (1979)

GEIMER, R., Zur Prüfung der Gerichtsbarkeit und der internationalen Zuständigkeit bei der Anerkennung ausländischer Urteile, 1966

DERS., Zur Nichtanerkennung ausländischer Urteile wegen nicht ordnungsgemäßen erststaatlichen Verfahrens, JZ 1969, S. 12 ff.

DERS., Internationales Zivilprozeßrecht, 1987

GEIMER, R./SCHÜTZE, R.A., Internationale Urteilsanerkennung, Bd. I, 2, 1984 (abgekürzt zitiert Geimer/Schütze); Bd. II, 1971

GINSBURG, R. B., Recognition and Enforcement of Foreign Judgments: A Summary View of the Situation in the United States, 4 Int'l Law 720 (1970)

GOLOMB, A. E., Recognition of Foreign Money Judgments: A Goal Orientated Approach, 43 St. John's LRev 604 (1969)

GOODRICH, H. F./SCOLES, E. F., Conflict of Laws, 1964

GREENE, The enforcement of a foreign divorce decree in New York, 1926

GROSS, M., Foreign Creditor Rights: Recognition of Foreign Bankruptcy Adjucations in the United States and the Republic of Singapore, 12 U.Pa.J.Int'l Bus.L. 125 (1991)

GROSSFELD, B., Die Privatstrafe, 1960

HARDER, E., Vollstreckung deutscher Urteile in USA, insbesondere in New York, AWD 1963, S. 36 ff.

DERS., Die Anerkennung und Vollstreckung deutscher Urteile, insbesondere deutscher Ehescheidungsurteile und Schiedssprüche im Staate New York, Diss. Frankfurt/Main 1967

HART, H. M. JR., The Relation between State and Federal Law 54 ColumLRev 489 (1954)

HAUSMANN, R., Kollisionsrechtliche Schranken von Scheidungsurteilen, 1980

HAY, P., Einführung in das amerikanische Recht, 3. Aufl., 1990

HAZARD, J., Civil Procedure, 3. Aufl., bearb. von James, F. und Hazard, G. C., 1985

HECK, A., Die Haager Konvention über die Beweisaufnahme im Ausland aus der Sicht der amerikanischen Prozeßgerichte sowie der amerikanischen Regierung, ZVglRWiss. 84 (1985), S. 225 ff.

HEIDENBERGER, P., Vollstreckung deutscher Urteile in den Vereinigten Staaten, NJW 1958, S. 117 ff.

DERS., Similarities and Differences in the Enforcement of Foreign Decrees and Judgments in the Federal Republic of Germany and the United States, D.C.B.J. 433 (1966)

DERS., Sind Gerichtsstandsvereinbarungen im deutsch-amerikanischen Rechtsverkehr ratsam?, RIW/AWD 1981, S. 371 ff.

DERS., Haager Beweisübereinkommen und Urkundenvorlage deutscher Parteien in den USA, RIW/AWD 1985, S. 437 ff.

Hoechst, P., Zur Versicherbarkeit von punitive damages, VersR 1983, S. 53 ff.
ders., Die US-amerikanische Produzentenhaftung, 1986
Hoffheimer, D. J., Ohio's New Weapon for Doing Business Abroad: Recognition and Enforcement of Foreign Country Money-Judgments, 58 Ohio Bar 1288 (1985)
Hollmann, H. H., Auslandszustellung in USA-amerikanischen Zivil- und Verwaltungssachen, RIW/AWD 1982, S. 784 ff.
Homburger, A., Recognition and Enforcement of Foreign Judgments: A New Yorker reflects on the Uniform Acts, 18 AmJCompL 367 (1970)
Honsberger, J. D., Conflict of Laws and the Bankruptcy Reform Act of 1978, 30 Case Western Law Review 631 (1980)
Hood, W. W. (Jr.), Oklahoma's Uniform Child Custody Jurisdiction Act, 51 Okl.B.J. 2537 (1980)
Howe, M. de W., The Recognition of Foreign Divorce Decrees in New York State, 40 ColumLRev 373 (1940)
von Hülsen, H.-V., Vorlage von Dokumenten und Zeugenvernehmungen für US-Zivilprozesse (Pre-Trial Discovery), AWD 1974, S. 315 ff.
ders., Produkthaftpflicht USA 1981, RIW/AWD 1982, S. 1 ff.
ders., Gebrauch und Mißbrauch US-amerikanischer „pre-trial discovery und die internationale Rechtshilfe – Das US-Recht und seine Hintergründe, RIW/AWD 1982, S. 225 ff.
ders., Kanadische und Europäische Reaktionen auf die US „pretrial discovery", RIW/AWD 1982, S. 537 ff.
Jacoby, S. B., Das Erforschungsverfahren im Amerikanischen Zivilprozeß – Vorschläge für eine Reform der ZPO, ZZP 74 (1961), S. 145 ff.
Jander, K. H./Sohn, T., Übersicht über das neue amerikanische Konkursrecht, RIW/AWD 1981, S. 744 ff.
Jett, E. C. jr., Conflict of Laws – Recognition of Foreign Judgments – Federal Courts are to Apply State Laws on Recognition of Foreign Judgments, 8 Texas Int'l L.J. 247 (1973)
Juenger, F. K., Vereinbarungen über den Gerichtsstand nach amerikanischem Recht, RabelsZ 35 (1971), S. 284 ff.
ders., Forum Shopping, RabelsZ 46 (1982), S. 708 ff.
ders., The Recognition of Money Judgments in Civil and Commercial Matters, 36 AmJCompL 1 (1988)
ders., Forum Shopping, Domestic and International, 63 TulaneLRev 553 (1989)
Junker, A., Discovery im deutsch-amerikanischen Rechtsverkehr, 1987
ders., Einheit und Vielfalt: Die Zivilprozeßrechte der Vereinigten Staaten von Amerika. Geschichte, Systematik, Rezeption, ZZP 101 (1988), S. 241 ff.
Kallmann, F., Anerkennung und Vollstreckung ausländischer Zivilurteile und gerichtlicher Vergleiche, 1946
Kellerhals, F., Die Durchsetzung von Unterhaltsansprüchen in den USA unter besonderer Berücksichtigung des Verhältnisses zwischen der Schweiz und den Vereinigten Staaten von Amerika, 1970 (abgekürzt zitiert Kellerhals)
Kessedjian, C., La reconnaissance et l'exécution des jugements en droit international privé aux Etats-Unis, 1987 (abgekürzt zitiert Kessedjian)

KISSKALT, W., Die Vollstreckbarkeit kalifornischer Urteile in Deutschland, LZ 1907, Sp. 689 ff.

KOCH, H., Zur Praxis der Rechtshilfe im deutsch-amerikanischen Prozeßrecht, IPRax 1985, S. 245 ff.

KOHLER, R. M., Wirksamkeit von Gerichtsstands- und Schiedsgerichtsvereinbarungen in internationalen Verträgen in der amerikanischen Rechtsprechung, RIW/AWD 1976, S. 507 ff.

KORNBLUM, U., „Ordre public transnational", „ordre public international" und „ordre public interne" im Recht der privaten Schiedsgerichtsbarkeit, Festschrift für Nagel, 1987, S. 140 ff.

KRAUS, H.-M., Das materielle amerikanische Insolvenzrecht, RIW/AWD 1983, S. 553 ff.

KROHN, W., Anerkennung und Durchsetzung deutscher Urteile sowie von Schiedsvereinbarungen und Schiedssprüchen in den USA, Monatsschrift der Vereinigung deutscher Auslandsbeamten 26 (1963), S. 101 f.

KULZER, B., Some Aspects of Enforceability of Foreign Judgments: A Comparative Summary, 16 BuffLRev 84 (1966)

DIES., Recognition of Foreign Country Judgments in New York: The Uniform Foreign Money-Judgments Recognition Act, 18 BuffLR 1 (1968)

DIES., The Uniform Foreign Money-Judgments Recognition Act, Report of the Administrative Board of the Judicial Conference of the State of New York, Legislative Doc. No. 90, S. 194 ff. (1968)

DIES., The Uniform Enforcement of Foreign Judgments Act and the Uniform Enforcement of Foreign Judgments Act (Revised 1964 Act), Report of the Administrative Board of the Judicial Conference of the State of New York, Legislative Doc. No. 90, S. 248 ff. (1968)

LEFLAR, R. A., Extrastate Enforcement of Penal and Governmental Claims, 46 HarvLRev 193 (1932)

DERS., The Bremen and the Model Choice of Forum Act 6 VandJTransnatL 375 (1972–73)

DERS., American Conflicts Law, 3. Aufl., 1977

LEHNHOFF, A., Die Anerkennung und Vollstreckung ausländischer Urteile in den USA – Ein allgemeiner Teil, RabelsZ 19 (1954), S. 201 ff.

LINDNER, A. A., Judgments Rendered Abroad – State Law or Federal Law?, 12 Vill. L.R. 618 (1967)

LORENZEN, E. G., The Enforcement of American Judgments Abroad, 29 YaleLJ 188 (1919)

LYNCH, D. E. A., New York's new custody act, 51 N.Y.S.B.J. 625 (1979)

MAIER, H. G., The Three Faces of Zapata: Maritime Law, Federal Common Law, Federal Courts Law 6 VandJTransnatL 387 (1972–73)

MARKS, R. P., Alternative Theories for Establishing a Federal Common Law of Foreign Judgments in Commercial Cases: The Foreign Affairs Power and the Dormant Foreign Commerce Clause, 16 Va. J. Int'l L. 633 (1976)

MARTENS, D.-R., Erfahrungen mit Rechtshilfeersuchen aus den USA nach dem Haager Beweisübereinkommen, RIW/AWD 1981, S. 731 ff.

MARTINEZ LLANES, H. A., Foreign Nation Judgments: Recognition and Enforcement of Foreign Judgments in Florida and the Status of Florida Judgments Abroad, XXXI UFlaLRev 588 (1979)

MARTINY, D., Anerkennung ausländischer Entscheidungen nach autonomem Recht, in: Handbuch des Internationalen Zivilverfahrensrechts, Bd. III/1, 1984 (abgekürzt zitiert Martiny)

DERS., Recognition and Enforcement of Foreign Money Judgments in the Federal Republic of Germany, 35 AmJCompL 721 (1987)

MAXWELL, N. G., Family law: Kansas law survey, 32 KanLRev 543 (1984)

VON MEHREN, R. B., Enforcement of Foreign Judgments in the United States, 17 Va. J. Int'l Law 401 (1977)

VON MEHREN, R. B./PATTERSON, M. E., Recognition and Enforcement of Foreign Country Judgments in the United States, 6 Law. Pol. Int. Bus. 15 (1974)

MENTZ, A., Das „Pre-Trial Discovery" Verfahren im US-amerikanischen Zivilprozeß, RIW/AWD 1981, S. 73 ff.

MIDDLEDITCH, L. B. (JR.)/SMITH, R./GLEDHILL, K./COETSER, P., Enforcement of Foreign Commercial Judgments in the US, England and South Africa, 19 International Business Lawyer 436 (1991)

MOCKENHAUPT, I., Zur Geltendmachung deutscher Kindesunterhaltsurteile und -ansprüche in den Vereinigten Staaten, DAVorm 1985, Sp. 1 ff.

MÖSSLE, K. P., Extraterritoriale Beweisbeschaffung im internationalen Wirtschaftsrecht. Eine vergleichende Untersuchung unter besonderer Berücksichtigung des US-amerikanischen und deutschen Rechts, 1990

MUELLER, R., Die Anerkennung von Urteilen, Beschlüssen und Anordnungen ausländischer Gerichte und von ausländischen Schiedssprüchen im Recht der Vereinigten Staaten von Amerika, RabelsZ 5 (1931), S. 905 ff.

MÜLLER, K., Zum Begriff der „Anerkennung" von Urteilen in § 328 ZPO, ZZP 79 (1966), S. 199 ff.

NADELMANN, K. H., Non-Recognition of American Money Judgments Abroad and What To Do About It, 42 IowaLRev 236 (1957)

DERS., Jurisdictionally Improper Fora, Legal Essays in Honor of Hessel E. Yntema, 1961, S. 321 ff.

DERS., Choice-of-Court Clauses in the United States: The Road to Zapata 21 AmJCompL 124 (1973)

DERS., The Bankruptcy Reform Act and Conflict of Laws: Trial and Error, 29 Harv.Int'l L.J. 27 (1988)

OWEN, D. G., Punitive Damages in Product Liability Litigation, MichLRev 1258 (1976)

PEGGS, J., Procedure and defenses under Kansas Uniform Reciprocal Enforcement of Support Act, 46 J.Kan.B.A. 233 (1977)

PERRET, R., La reconnaissance et l'exécution des jugements étrangers aux Etats-Unis, Diss. Lausanne 1951 (abgekürzt zitiert Perret)

PETERS, E., Der Ausforschungsbeweis im Zivilprozeßrecht, 1966

PETERSON, C. H., Res Judicata and Foreign Country Judgments, 24 OhioStLJ 291 (1963)

DERS., Die Anerkennung ausländischer Urteile im amerikanischen Recht – Entwicklungstendenzen in Gesetzgebung und Rechtsprechung, 1964 (abgekürzt zitiert Peterson)

DERS., Die Anerkennung und Vollstreckung ausländischer Urteile in den Vereinigten Staaten, RabelsZ 33 (1969), S. 543 ff.

DERS., Foreign Country Judgments and the Second Restatement of Conflict of Laws, 72 ColumLRev 220 (1972)

PFEIL-KAMMERER, CH., Deutsch-amerikanischer Rechtshilfeverkehr in Zivilsachen, 1982

RAM, E. D., Reciprocal Recognition of Foreign Country Money Judgments: The Canada-United States Example, 45 FordhamLRev 1456 (1977)

READ, H. E., Recognition and Enforcement of Foreign Judgments, 1938

REESE, W. L. M., The Status in this Country of Judgments Rendered Abroad, 50 ColumLRev 783 (1950)

RIESENFELD, S., Transnational Bankruptcy Law: Recent Developments in Argentina and the United States, Festschrift für Kegel, 1987, S. 483 ff.

RIEZLER, E., Internationales Zivilprozeßrecht und prozessuales Fremdenrecht, 1949 (abgekürzt zitiert Riezler)

ROTH, G. H., Der Vorbehalt des Ordre Public gegenüber fremden gerichtlichen Entscheidungen, 1967

RÜNZI, S., Zur Geltendmachung von Unterhaltsansprüchen in den USA, ZblJugR 1978, S. 282 ff.

DIES., Die Bundesrepublik Deutschland als „reciprocating state" im Verhältnis zu Kalifornien, DAVorm. 1978, S. 419 ff.

SALES, J. B./COLE, K. B. (JR.), Punitive Damages: A relict that has outlined its origins, 37 Vanderbilt Law Review 117 (1984)

SANDROCK, O./JUNG, H., Handbuch der internationalen Vertragsgestaltung, Bd. II, 1980

SCHAAFF, P., Dicovery und andere Mittel der Sachverhaltsaufklärung im englischen Pre-Trial-Verfahren im Vergleich zum deutschen Zivilprozeß, 1983

SCHACK, H., Jurisdictional Minimum Contacts Scrutinized, 1983

DERS., Art. 12 EGBGB in deutschen Urteilsanerkennungs- und Regreßverfahren, VersR 1984, S. 422 ff.

DERS., Einführung in das US-amerikanische Zivilprozeßrecht, 1988

DERS., Internationales Zivilverfahrensrecht, 1991

SCHLOSSER, P., Der Justizkonflikt zwischen den USA und Europa, 1985

SCHRÖDER, J., Internationale Zuständigkeit, 1971

SCHÜTZE, R. A., Internationale Zuständigkeit und Verbürgung der Gegenseitigkeit bei der Anerkennung ausländischer Entscheidungen, AWD 1970, S. 495 ff.

DERS., Zur partiellen Verbürgung der Gegenseitigkeit bei der Anerkennung ausländischer Urteile, NJW 1973, S. 2143 ff.

DERS., Gerichtsstandsvereinbarungen im deutsch-amerikanischen Rechtsverkehr, IWB F 8 (USA) Gr. 3, S. 109 ff.

DERS., Zur internationalen Zuständigkeit auf Grund rügeloser Einlassung, ZZP 90 (1977), S. 67 ff.

DERS., Zur Bedeutung der rügelosen Einlassung im internationalen Zivilprozeßrecht, RIW/AWD 1979, S. 590 ff.

DERS., Konzeptionelle Unterschiede der Prozeßführung vor US-amerikanischen und deutschen Gerichten, WM 1983, S. 1078 ff.

DERS., Zulässige Zwangsvollstreckung aus einem New Yorker Exequatururteil, RIW/AWD 1984, S. 734 ff.

DERS., Die Anerkennung und Vollstreckung ausländischer Zivilurteile in den Einzelstaaten der USA, IWB F 8 (USA) Gr. 3 S. 139 ff.

DERS., Rechtsverfolgung im Ausland, 1985

DERS., Deutsches Internationales Zivilprozeßrecht, 1985

DERS., Zur Verteidigung im Beweiserhebungsverfahren in US-amerikanischen Zivilprozessen, WM 1986, S. 633 ff.

DERS., Die Anerkennung und Vollstreckbarerklärung ausländischer, insbesondere deutscher, Zivilurteile in den USA, JR 1986, S. 177 ff.

DERS., Die Anerkennung und Vollstreckbarerklärung ausländischer Zivilurteile in Kalifornien, JR 1986, S. 235 ff.

DERS., Die Anerkennung und Vollstreckbarerklärung ausländischer Zivilurteile in Montana, JR 1986, S. 274 f.

DERS., Die Anerkennung und Vollstreckbarerklärung ausländischer Zivilurteile in New York, JR 1986, S. 322 ff.

DERS., Die Anerkennung und Vollstreckbarerklärung ausländischer Zivilurteile in Illinois, JR 1986, S. 364 f.

DERS., Die Anerkennung und Vollstreckbarerklärung ausländischer Zivilurteile in North Carolina, JR 1986, S. 403 f.

DERS., Die Anerkennung und Vollstreckbarerklärung ausländischer Zivilurteile in Wyoming, JR 1986, S. 444 f.

DERS., Die Anerkennung und Vollstreckbarerklärung US-amerikanischer Schadensersatzurteile in Produkthaftungssachen in der Bundesrepublik Deutschland, Festschrift für Nagel, 1987, S. 392 ff.

DERS., Die Anerkennung und Vollstreckbarerklärung US-amerikanischer Zivilurteile, die nach einer pre-trial-discovery ergangen sind, in der Bundesrepublik Deutschland, Festschrift für Stiefel, 1987, S. 697 ff.

DERS., Die Anerkennung und Vollstreckbarerklärung ausländischer Zivilurteile in Washington, JR 1987, S. 9 f.

DERS., Die Anerkennung und Vollstreckbarerklärung ausländischer Zivilurteile in Florida, JR 1987, S. 59

DERS., Die Anerkennung und Vollstreckbarerklärung ausländischer Zivilurteile in Maine, JR 1987, S. 102 f.

DERS., Die Anerkennung und Vollstreckbarerklärung ausländischer Zivilurteile in Utah, JR 1987, S. 143

DERS., Die Anerkennung und Vollstreckbarerklärung ausländischer Zivilurteile in Arizona, JR 1987, S. 185 f.

DERS., Die Anerkennung und Vollstreckbarerklärung ausländischer Zivilurteile in Maryland, JR 1987, S. 231 f.

DERS., Die Anerkennung und Vollstreckbarerklärung ausländischer Zivilurteile in Alabama, JR 1987, S. 280

DERS., Die Anerkennung und Vollstreckbarerklärung ausländischer Zivilurteile in Oregon, JR 1987, S. 317 ff.
DERS., Die Anerkennung und Vollstreckbarerklärung ausländischer Zivilurteile in Connecticut, JR 1987, S. 364 ff.
DERS., Die Anerkennung und Vollstreckbarerklärung ausländischer Zivilurteile in Texas, JR 1987, S. 403 ff.
DERS., Die Anerkennung und Vollstreckbarerklärung ausländischer Zivilurteile in North Dakota, JR 1987, S. 446 f.
DERS., Die Anerkennung und Vollstreckbarerklärung ausländischer Zivilurteile in Arkansas, JR 1987, S. 498 f.
DERS., Die Anerkennung und Vollstreckbarerklärung ausländischer Zivilurteile in Georgia, JR 1988, S. 57 ff.
DERS., Die Anerkennung und Vollstreckbarerklärung ausländischer Zivilurteile in Delaware, JR 1988, S. 103 f.
DERS., Die Anerkennung und Vollstreckbarerklärung ausländischer Zivilurteile in Hawaii, JR 1988, S. 141 f.
DERS., Die Anerkennung und Vollstreckbarerklärung ausländischer Zivilurteile in Ohio, JR 1988, S. 193 ff.
DERS., Die Anerkennung und Vollstreckbarerklärung ausländischer Zivilurteile in Louisiana, JR 1988, S. 229 f.
DERS., Die Anerkennung und Vollstreckbarerklärung ausländischer Zivilurteile in Kentucky, JR 1988, S. 275 f.
DERS., Die Anerkennung und Vollstreckbarerklärung ausländischer Zivilurteile in Indiana, JR 1988, S. 322 f.
DERS., Die Anerkennung und Vollstreckbarerklärung ausländischer Zivilurteile in New Jersey, JR 1988, S. 364 ff.
DERS., Die Anerkennung und Vollstreckbarerklärung ausländischer Zivilurteile in South Dakota, JR 1988, S. 405 f.
DERS., Neuregelung der Anerkennung und Vollstreckbarerklärung ausländischer Zahlungsurteile in Ohio, JR 1988, S. 406
DERS., Die Anerkennung und Vollstreckbarerklärung ausländischer Zivilurteile in Iowa, JR 1988, S. 448 f.
DERS., Die Anerkennung und Vollstreckbarerklärung ausländischer Zivilurteile in Michigan, JR 1988, S. 497 ff.
DERS., Die Anerkennung und Vollstreckbarerklärung ausländischer Zivilurteile in Oklahoma, JR 1989, S. 5 ff.
DERS., Die Anerkennung und Vollstreckbarerklärung ausländischer Zivilurteile in Kansas, JR 1989, S. 56 f.
DERS., Die Anerkennung und Vollstreckbarerklärung ausländischer Zivilurteile in West Virginia, JR 1989, S. 102 f.
DERS., Die Anerkennung und Vollstreckbarerklärung ausländischer Zivilurteile in Colorado, JR 1989, S. 234 ff.
DERS., Die Anerkennung und Vollstreckbarerklärung ausländischer Zivilurteile in Tennessee, JR 1989, S. 276 ff.
DERS., Die Anerkennung und Vollstreckbarerklärung ausländischer Zivilurteile in Nevada, JR 1989, S. 366 f.

DERS., Die Anerkennung und Vollstreckbarerklärung ausländischer Zivilurteile in Nebraska, JR 1989, S. 409 f.

DERS., Die Anerkennung und Vollstreckbarerklärung ausländischer Zivilurteile in New Mexico, JR 1989, S. 458 f.

DERS., Die Anerkennung und Vollstreckbarerklärung ausländischer Zivilurteile in Vermont, JR 1989, S. 498 f.

DERS., Die Anerkennung und Vollstreckbarerklärung ausländischer Zivilurteile in Missouri, JR 1990, S. 58.

DERS., Die Anerkennung und Vollstreckbarerklärung ausländischer Zivilurteile in Rhode Island, JR 1990, S. 100 ff.

DERS., Die Anerkennung und Vollstreckbarerklärung ausländischer Zivilurteile in Virginia, JR 1990, S. 147 ff.

DERS., Die Anerkennung und Vollstreckbarerklärung ausländischer Zivilurteile in Pennsylvania, JR 1990, S. 188 ff.

DERS., Die Anerkennung und Vollstreckbarerklärung ausländischer Zivilurteile in New Hampshire, JR 1990, S. 234 f.

DERS., Die Anerkennung und Vollstreckbarerklärung ausländischer Zivilurteile in South Carolina, JR 1990, S. 278 f.

DERS., Die Anerkennung und Vollstreckbarerklärung ausländischer Zivilurteile in Idaho, JR 1990, S. 324 f.

DERS., Die Anerkennung und Vollstreckbarerklärung ausländischer Zivilurteile in Massachusetts, JR 1990, S. 364 f.

DERS., Die Anerkennung und Vollstreckbarerklärung ausländischer Zivilurteile in Minnesota, JR 1990, S. 415 f.

DERS., Die Anerkennung und Vollstreckbarerklärung ausländischer Zivilurteile in Mississippi, JR 1990, S. 456 f.

DERS., The Recognition and Enforcement of American Civil Judgments Containing Punitive Damages in the Federal Republic of Germany, 11 U.Pa.J.Int'l Bus.L. 581 (1990)

SCHURTMAN, W./WALTER, O. L., Der amerikanische Zivilprozeß, 1978

SCHWENK, E. H., Der neue Freundschafts-, Handels- und Schiffahrtsvertrag zwischen der Bundesrepublik Deutschland und den Vereinigten Staaten von Amerika, JZ 1957, S. 197 ff.

SCOLES, E. F./AARNAS, L. E., The Recognition and Enforcement of Foreign Nations Judgments: California, Oregon and Washington, 57 OreLRev 377 (1978)

SOUTHARD, W. G., The Reciprocity Rule and Enforcement of Foreign Judgments 16 Colum.J.Transnat.L. 327 (1977)

STIEFEL, E. C., „Discovery"-Probleme und Erfahrungen im deutsch-amerikanischen Rechtshilfeverkehr, RIW/AWD 1979, S. 509 ff.

STIEFEL, E. C./PETZINGER, W. F., Deutsche Parallelprozesse zur Abwehr amerikanischer Beweiserhebungsverfahren?, RIW/AWD 1983, S. 242 ff.

STIEFEL, E. C./STÜRNER, R., Die Vollstreckbarkeit US-amerikanischer Schadensersatzurteile exzessiver Höhe, VersR 1987, S. 829 ff.

STOEL, T. B., The Enforcement of Non-Criminal Penal and Revenue Judgments in England and the United States, 16 Int'l & Comp. L.Q. 663 (1967)

STÜRNER, R., Rechtshilfe nach dem Haager Beweisübereinkommen für Common Law Länder, JZ 1981, S. 521 ff.

DERS., Die Gerichte und Behörden der USA und die Beweisaufnahme in Deutschland, ZVglRWiss. 81 (1982), S. 159 ff.

STUMBERG, G. W., Principles of Conflict of Laws, 3. Aufl., 1963

SÜSS, T., Die Anerkennung ausländischer Urteile, Festschrift für Rosenberg, 1949, S. 229 ff.

THÜMMEL, R. C., Zur Anerkennung und Vollstreckung deutscher Urteile in North Carolina, IPRax 1986, S. 256 ff.

DERS., Zum Regreß im US-amerikanischen Produkthaftungsprozeß, RIW/AWD 1988, S. 359 ff.

DERS., Neues zu den Punitive Damages in den USA, RIW/AWD 1988, S. 613 f.

TOEPKE, U., Jurisdiction Over Foreign (non-U.S.) Corporations in the United States in Parent-Subsidiary Relationships (Durchgriffshaftung), Festschrift für Stiefel, 1987, S. 785 ff.

TOMFORDE, H., Das Recht des nichtehelichen Kindes und seiner Mutter im In- und Ausland, Vereinigte Staaten

UHLIG, S./BERARD, P., Die Geltendmachung von Unterhaltsansprüchen im Inland und Ausland nach dem Auslandsunterhaltsgesetz (AUG), NJW 1987, S. 1521 ff.

UNDERHILL, G. J., The Present Status of the Doctrine of Hilton v. Guyot, 6 South. Tex. L.J. 129 (1962)

VELTINS, M. A., Die neuen New Yorker Rechtswahl- und Gerichtsstandsklauseln, RIW/AWD 1985, S. 12 f.

WADLINGTON, W. J., Virginia domestic relations law: Recent developments, 68 Va.L.Rev. 507 (1982)

WASERSTEIN, A., Delaware custody disputes in an international setting, 1 Del.Law 15 (1983)

WALTHER, D. L., Uniform child custody jurisdiction act, 54 Marquette L.Rev. 161 (1971)

VON WEDEL, H., Zur Auslegung des § 328 Nr. 5 ZPO, Judicium 5 (1933), Sp. 77 ff.

WEINSCHENK, F., Anerkennung von Widerrufsbescheiden in den USA, RzW 1964, S. 198 ff.

DERS., Die Eintreibung kleiner Forderungen in den USA, AWD 1973, S. 131 ff.

DERS., Die Anerkennung und Vollstreckung bundesdeutscher Urteile in den Vereinigten Staaten unter den „Foreign Country Money Judgment Recognition Acts", 1988 (abgekürzt zitiert Weinschenk)

WEINTRAUB, R. J., Commentary on the Conflict of Laws, 1971

WELP, D., Internationale Zuständigkeit über auswärtige Gesellschaften mit Inlandstöchtern im US-amerikanischen Zivilprozeß, 1982

WESTIN, D., Enforcing Foreign Commercial Judgments and Arbitral Awards in the United States, West Germany, and England, 19 Law Pol. Int. Bus. 325 (1987)

GRAF VON WESTPHALEN, F., „Punitive Damages" in US-amerikanischen Produkthaftungsklagen und der Vorbehalt des Art. 12 EGBGB, RIW/AWD 1981, S. 141 ff.

WITTMAACK, H., Kann ein Vollstreckungsurteil nach §§ 722 und 723 ZPO auf Grund eines nordamerikanischen, insbesondere kalifornischen Urteils erlassen werden?, NiemeyersZ 22 (1912), S. 1 ff.

WÖLKI, CH., Das Haager Zustellungsübereinkommen und die USA, RIW/AWD 1985, S. 530 ff.

WURFEL, S. W., Recognition of Foreign Judgments, 50 NCLRev 21 (1971)

YNTEMA, H. E., The Enforcement of Foreign Judgments in Anglo-American Law, 33 MichLRev 1129 (1935)

DERS., The Comity Doctrine, 65 MichLRev 1 (1966)

ZÄCH, R., Litigation of Business Matters in the United States and International Legal Assistance, 1984

ZEKOLL, J., Recognition and Enforcement of American Products Liability Awards in the Federal Republic of Germany, 37 AmJCompL 301 (1989)

ZIEGENBEIN, U., Die Unterscheidung von Real und Personal Actions im Common Law, 1971

ZÖLLER, R., Kommentar zur Zivilprozeßordnung, bearbeitet von Geimer, R., Gummer, P., Herget, K., Philippi, P., Schneider, E., Stephan, D., Stöber, K., Vollkommer, M., 16. Aufl., 1990 (in der Staatenübersicht ist die 15. Aufl. 1987 benutzt worden, die in Anh. I die Gegenseitigkeitsverbürgung darstellt. Dieser Teil ist in der 16. Aufl. leider fortgefallen) (abgekürzt zitiert Zöller/Geimer)

Abkürzungsverzeichnis

a. A.	anderer Ansicht
Abs.	Absatz
AmJCompL	American Journal of Comparative Law
Anh.	Anhang
App. Div.	New York Appelate Division Reports
Art.	Artikel
art.	article
Aufl.	Auflage
AWD	Außenwirtschaftsdienst des Betriebsberaters
Bd.	Band
BGB	Bürgerliches Gesetzbuch
BGBl.	Bundesgesetzblatt
BGH	Bundesgerichtshof
BGHZ	Entscheidungen des Bundesgerichtshofs in Zivilsachen, amtliche Sammlung
BöhmsZ	Zeitschrift für internationales Privat- und Strafrecht
BuffLRev	Buffalo Law Review
c	Chapter
CalLRev	California Law Review
Cal.W.L.Rev.	California Western Law Review
Colo. Law.	The Colorado Lawyer
Colum.J.Transnat.L.	The Columbia Journal of Transnational Law
ColumLRev	Columbia Law Review
DAVorm	Der Amtsvormund
Diss.	Dissertation
Doc.	Document
Fam.L.Q.	Family Law Quarterly
Fla. Bar J.	Florida Bar Journal
FordhamLRev	Fordham Law Review
Harv.Int'l L.J.	Harvard International Law Journal
HarvLRev	Harvard Law Review
HoustonLRev	Houston Law Review
Int. & Comp. L.Q.	International and Comparative Law Quarterly
Int'l Law	The International Lawyer
IowaLRev	Iowa Law Review
IPRax	Praxis des Internationalen Privat- und Verfahrensrechts
IWB	Internationale Wirtschaftsbriefe

JR	Juristische Rundschau
JW	Juristische Wochenschrift
KanLRev	Kansas Law Review
Law Pol. Int. Bus.	Law and Policy in International Business
LZ	Leipziger Zeitschrift für Deutsches Recht
Marquette L.Rev.	Marquette Law Review
MichLRev	Michigan Law Review
MinnLRev	Minnesota Law Review
m.w.N.	mit weiteren Nachweisen
NCLRev	North Carolina Law Review
NiemeyersZ	Niemeyers Zeitschrift für internationales Recht
NJW	Neue Juristische Wochenschrift
N.Y.L.Sch.L.Rev.	New York Law School Law Review
Ohio Bar	Ohio State Bar Association Report
OhioStLJ	Ohio State Law Journal
Okl.B.J.	Oklahoma Bar Journal
OreLRev	Oregon Law Review
RabelsZ	Rabels Zeitschrift für ausländisches und internationales Privatrecht
RG	Reichsgericht
RGZ	Entscheidungen des Reichsgerichts in Zivilsachen, amtliche Sammlung
RIW/AWD	Recht der Internationalen Wirtschaft/Außenwirtschaftsdienst des Betriebsberaters
RURESA	Revised Uniform Reciprocal Enforcement of Support Act
RutgersLRev	Rutgers Law Review
RzW	Rechtsprechung zur Wiedergutmachung
S.	Seite oder Satz
sect.	section
SJZ	Schweizerische Juristen-Zeitung
Sp.	Spalte
St. John's LRev	St. John's Law Review
Texas Int'l L.J	Texas International Law Journal
TexBJ	Texas Bar Journal
TulaneLRev	Tulane Law Review
UFITA	Archiv für Urheber-, Film- (ab 1954), Funk- und Theaterrecht
UFlaLRev	University of Florida Law Review
unstr.	unstreitig
U.Pa.J.Int'l Bus.L.	University of Pennsylvania Journal of International Business Law
UPugetSLRev	University of Puget Sound Law Review
v	versus, gegen
Va. J. Int'l L.	Virginia Journal of International Law

Va. L. Rev.	Virginia Law Review
VandJTransnatL	Vanderbilt Journal of Transnational Law
VersR	Versicherungsrecht
Vill L.R.	Villanova Law Review
VO	Verordnung
WisLRev	Wisconsin Law Review
YaleLJ	Yale Law Journal
z. B.	zum Beispiel
ZblJugR	Zentralblatt für Jugendrecht und Jugendwohlfahrt
ZPO	Zivilprozeßordnung
ZVglRWiss.	Zeitschrift für vergleichende Rechtswissenschaft
ZZP	Zeitschrift für Zivilprozeß

Einleitung

Der deutsch-amerikanische Justizkonflikt[1], der u. a. Gegenstand der Tagung der Wissenschaftlichen Vereinigung für Internationales Verfahrensrecht, Verfahrensrechtsvergleichung und Schiedsgerichtswesen 1985 in München war[2], hat sich insbesondere an der internationalen Zuständigkeit[3], der Zustellung[4] und der Beweiserhebung über die Grenze[5] entzün-

---

1 Vgl. dazu SCHLOSSER, Der Justizkonflikt zwischen den USA und Europa, 1985; STÜRNER, U.S.-amerikanisches und europäisches Verfahrensverständnis, Festschrift für Stiefel, 1987, S. 763 ff.

2 Vgl. dazu STÜRNER, Der Justizkonflikt zwischen den USA und Europa, in: HABSCHEID (Herausg.), Der Justizkonflikt mit den Vereinigten Staaten von Amerika, 1986, S. 3 ff.

3 Vgl. zu den gemißbilligten Gerichtsständen im US-amerikanischen Zuständigkeitsrecht SCHÜTZE, Rechtsverfolgung im Ausland, 1986, S. 106 ff.; DERS., Konzeptionelle Unterschiede der Prozeßführung vor US-amerikanischen und deutschen Gerichten, WM 1983, S. 1078 ff. (1081 f.)

4 Vgl. dazu HOLLMANN, Auslandszustellung in US-amerikanischen Zivil- und Verwaltungssachen, RIW/AWD 1982, S. 784 ff.; PFEIL-KAMMERER, Deutsch-amerikanischer Rechtshilfeverkehr in Zivilsachen, 1987; WÖLKI, Das Haager Zustellungsübereinkommen und die USA, RIW/AWD 1985, S. 530 ff.

5 Vgl. dazu v. HÜLSEN, Kanadische und Europäische Reaktionen auf die US „pretrial discovery", RIW/AWD 1982, S. 537 ff.; DERS., Gebrauch und Mißbrauch US-amerikanischer „pre-trial discovery" und die internationale Rechtshilfe – Das US-Recht und seine Hintergründe, RIW/AWD 1982, S. 225 ff.; DERS., Vorlage von Dokumenten und Zeugenvernehmungen für US-Zivilprozesse (Pre-Trial Discovery), AWD 1974, S. 315 ff.; HECK, Die Haager Konvention über die Beweisaufnahme im Ausland aus der Sicht der amerikanischen Prozeßgerichte sowie der amerikanischen Regierung, ZVglRWiss. 84 (1985), S. 225 ff.; HEIDENBERGER/HAAGER, Beweisübereinkommen und Urkundenvorlage deutscher Parteien in den USA, RIW/AWD 1985, S. 437 ff.; JUNKER, Discovery im deutsch-amerikanischen Rechtsverkehr, 1987; KOCH, Zur Praxis der Rechtshilfe im deutsch-amerikanischen Prozeßrecht, IPRax 1985, S. 245 ff.; MARTENS, Erfahrungen mit Rechtshilfeersuchen aus den USA nach dem Haager Beweisübereinkommen, RIW/AWD 1981, S. 731 ff.; MÖSSLE, Exterritoriale Beweisbeschaffung im internationalen Wirtschaftsrecht, 1990; PFEIL-KAMMERER aaO.; STIEFEL, „Discovery"-Probleme und Erfahrungen im

det, die Auswirkungen auf die zwischenstaatliche Urteilsanerkennung insbesondere über das Gegenseitigkeitserfordernis im deutschen[6] und US-amerikanischen Recht[7] im Anschluß an Hilton v. Guyot[8] haben können. Das Gegenseitigkeitserfordernis war es, das die deutsch-amerikanische Urteilsanerkennung seit der Jahrhundertwende zunächst fast zu Erliegen gebracht hat[9]. Nach dem Erdbeben in San Francisco 1906 wurden Ansprüche gegen zahlreiche deutsche Versicherungsgesellschaften geltend gemacht. Diese ließen sich vor den kalifornischen Gerichten regelmäßig nicht ein und entfernten ihre Vermögenswerte aus diesem Staat. Sie vertrauten auf die mangelnde Verbürgung der Gegenseitigkeit[10]. Daraufhin änderte Kalifornien im Jahre 1907 die Prozeßordnung. § 1915 California Code of Civil Procedure erhielt folgende Fassung:

> „A final judgment of any other tribunal of a foreign country having jurisdiction, according to the laws of such country to pronounce the judgment, shall have the same effect as in the country where rendered, and also the same effect as final judgments rendered in this state."

Dennoch verneinte das Reichsgericht in einer – sehr zweifelhaften[11] – Entscheidung[12] die Verbürgung der Gegenseitigkeit im Verhältnis zu Kalifornien. Da zu der Zeit die Rechtsprechung der Bundesgerichte und der einzelstaatlichen Gerichte in den USA im Anschluß an Hilton v. Guyot die verbürgte Gegenseitigkeit als Anerkennungserfordernis sah, war durch die Entscheidung des Reichsgerichts die wechselseitige Ur-

---

deutsch-amerikanischen Rechtshilfeverkehr, RIW/AWD 1979, S. 509 ff.; STIEFEL/PETZINGER, Deutsche Parallelprozesse zur Abwehr amerikanischer Beweiserhebungsverfahren?, RIW/AWD 1983, S. 242 ff.; STÜRNER, Rechtshilfe nach dem Haager Beweisübereinkommen für Common Law Länder, JZ 1981, S. 521 ff.; DERS., Die Gerichte und Behörden der USA und die Beweisaufnahme in Deutschland, ZVglRWiss. 81 (1982), S. 159 ff.

[6] Vgl. dazu § 328 Abs. 1 Nr. 5 ZPO.

[7] Vgl. dazu insbesondere SOUTHARD, The Reciprocity Rule and Enforcement of Foreign Judgments, 16 Colum.J.Transnat.L. 327 (1977).

[8] 159 U.S. 113 (1895).

[9] Vgl. dazu WEINSCHENK S. 29 ff.

[10] Vgl. dazu KISSKALT, Die Vollstreckbarkeit kalifornischer Urteile in Deutschland, LZ 1907, Sp. 689 ff.; WITTMAACK, Kann ein Vollstreckungsurteil nach §§ 722 und 723 ZPO auf Grund eines nordamerikanischen, insbesondere kalifornischen Urteils erlassen werden, Niemeyers 22 (1912), S. 1 ff.

[11] Vgl. dazu FELLER, Die Vollstreckbarkeit von Urteilen amerikanischer Gerichte in Deutschland, JW 1931, S. 112 ff.; LORENZEN, The Enforcement of American Judgments Abroad, 29 YaleLJ 188 (1919).

[12] Vgl. RGZ 70, 434.

teilsanerkennung im deutsch-amerikanischen Verhältnis praktisch zum Erliegen gekommen.

Die Situation hat sich nach dem zweiten Weltkrieg gewandelt. Durch die Übernahme der Mustergesetze für Urteile auf Geldzahlung[13], Unterhalts-[14] und Sorgerechtsentscheidungen[15] ist die Anerkennung und Vollstreckbarerklärung deutscher Titel in gewissen – in der Praxis wichtigen – Bereichen in einzelnen Bundesstaaten auf statutarischer Grundlage möglich geworden. Überdies hat sich Praxis der Gerichte zunehmend anerkennungsfreundlicher gezeigt, insbesondere nachdem die verbürgte Gegenseitigkeit nicht mehr allenthalben als Anerkennungserfordernis gesehen wird[16]. Martiny[17] hält die Gegenseitigkeit immerhin in Verhältnis zu allen Staaten mit Ausnahme von Mississippi und Montana – teilweise allerdings mit Einschränkungen – für verbürgt.

---

[13] Vgl. dazu unten sub A II.

[14] Vgl. dazu unten sub A III.

[15] Vgl. dazu unten sub A IV.

[16] Vgl. aus der Rechtsprechung für den District of Columbia Tahan v. Hodgson 662 F. 2d 862 (D.C. Cir. 1981); für New York Cowans v. Ticonderoga Pulp & Paper Co., 219 App. Dis. 120, 219 N.Y. S. 284, aff'd 246 N.Y. 603, 159 N.E. 669 (1927); für Arkansas Toronto Dominion Bank v. Hall 367 F.Supp. 1009 (1973); Scoles/Aarnas, Recognition and Enforcement of Foreign Nation Judgments – California, Oregon and Washington 57 OreLRev 377 (1978) sehen das Gegenseitigkeitserfordernis als verfassungswidrig an.

[17] Vgl. Martiny S. 666 ff. (RdN 1519 ff.).

A. Die Anerkennung und Vollstreckbarerklärung ausländischer Zivilurteile in den USA

I. Rechtsgrundlagen

Die Wirkungserstreckung ausländischer Zivilurteile ist in den USA[1] nicht bundeseinheitlich geregelt. Die Materie fällt in die Kompetenz der Einzelstaaten[2].

---

[1] Vgl. dazu BRENSCHEIDT, Anerkennung und Vollstreckung ausländischer Gelduteile in den USA, RIW/AWD 1976, S. 54ff.; BISHOP/BURNETTE, United States Practice Concerning the Recognition of Foreign Judgments, 16 Int'l Law 425 (1982); BORN/WESTIN, Internationale Civil Litigation in United States Courts, 1989, S. 561ff.; BÜLOW/ARNOLD, Internationaler Rechtsverkehr in Zivil- und Handelssachen, 1. Aufl., 1954ff., E. 991, S. 92ff.; DEUTSCH, Die Anerkennung ausländischer Urteile in den Staaten der USA, ZZP 71 (1958), S. 321ff.; GEIMER/SCHÜTZE S. 1913ff., GINSBURG, Recognition and Enforcement of Foreign Judgments. A Summary View of the Situation in the United States, 4 Int'l Law 720 (1970); HARDER, Vollstreckung deutscher Urteile in den USA, insbesondere in New York, AWD 1963, S. 36ff.; HEIDENBERGER, Vollstreckung deutscher Urteile in den Vereinigten Staaten, NJW 1958, S. 1117ff., KESSEDJIAN, La reconnaissance et l'execution des jugements en droit international privé aux Etats-Unis, 1987; KROHN, Anerkennung und Durchsetzung deutscher Urteile sowie von Schiedsvereinbarungen und Schiedssprüchen in den USA, Monatsschrift der Vereinigung deutscher Auslandsbeamten 1963, S. 101f.; KULZER, Some Aspects of Enforceability of Foreign Judgments: A Comparative Summary, 16 BuffLRev 84 (1966); LEHNHOFF, Die Anerkennung und Vollstreckung ausländischer Urteile in den USA – Ein allgemeiner Teil, RabelsZ 19 (1954), S. 201ff.; MARTINY S. 663ff.; MIDDLEDITCH/SMITH/GLEDHILL/COETSER, Enforcement of Foreign Commercial Judgments in the US, England and South Africa, 19 International Business Lawyer 436 (1991); MUELLER, Die Anerkennung von Urteilen, Beschlüssen und Anordnungen ausländischer Gerichte und von ausländischen Schiedssprüchen im Recht der Vereinigten Staaten von Amerika, RabelsZ 5 (1931), S. 905ff.; PERRET, La reconnaissance et l'exécution des jugements étrangers aux Etats Unis, 1951; PETERSON, Die Anerkennung ausländischer Urteile im amerikanischen Recht – Entwicklungstendenzen in Gesetzgebung und Rechtsprechung, 1964; DERS., Die Anerkennung und Vollstreckung ausländischer Urteile in den Vereinigten Staaten, RabelsZ 33 (1969), S. 543ff.; DERS., Res Judicata and Foreign Country Judgments, 24 OhioStLJ 291 (1963); READ, Recognition and Enforcement of Foreign Judgments, 1938; SCHÜTZE, Die

Dennoch sind die Grundsätze über die Wirkungserstreckung ausländischer Zivilurteile im wesentlichen gleich, mögen auch Abweichungen z. B. bei der Beurteilung der Gegenseitigkeitsfrage bestehen. Im Bereich statutarischer Regelung ist eine gewisse Vereinheitlichung durch die Übernahme von Mustergesetzen (Uniform Acts) erfolgt. Aber auch die Rechtsprechung folgt im wesentlichen gleichen Regeln. Dabei ist zu berücksichtigen, daß Bundesgerichte nach der im Anschluß an die Entscheidungen Erie Railway Co. v. Tompkins[3] und Klaxon Co. v. Stenton Electric Mfg. Co.[4] entwickelten Erie-Klaxon Regel[5] das materielle und das Kollisionsrecht des Einzelstaates anzuwenden haben in denen sie ihren Sitz haben. Ein Bundesgericht in Pennsylvania muß deshalb das Recht Pennsylvanias anwenden. Es ist damit – zumindest im Hinblick auf die Rechtsanwendung – bedeutungslos, ob ein Bundesgericht oder ein einzelstaatliches Gericht über die Wirkungserstreckung eines ausländischen Urteils befindet.

Anerkennung und Vollstreckung ausländischer Zivilurteile in den Einzelstaaten der USA, IWB F 8 (USA) Gr. 3 S. 139 ff.; DERS., Die Anerkennung und Vollstreckbarerklärung ausländischer, insbesondere deutscher, Zivilurteile in den USA, JR 1986, S. 177 ff., WEINSCHENK, Die Anerkennung und Vollstrekkung bundesdeutscher Urteile in den Vereinigten Staaten unter den „Foreign Country Money Judgment Recognition Acts", 1988, YNTEMA, The Enforcement of Foreign Judgments in Anglo-American Law, 33 MichLRev 1129 (1935).

2 Vgl. zum Aufbau und zur Zersplitterung des amerikanischen Zivilprozeßrechts JUNKER, Einheit und Vielfalt: Die Zivilprozeßrechte der Vereinigten Staaten von Amerika. Geschichte, Systematik, Rezeption, ZZP 101 (1988), S. 241 ff.

3 304 U.S. 64 (1938).

4 313 U.S. 487 (1941).

5 Vgl. dazu HART, The Relation between State and Federal Law 54 ColumLRev 489 (1954); JETT, Conflict of Laws – Recognition of Foreign Judgments – Federal Courts are to Apply State Laws on Recognition of Foreign Judgments 8 Texas Int'l L.J. 247 (1973); KESSEDJIAN S. 33 ff., LINDNER, Judgments Rendered Abroad – State Law or Federal Law? 12 Vill. L.R. 618 (1967); MARKS, Alternative Theories for Establishing a Federal Common Law of Foreign Judgments in Commercial Cases: The Foreign Affairs Power and the Dormant Foreign Commerce Clause 16 Va. J. Intl'l L. 633 (1976); PETERSON S. 21 ff.

1. Die comity doctrine

Außerhalb des Geltungsbereichs statutarischer Regelung werden ausländische Urteile nach der comity doctrine anerkannt[6] und für vollstreckbar erklärt. Die comity bringt keine Verpflichtung des Staates, ausländischen Entscheidungen Wirksamkeit im Inland zu verleihen, stellt dies aber andererseits auch nicht in das Ermessen der Gerichte. Eine Definition der comity Lehre gibt das Gericht in der (Wisconsin) Entscheidung In Re Estate of Steffke[7]:

> By virtue of the doctrine of comity, rights acquired under statute enacted or judgment rendered in one state will be given force and effect in another, unless, as said, against policy or laws of the state, prejudicial to interests of its citizens or against good morals and natural justice; comity being a rule of practice, however, and not a rule of law...
> The doctrine of comity results in recognition of a decree of a different state not entitled to full faith and credit. It is neither a matter of absolute obligation nore of mere courtesy and good will, but is recognition which one state allows within its territory to legislative, executive, or judicial acts of another, having due regard to duty and convenience and to rights of its own citizens.

2. Hilton v. Guyot

Hilton v. Guyot[8] ist der leading case für die Anerkennung und Vollstreckbarerklärung ausländischer Zivilurteile in diesem Jahrhundert. Diese Entscheidung aus dem Jahr 1895 hat die Rechtsprechung in allen Einzelstaaten nachhaltig beeinflußt. Nahezu alle Urteile von einzelstaatlichen und bundesstaatlichen Gerichten über die Wirkungserstreckung ausländischer Zivilurteile wenden die Grundsätze von Hilton v. Guyot an. Bezeichnend sind die Ausführungen von Judge Adams in der Entscheidung Kohn v. American Metal Climax, Inc.[9]. Hier werden auf der

---

[6] Vgl. zur comity doctrine ALEXANDER, Enforcement of Foreign Judgments Under the Comity of Nations 17 Geo.L.J. 221 (1929); BARRY, Comity 12 Va.L.Rev. 353 (1926); KESSEDJIAN S. 159 ff.; UNDERHILL, the Present Status of The Doctrine of Hilton v. Guyot 6 South. Tex. L.J. 129 (1962); YNTEMA, The Comity Doctrine 65 MichLRev. 1 (1966).

[7] 222 N.W. 2d 628 (Wis. 1974).

[8] 159 U.S. 113 (1895).

[9] 458 F. 2d 255, 302 (1972); diese Pennsylvania Entscheidung ist mehrfach modifiziert worden; vgl. im einzelnen 322 F. Supp. 1331 (E.D. Pa. 1970), mod. in part 458 2d 155 (3rd Cir. 1971), cert. denied 409 U.S. 874 (1972).

Basis von Hilton v. Guyot die Erfordernisse der Wirkungserstreckung nach außerstatutarischem Recht zusammengefaßt:

> Of course, tribunals in this nation are not absolutely bound to follow foreign judgments in every case. In Hilton v. Guyot, 159 U.S. 113, 16 S.Ct. 139, 40 L. Ed. 95 (1895), the Supreme Court ruled that foreign judgments were binding in courts of this country as a matter of international comity if certain criteria are satisfied. Summarized, they are:
>
> 1. Opportunity for a full and fair trial abroad;
> 2. Trial before a court of competent jurisdiction;
> 3. Trial conducted upon regular proceedings;
> 4. Proceedings following due citation or voluntary appearance of adversary parties;
> 5. Trial under a system of jurisprudence likely to secure an impartial administration of justice between the citizens of its own country and those of other countries;
> 6. No evidence to demonstrate
>   a) prejudice in the court;
>   b) prejudice in the system of laws in which court was sitting;
>   c) fraud in procuring the judgment; or
>   d) any other special reason why the comity of this nation should not allow full effect...

Die Zusammenfassung erwähnt nicht das Erfordernis der verbürgten Gegenseitigkeit, das überwiegend aus Hilton v. Guyot entnommen wird.

II. Die statutarische Regelung für Urteile auf Geldzahlung

Die vielfach beklagte Zersplitterung und Unübersichtlichkeit des Rechtszustandes in den USA haben zu Bestrebungen geführt, jedenfalls den im internationalen Handelsverkehr besonders wichtigen Bereich der Anerkennung und Vollstreckbarerklärung von Urteilen auf Geldzahlung in einheitlicher Weise zu regeln[10]. Es wurde ein Mustergesetz erarbeitet. Die National Conference of Commissioners on Uniform State Laws und

---

[10] Vgl. insbes. NADELMANN, Non-Recognition of American Money Judgments Abroad and what to do About it, 42 IowaL.Rev. 236 (1957) und YNTEMA, The Enforcement of Foreign Judgments in Anglo-American Law, 33 MichLRev 1129 (1935). KULZER beginnt ihre Studie für das CPLR Advisory Committee: „Many commentators have long stressed the need for codification of the rules relating to the recognition of foreign money judgments in this country". Vgl. KULZER, The Uniform Foreign Money Judgments Recognition Act, S. 194 ff. (195).

die American Bar Association verabschiedeten 1962 den Uniform Foreign Money-Judgments Recognition Act[11]. Der Technik der Mustergesetze[12] entsprechend ist eine Übernahme nicht tale quale notwendig.

Die Einzelstaaten können Änderungen vornehmen, was in mehr oder weniger großem Umfang geschehen ist. Eine der weitreichendsten Abweichungen stellt die Einfügung des dem Mustergesetz fremden Erfordernisses der Gegenseitigkeit dar, wie es sich z. B. in Colorado findet[13].

Der Uniform Foreign Money-Judgments Recognition Act ist in das Recht folgender Einzelstaaten übernommen worden[14]:

Alaska
California
Colorado
Connecticut
Georgia
Idaho
Illinois
Iowa
Maryland
Massachusetts
Michigan
Minnesota
Missouri
New York
Ohio
Oklahoma
Oregon
Texas
Virginia
Washington

1. Erfordernisse der Wirkungserstreckung

Das Mustergesetz stellt folgende Erfordernisse der Anerkennung und Vollstreckbarerklärung eines ausländischen Urteils auf:

---

[11] 13 U.L.A. 417 (1980); abgedruckt unten Anh. 1; vgl. zu dem Mustergesetz insbes. Bishop/Burnette, United States Practice Concerning the Recognition of Foreign Judgments 16 Int'l Law 425 (1982); Honigberg, The Uniform Foreign Money-Judgments Recognition Act – A Survey of the Case Law, 14 VandJTransnatL 171 (1981); Kulzer, Recognition of Foreign Country Judgments in New York – The Uniform Foreign Money-Judgments Recognition Act, 18 BuffLRev 1 (1968); dies., The Uniform Foreign Money Judgments Recognition Act (FN 10); Weinschenk, Die Anerkennung und Vollstreckung bundesdeutscher Urteile in den Vereinigten Staaten unter den „Foreign Country Money Judgment Recognition Acts", 1988.

[12] Vgl. zur Technik der Uniform Acts Blumenwitz, Einführung in das angloamerikanische Recht, 4. Aufl., 1990, S. 46 f.

[13] Vgl. dazu unten sub A VII 6.

[14] Vgl. zu den Gesetzgebungsnachweisen die jeweiligen Berichte über die einzelstaatliche Regelung sub A VII.

a. Zivil- oder Handelssache als Gegenstand der Entscheidung

Die ausländische Entscheidung muß eine Zivil- oder Handelssache zum Gegenstand haben. Urteile, die Steuern und Strafen zum Gegenstand haben, unterfallen dem Act nicht. Bei Vertragsstrafen ist zu differenzieren. Steht die Vertragsstrafe in einem erkennbaren Verhältnis zum erlittenen Schaden, so ist die Entscheidung anerkennungsfähig, andernfalls nicht[15]. Die Vertragsstrafe steht jedenfalls in all den Fällen in einem erkennbaren Verhältnis zum Schaden, wo es sich um einen verkappten pauschalierten Schadensersatzanspruch handelt, z. B. bei nach Tagen oder Wochen bemessenen Pönalen, die in Wahrheit den Verzugsschaden pauschalieren sollen.

Da dem US-amerikanischen Recht die scharfe Unterscheidung des deutschen Rechts in privatrechtliche und öffentlichrechtliche Ansprüche fremd ist, können auch Urteile anerkannt und für vollstreckbar erklärt werden, die nach deutschem Rechtsverständnis öffentlichrechtlicher Natur sind. So hat ein New Yorker Gericht — allerdings vor Übernahme des Mustergesetzes — eine Widerrufsbescheid nach § 7 Bundesentschädigungsgesetz anerkannt und für vollstreckbar erklärt[16]. Man wird die Abgrenzung rein nach dem Wortlaut von § 1 lit. b des Mustergesetzes dahin vornehmen müssen, daß nur Entscheidungen, die zu Steuern und Strafen verurteilen, aus dem Geltungsbereich ausgenommen sind.

b. Verurteilung zur Geldzahlung

Die Entscheidung muß zur Geldzahlung verurteilen. Das bedeutet, daß nur Leistungsurteile, keine Gestaltungs- oder Feststellungsurteile nach dem Mustergesetz anerkannt werden können. Für diese Entscheidungen verbaut der Act die Möglichkeit der Wirkungserstreckung jedoch nicht. Sie können über die Öffnungsklausel des § 7 nach allgemeinem Recht anerkannt werden, soweit dieses dies zuläßt[17].

Ausgenommen aus dem sachlichen Geltungsbereich des Mustergesetzes sind Zahlungstitel in Unterhaltssachen in weitem Sinne (support in

---

[15] Vgl. Weinschenk S. 97 f.

[16] Vgl. Land Nordrhein-Westfalen v. Rosenthal 219 NYS 2 d (431), affirmed 232 NYS 2 d 963 (App. Div. 1962).

[17] Die Öffnungsklausel soll gerade dazu dienen, Gestaltungs- und Feststellungsentscheidungen die Anerkennungsmöglichkeit nicht zu verbauen, vgl. Kulzer, Recognition of Foreign Country Judgments in New York: The Uniform Foreign Money-Judgments Recognition Act, 18 BuffLR 1, 11 (1968); Weinschenk S. 98.

matrimonial or family matters). Für diese besteht eine besondere Regelung im Revised Uniform Reciprocal Enforcement of Support Act (RURESA)[18].

c. Endgültigkeit

Die ausländische Entscheidung muß endgültig (final and conclusive) sein. Der Begriff der Endgültigkeit entspricht nicht dem der Rechtskraft. Endgültig sind alle Entscheidungen, die die Instanz abschließen. Deshalb fehlt die Endgültigkeit, wenn eine Aufhebung in der Instanz noch möglich ist, z. B. bei Vorbehaltsurteilen[19].

Versäumnisurteile sind anerkennungsfähig, soweit sie in der Instanz nicht mehr abänderbar sind. Das ist der Fall nach Ablauf der Einspruchsfrist (§ 339 ZPO) oder bei einem zweiten Versäumnisurteil (§ 345 ZPO). Die amerikanische Rechtsprechung – auch außerhalb des Geltungsbereichs des Mustergesetzes – ist reich an Entscheidungen über die Wirkungserstreckung von Versäumnisentscheidungen. Sie hat sich stets sehr anerkennungsfreudig gezeigt[20] und sich lediglich mit den Erfordernissen der Zustellung und des due process of law auseinandergesetzt, die Endgültigkeit aber nicht in Frage gestellt.

Der Act fordert weiter eine vollstreckbare Entscheidung[21].

d. Rechtstaatliches Verfahren (due process)

Das ausländische Urteil muß in einem rechtstaatlichen Verfahren zustande gekommen sein. Das due process Erfordernis ist die zentrale Bestimmung im Mustergesetz. Das Mustergesetz selbst bringt zwei Fallgruppen der Verletzung des due process Gebots: im Erststaat sind die Gerichte nicht unparteiisch oder das erststaatliche Verfahren entspricht nicht rechtstaatlichen Erfordernissen. In der US-amerikanischen Literatur wird in diesem Zusammenhang der Begriff der natural justice verwendet. REESE definiert: „Natural justice is said to be violated if the proceedings departed rather flagrantly from accepted notions of fairness“[22]. Das Erfordernis

---

[18] Vgl. dazu unten sub A III.

[19] Vgl. §§ 302, 599, 600 ZPO.

[20] Vgl. KULZER, The Uniform Foreign Money-Judgments Recognition Act, Report aaO. S. 204; WEINSCHENK S. 142 ff.

[21] Bei deutschen Titeln bestimmt sich die Vollstreckbarkeit nach § 704 ZPO.

[22] Vgl. REESE, The Status in this Country of Judgments Rendered Abroad, 50 ColumLRev 783 (1950).

des due process ist aus Hilton v. Guyot[23] übernommen[24]. Hilton v. Guyot stellt klar, daß nicht jede prozessuale Abweichung des erststaatlichen Zivilprozesses von dem des Zweitstaates eine Verletzung des due process Gebots darstellt. Für deutsche Titel hat das Erfordernis Bedeutung im wesentlichen im Hinblick auf das rechtliche Gehör. Weinschenk betont diese Bedeutung in seiner Übersetzung von § 4 lit. a Nr. 1 des Mustergesetzes. Er übersetzt[25]

> the judgment was rendered under a system, which does not provide impartial tribunals or procedures compatible with the requirements of due process of law

mit

> das Urteil unter einem System erging, welches über keine rechtliches Gehör gewährende Rechtsordnung verfügt.

e. Internationale Zuständigkeit (jurisdiction)

Das Erstgericht muß jurisdiction besessen haben. Der Begriff der jurisdiction deckt sich nicht ganz mit dem der internationalen Zuständigkeit. Er umgreift alle Zuständigkeitsformen[26].

§ 5 des Mustergesetzes bringt einen Katalog von internationale Zuständigkeit begründenden Gerichtsständen:

- *Gerichtsstand der persönlichen Zustellung* im Erststaat (transient jurisdiction[27]). Dieser Gerichtsstand ist für deutsche Titel nur scheinbar bedeutungslos. Zwar kennt das deutsche Recht die Zustellung nicht als zuständigkeitsbegründenden Anknüpfungspunkt. Der Gerichtsstand kann aber dennoch als Anerkennungszuständigkeit Bedeutung gewinnen. Ist ein deutsches Urteil in einem dem US-amerikanischen Recht unbekannten Gerichtsstand (z. B. dem des § 23 ZPO) ergangen, die Zustellung der Klageschrift aber persönlich an den Beklagten in Deutschland erfolgt, so kann die Entscheidung wegen der Zustellung anerkannt werden.

---

[23] 159 U.S. 113 (1895); vgl. dazu oben sub A I 2.

[24] Vgl. Kulzer, The Uniform Foreign Money-Judgments Recognition Act, Report aaO. S. 210 f.

[25] Vgl. Weinschenk S. 199.

[26] Vgl. dazu Weinschenk S. 42 ff.

[27] Vgl. dazu unten sub B II 2 a.

- *Gerichtsstand der rügelosen Einlassung*[28]. Die rügelose Einlassung zur Hauptsache begründet – ebenso wie nach § 39 ZPO – Anerkennungszuständigkeit. Unschädlich ist die Einlassung lediglich zum Bestreiten der Zuständigkeit des Erstgerichts oder zur Verteidigung im Hinblick auf beschlagnahmtes oder arrestiertes Vermögen.
- *Gerichtsstand der Vereinbarung*[29]. Nach § 5 lit. a Nr. 3 des Mustergesetzes wirkt die internationale Gerichtsstandsvereinbarung zuständigkeitsbegründend. Zugleich statuiert § 4 lit. b Nr. 6 des Mustergesetzes die Nichtbeachtung einer Gerichtsstands- oder Schiedsvereinbarung als Versagungsgrund der Wirkungserstreckung. Die US-amerikanischen Gerichte zeigten sich lange Zeit abweisend gegenüber internationalen Gerichtsstandsvereinbarungen. Eine Wende hat die Entscheidung des US Supreme Court in der Sache MS Bremen & Unterweser GmbH v. Zapata Off-Shore Company[30] gebracht. Der US Supreme Court geht nunmehr von der Zulässigkeit einer internationalen Gerichtsstandsvereinbarung aus, wenn das forum prorogatum nicht unreasonable, unjust, unfair oder unconscionable ist. Kriterien für den Reasonableness Test sind u. a.[31]:

---

[28] Vgl. dazu auch allgemein SCHÜTZE, Zur internationalen Zuständigkeit auf Grund rügeloser Einlassung, ZZP 90 (1977), S. 67 ff.; DERS., Zur Bedeutung der rügelosen Einlassung im internationalen Zivilprozeßrecht, RIW/AWD 1979, S. 590 ff.

[29] Vgl. dazu BOEHMER/JANDER, Anerkennung von Gerichtsstandsvereinbarungen in den USA, AWD 1972, S. 449 ff.; BEHRENS, Internationale Gerichtsstandsvereinbarungen vor amerikanischen Gerichten, RabelsZ 38 (1974), S. 590 ff.; HEIDENBERGER, Sind Gerichtsstandsvereinbarungen im deutsch-amerikanischen Rechtsverkehr ratsam?, RIW/AWD 1981, S. 371 ff.; JUENGER, Vereinbarungen über den Gerichtsstand nach amerikanischem Recht, RabelsZ 35 (1971), S. 284 ff.; KOHLER, Wirksamkeit von Gerichtsstands- und Schiedsgerichtsvereinbarungen in internationalen Verträgen in der amerikanischen Rechtsprechung, RIW/AWD 1976, S. 507 ff.; SANDROCK/JUNG Handbuch der internationalen Vertragsgestaltung, Bd. II, 1980, S. 859 ff.; SCHÜTZE, Gerichtsstandsvereinbarungen im deutsch-amerikanischen Rechtsverkehr, IWB F 8 (USA), Gr. 3, S. 109 ff.; zur Regelung in New York vgl. VELTINS, Die neuen New Yorker Rechtswahl- und Gerichtsstandsklauseln, RIW/AWD 1985, S. 12 f.

[30] 407 U.S. 1 (1972).

[31] Vgl. dazu BLACK, The Bremen, COGSA and the Problem of Conflicting Interpretation 6 VandJTransnatL 365 (1972–73); LEFLAR, The Bremen and the Model Choice of Forum Act, 6 VandJTransnatL 375 (1972–73); MAIER, The Three Faces of Zapata: Maritime Law, Federal Common Law, Federal Courts Law, 6 VandJTransnatL 387 (1972–73); NADELMANN, Choice-of-Court Clauses in the United States: The Road to Zapata, 21 AmJCompL 124 (1973).

— — Die Gerichtsstandsvereinbarung darf nicht unter Ausnutzung einer übermächtigen Position eines Partners durch Täuschung oder Drohung zustande gekommen sein[32]. Vorsicht ist mit Gerichtsstandsvereinbarungen in AGB geboten[33], da in der Übernahme en bloc eine Ausnutzung besserer Position gesehen werden kann.
— — Die Gerichtsstandsvereinbarung darf keine unzumutbaren Schwierigkeiten der Rechtsverfolgung im vereinbarten Forum bringen.
— — Die Gerichtsstandsvereinbarung ist nur reasonable, wenn eine Beziehung zu dem gewählten Forum besteht.
— — Das prorogierte Gericht muß zur Annahme der Prorogation bereit sein. Wenn durch mangelnde Annahmebereitschaft ein negativer Kompetenzkonflikt eintreten würde, ist die Gerichtsstandsvereinbarung unwirksam.

— *Gerichtsstand des Wohn- oder Geschäftssitzes.* Der Wohn- oder Geschäftssitz des Beklagten im Zeitpunkt der Klageerhebung wirkt zuständigkeitsbegründend.
— *Gerichtsstand der Niederlassung.* Nach § 5 lit. a Nr. 5 des Mustergesetzes wirkt die Niederlassung zuständigkeitsbegründend für Klagen über Ansprüche, die aus der Geschäftstätigkeit dieser Niederlassung entstanden sind.
— *Gerichtsstand der unerlaubten Handlung für Kraftfahrzeug- und Luftfahrzeugunfälle.* Das Führen eines Kraft- oder Luftfahrzeuges begründet für Ansprüche, die hieraus entstehen, also regelmäßig Schadensersatzansprüche, internationale Zuständigkeit (§ 5 lit. a Nr. 6 Mustergesetz)

§ 5 lit. b des Mustergesetzes enthält eine allgemeine Öffnungsklausel für weitere internationale Zuständigkeit begründende Tatbestände des autonomen Rechtes.

f. Rechtzeitige Zustellung der prozeßeinleitenden Ladung oder Verfügung

Die prozeßeinleitende Ladung oder Verfügung muß dem Beklagten so rechtzeitig zugestellt worden sein, daß er sich angemessen verteidigen konnte (§ 4 lit. b Nr. 2 des Mustergesetzes). Dieses Erfordernis ist nicht beschränkt auf Versäumnisurteile[34], obwohl hier die besondere Bedeu-

[32] Vgl. dazu Scherk v. Alberto Culver Co. 417 U.S. 520 (1974) 94 S.Ct. 2449 (1974).
[33] Vgl. dazu Schütze IWB F 8 (USA) Gr. 3, S. 109ff.
[34] Vgl. Kulzer, The Uniform Foreign Money-Judgments Recognition Act, Report aaO. S. 213.

tung liegt. Es genügt nicht, daß die Zustellungsvorschriften des Erststaates eingehalten worden sind[35]. Es kommt auf den Einzelfall an. Vieles ist der Wertung des Anerkennungsrichters überlassen.

g. Vereinbarkeit mit dem ordre public

Die Wirkungserstreckung der ausländischen Entscheidung darf nicht gegen den zweitstaatlichen ordre public verstoßen. Der ordre public Verstoß kann darin liegen, daß das Verfahren, das zu dem Urteil geführt hat, anstößig war (judgment obtained by fraud, § 4 lit. b Nr. 3 Mustergesetz) oder darin, daß der Inhalt der Entscheidung mit den tragenden Grundsätzen der zweitstaatlichen Rechtsordnung unvereinbar ist (judgment repugnant to the public policy, § 4 lit. b Nr. 4 Mustergesetz). Die erstere ordre public Kategorie entspricht der des verfahrensrechtlichen, die zweite der des materiellrechtlichen ordre public im deutschen Recht[36]. Hier liegt ein wesentlicher Grund für die unterschiedliche Anwendung dieses Erfordernisses in den Staaten, die das Mustergesetz übernommen haben. Es bewahrheitet sich immer wieder, was der große Rechtsdenker Bustamante in diesem Zusammenhang gesagt hat: „Non hay materia más confusa, ni menos meditada, ni tan discutida en nuestra ciencia."

h. Vereinbarkeit mit anderer Entscheidung in derselben Sache

Die Entscheidung darf nicht in Widerspruch zu einem anderen Urteil in derselben Sache stehen, das final and conclusive ist (§ 4 lit. b Nr. 5 Mustergesetz). Zwei Fallgruppen sind zu unterscheiden: Bei zwei sich widersprechenden ausländischen Entscheidungen geht die jüngere vor[37]. Eine solche Konstellation findet sich in dem New Yorker Fall Ambatielos v. Foundation Co.[38]. Widerspricht die ausländische Entscheidung, deren Wirkungserstreckung begehrt wird, jedoch einem zweitstaatlichen Urteil in derselben Sache, so geht die zweitstaatliche Entscheidung in jedem Fall vor. Die zeitliche Priorität ist nicht entscheidend[39].

---

[35] Vgl. KULZER aaO. S. 213.

[36] Vgl. zu den Kategorien des ordre public Verstoßes in dem insoweit vergleichbaren englischen Recht BÜLOW/ARNOLD, Internationaler Rechtsverkehr in Zivil- und Handelssachen, 1954 ff., E. 933, 36 f.

[37] Vgl. KULZER, The Uniform Foreign Money-Judgments Recognition Act, Report aaO. S. 215.

[38] 116 N.Y. S. 2d 541 (Sup.Ct. 1952).

[39] Vgl. z.B. Pentz v. Kuppinger 31 Cal. App. 3 d 590 (1973); Annotation 100 ALR 3 d 792, 803.

2. Verfahren der Wirkungserstreckung

Das Mustergesetz sieht kein besonderes Verfahren für die Wirkungserstreckung vor. Dieses ist dem einzelstaatlichen Recht überlassen. § 6 des Mustergesetzes enthält lediglich eine gemeinsame verfahrensrechtliche Vorschrift: Ist gegen die ausländische Entscheidung im Erststaat ein Rechtsmittelverfahren anhängig oder macht der Urteilsschuldner glaubhaft, daß er ein solches Verfahren zulässigerweise noch einleiten wolle, so kann das Zweitgericht das Verfahren aussetzen, bis über das erststaatliche Rechtsmittel entschieden oder die Frist für die Rechtsmitteleinlegung abgelaufen ist.

Die Anerkennung erfolgt formlos. Das anzuerkennende ausländische Urteil kann in einem neuen Prozeß über denselben Streitgegenstand als Einwendung dienen (res iudicata Einwand). Die Vollstreckbarerklärung bedarf eines gerichtlichen Verfahrens[40]. Soweit ein Staat sowohl den Uniform Foreign Money-Judgments Recognition Act als auch den Uniform Enforcement of Foreign Judgments Act übernommen hat, wird die Ansicht vertreten, das nach dem für schwesterstaatliche Urteile nach dem Uniform Enforcement of Foreign Judgments Act anwendbare einfache Registrierungsverfahren stehe auch für ausländische Entscheidungen, die unter das Mustergesetz fallen, zur Verfügung[41]. Es ist aber nicht sicher, ob die Commissioners on Uniform State Laws beabsichtigt haben, die vereinfachte Registrierung auch für ausländische Urteile zu eröffnen[42]. Für Texas[43] und Colorado[44] ist das bejaht worden, für New York scheidet die Möglichkeit schon nach dem Gesetzeswortlaut aus[45]. Der Zweifelsfragen bleiben viele.

Im übrigen erfolgt die Vollstreckbarerklärung durch action upon the foreign judgment. Summary proceedings, die in vielen Staaten für diese

---

[40] Vgl. dazu Kessedjian S. 377 ff.; Weinschenk S. 148 ff.

[41] Vgl. Brenscheidt, Anerkennung und Vollstreckung ausländischer Geldurteile in den USA, RIW/AWD 1976, S. 554 ff.; von Mehren/Patterson, Recognition and Enforcement of Foreign Country Judgments in the United States, 6 Law Pol. Int. Bus. 15 (1974).

[42] Vgl. Kulzer, Some Aspects of Enforceability of Foreign Judgments: A Comparative Summary, 16 BuffLRev 84 (1966).

[43] Vgl. Bishop, Obtaining Recognition and Enforcement of Foreign Country Judgments in Texas, 45 TexBJ 287 (1982).

[44] Vgl. Caldwell, Enforcing Foreign Country Judgments in Colorado, 13 Colo. Law 381 (1984).

[45] Vgl. Kessedjian S. 387.

Klage zur Verfügung stehen[46], bringen ein schnelleres und vereinfachtes Verfahren.

Eine révision au fond ist nach dem Mustergesetz in jedem Fall ausgeschlossen. Der Zweitrichter auf die Nachprüfung der Erfordernisse der Wirkungserstreckung beschränkt.

III. Die statutarische Regelung für Unterhaltsentscheidungen

Bei der Durchsetzung deutscher Unterhaltstitel in den USA[47] haben sich in der Vergangenheit erhebliche Probleme rechtlicher und tatsächlicher Art ergeben.

In rechtlicher Hinsicht ist es insbesondere die Möglichkeit der Abänderung nach § 323 ZPO, die es fraglich erscheinen läßt, ob ein deutscher Unterhaltstitel „final and conclusive" ist[48]. Darüber hinaus ist zu beachten, daß nach US-amerikanischer Auffassung die Verpflichtung zur Unterhaltszahlung auch dazu dient, den Wohnsitzstaat des Unterhaltsberechtigten zu entlasten. Das kann eine ausländische Entscheidung ordre public widrig erscheinen lassen, wenn die Unterhaltsverpflichtung nicht auch nach dem Recht des Zweitstaates besteht[49].

Eine tatsächliche Hürde für die Wirkungserstreckung von Unterhaltstiteln liegt darin, daß es sich dem Wert nach regelmäßig um „Bagatellsachen" handelt, bei denen der — nicht erstattbare — Aufwand des Verfahrens der Wirkungserstreckung unverhältnismäßig hoch ist[50].

Diese Schwierigkeiten sind durch die Anwendbarkeit des Revised Uniform Reciprocal Enforcement of Support Act (RURESA)[51] auf deutsche Titel in zahlreichen Einzelstaaten heute zumindest teilweise beseitigt.

---

[46] Vgl. dazu die Übersicht bei Weinschenk S. 202 ff.

[47] Vgl. dazu allgemein Kellerhals, Die Durchsetzung von Unterhaltsansprüchen in den USA unter besonderer Berücksichtigung des Verhältnisses zwischen der Schweiz und den Vereinigten Staaten von Amerika, 1970; Mockenhaupt, Zur Geltendmachung deutscher Kindesunterhaltsurteile und -ansprüche in den Vereinigten Staaten, DAVorm. 1985, Sp. 1 ff.; Rünzi, Zur Geltendmachung von Unterhaltsansprüchen in den USA, ZblJugR 1978, S. 282 ff.

[48] Vgl. dazu Weinschenk S. 178 ff.

[49] Vgl. dazu Perret S. 166.

[50] Vgl. Weinschenk S. 178 ff.

[51] Vgl. dazu Fox, The Uniform Reciprocal Enforcement of Support Act, 12 Fam.L.Q. 113 (1978); Mockenhaupt DAVorm. 1985, Sp. 1 ff.

§ 1 des Mustergesetzes beschreibt den Zweck der Regelung wie folgt:

„The purposes of this Act are to impose and extend by reciprocal legislation the enforcement of duties of support."

Der Act ist von zahlreichen Einzelstaaten übernommen worden:

Arizona
Arkansas
California
Colorado
Florida
Georgia
Hawaii
Idaho
Illinois
Iowa
Kansas
Kentucky
Louisiana
Maine
Michigan
Minnesota
Montana
Nebraska
Nevada
New Hampshire
New Jersey
New Mexico
North Carolina
North Dakota
Ohio
Oklahoma
Oregon
Pennsylvania
Rhode Island
South Carolina
South Dakota
Texas
Vermont
Virginia
West Virginia
Wisconsin
Wyoming

1. Erfordernisse der Wirkungserstreckung

a. Unterhaltssache als Gegenstand der Entscheidung

Gegenstand der Entscheidung muß eine Unterhaltssache sein (support order). Dabei kommt es nicht darauf an, ob es sich um ehelichen Unterhalt, nachehelichen Unterhalt oder Kindesunterhalt handelt[52]. Die Legaldefinition des Unterhaltsanspruchs findet sich in § 2 lit. b des Mustergesetzes:

"Duty of Support" means a duty of support whether imposed or imposable by law or by order, decree, or judgment of any court, whether interlocutory

[52] Vgl. Fox 12 Fam.L.Q. 113, 115 (1978).

or final or whether incidental to an action for divorce, separation, separate maintenance, or otherwise and includes the duty to pay arreages of support past due and unpaid.

b. Erfordernisse der Wirkungserstreckung im einzelnen

Das Mustergesetz verzichtet auf eine Enumerierung der Erfordernisse der Wirkungserstreckung. Es begnügt sich in § 40 lit. c mit einer Bezugnahme auf die Regelung für Urteile auf Geldzahlung. Der ausländische Unterhaltstitel wird also als Geldurteil behandelt. Auf die Darstellung der Erfordernisse dort kann verwiesen werden.

c. Verbürgung der Gegenseitigkeit

Die statutarische Regelung ist nur bei Verbürgung der Gegenseitigkeit anwendbar. Da die Erfordernisse und das Verfahren der Wirkungserstreckung nach §§ 328, 722 f. ZPO nicht denen nach dem RURESA entsprechen, war die Anwendbarkeit des Mustergesetzes auf deutsche Unterhaltstitel lange Zeit problematisch[53]. Einige Staaten, so Kalifornien[54], entschlossen sich trotz dieser Rechtslage zur Abgabe einer Gegenseitigkeitserklärung im Verhältnis zur Bundesrepublik Deutschland. Jetzt hat das Gesetz zur Geltendmachung von Unterhaltsansprüchen im Verkehr mit ausländischen Staaten (Auslandsunterhaltsgesetz – AUG –) vom 19. 12. 1986[55] die Grundlage für entsprechende Gegenseitigkeitserklärungen geschaffen, die von zahlreichen Einzelstaaten für die Bundesrepublik Deutschland ergangen sind[56]. Im Augenblick liegen Gegenseitigkeitserklärungen für folgende Staaten vor[57]:

---

[53] Vgl. dazu Mockenhaupt DAVorm. 1985, Sp. 1 ff.

[54] Vgl. dazu Dolzer, Neuregelung der Durchsetzung von Unterhaltsansprüchen deutscher Kinder in Kalifornien, FamRZ 1980, S. 646.; Rünzi, Die Bundesrepublik Deutschland als ein „reciprocating state" im Verhältnis zu Kalifornien, DAVorm. 1978, Sp. 419 ff.

[55] Vgl. dazu Böhmer, Das Auslandsunterhaltsgesetz (AUG) vom 19. Dezember 1986, IPRax 1987, S. 139 ff.; Uhlig/Berard, Die Geltendmachung von Unterhaltsansprüchen im Inland und Ausland nach dem Auslandsunterhaltsgesetz (AUG), NJW 1987, S. 1521 ff.

[56] Zentrale Behörde für die Geltendmachung von Unterhaltsansprüchen im Verkehr mit ausländischen Staaten ist der Generalbundesanwalt beim Bundesgerichtshof, Neuenburger Str. 15, D-1000 Berlin 61.

[57] In Klammern ist jeweils das Datum der ausländischen Gegenseitigkeitserklärung angegeben.

Arizona (5. 8. 1988)
Arkansas (5. 5. 1987)
California (13. 7. 1987)
Florida (4. 11. 1987)
Georgia (1. 9. 1987)
Hawaii (24. 5. 1988)
Idaho (1. 10. 1987)
Illinois (2. 7. 1987)
Louisiana (29. 1. 1988)
Michigan (13. 5. 1988)
Montana (25. 3. 1987)
Nevada (11. 8. 1989)
New Jersey (13. 5. 1985)
New Mexico (4. 10. 1988)
North Carolina (5. 5. 1987)
North Dakota (6. 4. 1987)
Ohio (20. 4. 1989)
Oklahoma (28. 4. 1987)
Oregon (9. 3. 1987)
Pennsylvania (22. 7. 1988)
South Dakota (15. 6. 1987)
Texas (29. 4. 1987)
Vermont (10. 12. 1987)
West Virginia (8. 12. 1987)
Wisconsin (19. 10. 1987, nur Kindesunterhalt)
Wyoming (15. 4. 1988)

2. Verfahren der Wirkungserstreckung

Die Anerkennung erfolgt formlos. Das ausländische Urteil kann als Einwendung in einem neuen Prozeß über denselben Streitgegenstand dienen.

Für die Vollstreckbarerklärung steht ein vereinfachtes Registrierungsverfahren zur Verfügung. Der Berechtigte der ausländischen Unterhaltsentscheidung wird in dem Verfahren von einem Offizialvertreter (prosecuting attorney) vertreten[58].

IV. Die statutarische Regelung für Sorgerechtsentscheidungen

Der Uniform Child Custody Jurisdiction Act regelt in umfassender Weise die prozessualen Fragen des Sorgerechts. Zweck des Mustergesetzes ist nach seinem § 1:

§ 1. [Purposes of Act; Construction of Provisions]

(a) The general purposes of this Act are to:

(1) avoid jurisdictional competition and conflict with courts of other states in matters of child custody which have in the past resulted in the shifting of children from state to state with harmful effects on their well-being;

---

[58] Vgl. zum Verfahren in Kalifornien DOLZER FamRZ 1980, S. 646 f.

(2) promote cooperation with the courts of other states to the end that a custody decree is rendered in that state which can best decide the case in the interest of the child;

(3) assure that litigation concerning the custody of a child take place ordinarily in the state with which the child and his family have the closest connection and where significant evidence concerning his care, protection, training, and personal relationships is most readily available, and that courts of this state decline the exercise of jurisdiction when the child and his family have a closer connection with another state;

(4) discourage continuing controversies over child custody in the interest of greater stability of home environment and of secure family relationships for the child;

(5) deter abductions and other unilateral removals of children undertaken to obtain custody awards;

(6) avoid re-litigation of custody decisions of other states in this state insofar as feasible;

(7) facilitate the enforcement of custody decrees of other states;

(8) promote and expand the exchange of information and other forms of mutual assistance between the courts of this state and those of other states concerned with the same child; and

(9) make uniform the law of those states which enact it.

(b) This Act shall be construed to promote the general purposes stated in this section.

Das Mustergesetz[59] regelt inter alia auch die Anerkennung und Vollstreckbarerklärung von Sorgerechtsentscheidungen[60]. Es ist auch auf die Wirkungserstreckung ausländischer Sorgerechtsentscheidungen anzuwenden. § 23 bestimmt:

§ 23. [International Application]

The general policies of this Act extend to the international area. The provisions of this Act relating to the recognition and enforcement of custody decrees of other states apply to custody decrees and decrees involving legal institutions similar in nature to custody institutions rendered by appropriate authorities of other nations if reasonable notice and opportunity to be heard were given to all affected persons.

---

[59] Vgl. dazu Bates, Uniform Child Custody Jurisdiction Act: Progress and pitfalls, 17 Ga.S.B.J. 72 (1980); Coombs, Interstate child custody: Jurisdiction, recognition, and enforcement, 66 MinnLRev 711 (1982); Foster, Child custody jurisdiction, 27 N.Y.L.Sch.L.Rev. 297 (1981); Walther, Uniform child custody jurisdiction act, 54 Marquette L.Rev. 161 (1971).

[60] Vgl. dazu auch Appleton, Surrogacy arrangements and the conflict of laws, 1990 WisLRev 399 (1990).

Das Mustergesetz ist von allen Einzelstaaten übernommen worden,

Die Gerichte können die Anwendung des Act nicht allein deshalb ablehnen, weil die Sorgerechtsentscheidung nicht nach dem Act ergangen ist[61], was bei ausländischen – nicht amerikanischen – Entscheidungen nie der Fall sein kann.

1. Erfordernisse der Wirkungserstreckung

a. Sorgerechtsregelung als Gegenstand der Entscheidung

Gegenstand der Entscheidung muß eine Sorgerechtsregelung sein. Die Legaldefinition findet sich in § 2 Nr. 2 des Mustergesetzes:

> „custody determination" means a court decision and court orders and instructions providing for the custody of a child, including visitation rights; it does not include a decision relating to child support or any other monetary obligation of any person.

b. Erfordernisse der Wirkungserstreckung im einzelnen

Das Mustergesetz regelt die Erfordernisse der Wirkungserstreckung nur unvollständig. Nach § 23 ist wichtigstes Erfordernis, daß die Entscheidung von „appropriate authorities of other nations" erlassen ist. Das bedeutet nichts anderes, als daß das Erstgericht *international zur Entscheidung zuständig* gewesen sein muß. Die forum non conveniens Lehre spielt in diesem Zusammenhang – es tritt häufig ein positiver Kompetenzkonflikt auf – eine große Rolle[62].

Die zweite Voraussetzung der Wirkungserstreckung ist nach § 23, daß „reasonable notice and opportunity to be heard" den Beteiligten gewährt worden ist. Den Parteien muß also *rechtliches Gehör* gewährt, und sie müssen *ordnungsgemäß geladen* worden sein. In re Marriage of Malak wurde deshalb eine libanesische Sorgerechtsentscheidung anerkannt, weil das Gericht davon ausging, daß die Ehefrau in dem libanesischen Verfahren ausreichend Gelegenheit hatte, sich zu verteidigen[63].

---

[61] Vgl. Al-Fassi v. Al-Fassi 433 So.2d 664 (Fla.App., 1983), rev. denied 446 So. 2d 99 (Fla. 1984).

[62] Vgl. Taylor v. Taylor 420 A.2d 570 (Pa. Super 1980).

[63] Vgl. In re Marriage of Malak 227 Cal.Rptr. 841, 182 C.A. 3d 1018 (App. 6 Dist. 1986).

Neben diesen zwei im Gesetz genannten Erfordernissen muß der „due process of law" gewahrt sein. Dies ist beispielsweise für das libanesische Verfahren bejaht worden[64].

Materiell muß die ausländische Entscheidung zum Wohl des Kindes ergangen sein (*best interests of the child*)[65]. Dem Kind darf kein physischer oder psychischer Schaden entstehen (*physical or emotional harm to child*)[66].

2. Verfahren der Wirkungserstreckung

Die Anerkennung erfolgt formlos.

Für die Vollstreckbarerklärung steht ein vereinfachtes Registrierungsverfahren zur Verfügung. Dieses entspricht dem nach Sect. 2 des Uniform Enforcement of Foreign Judgments Act, 1964[67].

V. Die statutarische Regelung für Konkursentscheidungen

Die Neuregelung des Konkursrechts[68] hat im Rahmen einer – allerdings recht lückenhaften – Regelung des internationalen Konkursrechts[69] die Möglichkeit einer Anerkennung ausländischer Konkursentscheidungen gebracht[70]. Sect. 304 Bankruptcy Code erstreckt die Wirkungen auslän-

---

[64] Vgl. In re Marriage of Malak (FN 63); vgl. für das mexikanische Recht Suarez Ortega v. Pujals de Suarez 465 So.2d 607 (Fla.App. 1985).

[65] Vgl. Al-Fassi v. Al-Fassi (FN 61); Laskosky v. Laskosky 504 So.2d 726 (Miss. 1987).

[66] Vgl. Zaubi v. Zaubi 423 A.2d 333 (Pa. 1980).

[67] Vgl. dazu Brenscheidt, Anerkennung und Vollstreckung ausländischer Geldurteile in den USA, RIW/AWD 1976, S. 554ff. (557).

[68] Vgl. dazu Jander/Sohn, Übersicht über das neue amerikanische Konkursrecht, RIW/AWD 1981, S. 744ff.

[69] Vgl. dazu Honsberger, Conflict of Laws and the Bankruptcy Reform Act of 1978, 30 Case Western Law Review 631 (1980); Kraus, Das materielle amerikanische Konkursrecht, RIW/AWD 1983, S. 553ff. (560); Nadelmann, The Bankruptcy Reform Act and Conflict of Laws: Trial and Error, 29 Harv. Int'l L.J.27 (1988); Riesenfeld, Transnational Bankruptcy Law: Recent Developments in Argentina and the United States, Festschrift für Kegel, 1987, S. 483ff.

[70] Vgl. Gross, Foreign Creditor Rights: Recognition of Foreign Bankruptcy Adjucations in the United States and the Republic of Singapore 12 U.Pa.J.Int'l Bus.L. 125 (1991).

discher Konkurse im Interesse einer effizienten und gerechten Verteilung der Masse unter sechs Voraussetzungen:

- Gleichbehandlung aller Gläubiger;
- Schutz US-amerikanischer Gläubiger gegen Benachteiligung und unangemessene Schwierigkeiten;
- Schutz gegen bevorzugende und fraudulöse Verfügungen über Massegegenstände;
- Verteilung des Erlöses des Massevermögens in im wesentlich gleicher Weise wie es der Bankruptcy Code vorsieht;
- comity;
- Möglichkeit eines neuen Anfangs für den concursifex, soweit dies angemessen erscheint.

Viele Fragen bleiben offen; manches ist dem Ermessen des Richters überlassen.

VI. Die in den Restatements 2nd Conflict of Laws und 3rd Foreign Relations manifestierten Grundsätze der Wirkungserstreckung ausländischer Zivilurteile

Zwei Restatements of Law fassen die Grundsätze der Wirkungserstrekkung ausländischer Zivilurteile zusammen: Das Restatement 2nd Conflict of Laws[71] und das Restatement 3rd Foreign Relations[72]. Die Restatements of Law haben keine Gesetzeskraft[73]. Sie binden die Gerichte nicht, geben aber die in der Praxis angewandten Prinzipien wieder. Deshalb kann davon ausgegangen werden, daß die in den Restatements of Law manifestierten Regeln mangels statutarischer Regelung oder im Einzelfall abweichender Praxis in der Rechtsprechung eines Einzelstaats – z. B. zur Frage der Gegenseitigkeit[74] – von den Gerichten angewendet werden.

Das Regeln im Restatement 2nd Conflict of Laws betreffen in erster Linie die Wirkungserstreckung schwesterstaatlicher Urteile, für die die

[71] Vgl. dazu PETERSON, Foreign Country Judgments and the Second Restatement of Conflict of Laws, 72 ColumLRev 220 (1972).

[72] Abgedruckt unten sub C V.

[73] Vgl. zur Technik der Restatements of Law HAY, Einführung in das amerikanische Recht, 3. Aufl., 1990, S. 13 ff.

[74] Vgl. dazu oben S. 2 f.

Full Faith and Credit Clause[75] des Art. IV § 1 der US-amerikanischen Verfassung

> Full Faith and Credit shall be given in each State to the Public Acts, Records, and Judicial Proceedings of every other State. And the Congress may by general Laws prescribe the Manner in which such Acts, Records and Proceedings shall be proved and the Effect thereof.

gilt. Die Grundsätze werden aber – cum grano salis – auch auf ausländische Urteile angewendet[76]. § 98 bestimmt:

> A judgment rendered in a foreign nation after a fair trial in a contested proceeding will be recognized in the United States so far as the immediate parties and the underlying cause of action are concerned.

Ein „valid judgment" i. S. von § 98 ist nur ein solches, das die Erfordernisse des § 92 für schwesterstaatliche Urteile erfüllt[77].

Eine umfassende Niederlegung von Regeln über die Wirkungserstreckung ausländischer Zivilurteile hat erst das Restatement 3rd Foreign Relations gebracht, nachdem noch das Restatement 2nd Foreign Relations dieses Gebiet ausgespart hatte. Die Regelung in den beiden Restatements of Law ist inhaltlich weitgehend identisch.

1. Anerkennung und Vollstreckbarerklärung

Beide Restatements of Law unterscheiden zwischen Anerkennung und Vollstreckbarerklärung. Dabei wird das Prinzip anerkannt, daß die Anerkennung Voraussetzung der Vollstreckbarerklärung ist[78]. So differenziert Chapter 5 Restatement 2nd Conflict of Laws nach der Anerkennung (Topic 2: Recognition, §§ 93–98) und der Vollstreckbarerklärung (Topic 3: Enforcement, §§ 99–102).

2. Erfordernisse der Wirkungserstreckung

Da die Restatements of Law nur den geltenden Rechtszustand wiedergeben und keine neue Regelung der Materie schaffen wollen (und kön-

---

[75] Vgl. dazu eingehend mit Nachweisen KESSEDJIAN S. 105 ff.

[76] Vgl. Introductory Note zu Chapter 5 Restatement 2nd Conflict of Laws.

[77] Vgl. Comment b zu § 98 Restatement 2nd Conflict of Laws.

[78] Vgl. § 481 Abs. 2 Restatement 3rd Foreign Relations; dazu Comment b zu § 481 Restatement 3rd Foreign Relations.

nen), entsprechen die Erfordernisse der Wirkungserstreckung im Restatement 2nd Conflict of Laws und im Restatement 3rd Foreign Relations den Grundsätzen des Common Law – zusammengefaßt in Hilton v. Guyot – und in den statutarischen Regelungen der Wirkungserstreckung ausländischer Zivilurteile. Die Uniform Acts hätten keine Chance der Übernahme die einzelstaatlichen Rechte gehabt, wenn sie von den überkommenen Rechtstraditionen auf diesem Gebiet abgewichen wären.

a. Zivil- oder Handelssache als Gegenstand der Entscheidung

Die ausländische Entscheidung muß eine Zivil- oder Handelssache zum Gegenstand haben[79]. § 483 Restatement 3rd Foreign Relations stellt klar, daß Verurteilungen zu Steuern und Strafen nicht anerkennungsfähig sind:

> Courts in the United States are not required to recognize or to enforce judgments for the collection of taxes, fines, or penalties rendered by the courts of other states.

Diese Regel[80] ist die ratio decidendi von Her Majesty the Queen in Right of the Province of British Columbia v. Gilbertson[81], Johansson v. United States[82] und In re Bliss' Trust[83]. Sie schließt allerdings nicht aus, daß die Gerichte eines Staates derartige Entscheidungen anerkennen und für vollstreckbar erklären[84]. Es besteht lediglich keine entsprechende Verpflichtung.

b. Endgültigkeit

Die ausländische Entscheidung muß endgültig (final) sein[85]. Rechtskraft ist nicht erforderlich. Der Kommentar zu § 481 Restatement 3rd Foreign Relations führt hierzu aus[86]:

> A final judgment is one that is not subject to additional proceedings in the rendering court other than execution. That a judgment is subject to appeal or

[79] Vgl. dazu oben sub A II 1a.

[80] Vgl. dazu Leflar, Extrastate Enforcement of Penal and Governmental Claims, 46 HarvLRev 193 (1932); Stoel, The Enforcement of Non-Criminal Penal and Revenue Judgments in England and the United States, 16 Int'l & Comp.L.Q. 663 (1967).

[81] 597 F.2d 1161 (9th Cir. 1979).

[82] 336 F.2d 809 (5th Cir. 1964).

[83] 26 Misc. 2d 969, 208 N.Y.S. 2d 725 (1960).

[84] Vgl. Comment a zu § 483 Restatement 3rd Foreign Relations.

[85] Vgl. § 481 Restatement 3rd Foreign Relations; § 107 Restatement 2nd Conflict of Laws.

[86] Vgl. Comment e zu § 481 Restatement 3rd Foreign Relations.

to modification in light of changed circumstances does not deprive it of its character as a final judgment.

Damit ist auch klargestellt, daß die Möglichkeit der Abänderung deutscher Titel nach § 323 ZPO deren Endgültigkeit nicht ausschließt. Denn die Abänderung ist eben nur bei „changed circumstances" möglich.

c. Rechtstaatliches Verfahren (due process)

Das erststaatliche Verfahren muß rechtstaatlichen Grundsätzen entsprochen haben. § 482 Abs. 1 lit. a Restatement 3rd Foreign Relations entspricht nahezu wörtlich § 4 lit. a Nr. 1 des Uniform Foreign Money-Judgments Recognition Act[87]. Eine entsprechende Regel im Restatement 2nd Conflict of Laws fehlt, da im schwesterstaatlichen Prozeß die Einhaltung des due process Gebots vorausgesetzt wird.

d. Internationale Zuständigkeit (jurisdiction)

Das Erstgericht muß jurisdiction besessen haben. § 482 Abs. 1 lit. b Restatement 3rd Foreign Relations statuiert dies für die „jurisdiction over the defendant" und § 482 Abs. 2 lit. a dieses Restatements für die „jurisdiction over the subject matter"[88]. § 92 lit. a Restatement 2nd Conflict of Laws begnügt sich mit der Feststellung, daß das Erstgericht jurisdiction besessen haben muß und überläßt die Bestimmung der „jurisdiction over the thing or status" dem erststaatlichen Recht (§ 97). Auf erststaatliches Recht stellt auch § 482 Abs. 1 lit. b Restatement 3rd Foreign Relations ab.

In Zusammenhang mit der internationalen Zuständigkeit bestimmt § 482 Abs. 2 lit. f, daß die Zuständigkeit das Erstgerichts nicht durch eine Gerichtsstands-, Schiedsvereinbarung oder auf sonstige Weise ausgeschlossen gewesen sein darf. Die Regel entspricht fast wörtlich § 4 lit. b Nr. 6 Uniform Foreign Money-Judgments Recognition Act[89].

---

[87] Vgl. dazu im einzelnen oben sub A II 1 d.

[88] Vgl. für die Erscheinungsformen der jurisdiction (of the person and of the subject matter) Casad, Jurisdiction in Civil Actions, 1983, 1—1 ff.; im übrigen Goodrich/Scoles, Handbook of the Conflict of Laws, 1964, S. 101 ff.; Leflar, American Conflicts of Law, 3. Aufl., 1977, S. 29 ff.; Stumberg, Principles of Conflict of Laws, 3. Aufl., 1963, S. 66 ff.; Weintraub, Commentary on the Conflict of Laws, 1971, S. 93 ff.

[89] Vgl. dazu oben S. 15 f.

e. Ordnungsmäßige und rechtzeitige Zustellung der prozeßeinleitenden Ladung oder Verfügung

Die prozeßeinleitende Ladung oder Verfügung muß dem Beklagten ordnungsgemäß und so rechtzeitig zugestellt worden sein, daß er sich angemessen verteidigen konnte. § 482 Abs. 2 lit. b Restatement 3rd Foreign Relations entspricht inhaltlich § 4 lit. b Nr. 2 Uniform Foreign Money-Judgments Recognition Act[90]. Eine entsprechende Regel enthält § 92 lit. b Restatement 2nd Conflict of Laws in Verbindung mit § 104 dieses Restatement of Law. Im einzelnen sind Bestimmungen über die Zustellung und die Möglichkeit rechtlichen Gehörs in § 25 Restatement 2nd Conflict of Laws enthalten:

> A state may not exercise judicial jurisdiction over a person, although he is subject to its judicial jurisdiction, unless a reasonable method is employed to give him notice of the action and unless he is afforded a reasonable opportunity to be heard.

f. Vereinbarkeit mit dem ordre public

Die Wirkungserstreckung der ausländischen Entscheidung darf nicht gegen den zweitstaatlichen ordre public verstoßen. Das Restatement 3rd Foreign Relations unterscheidet zwischen dem Verstoß gegen den verfahrensrechtlichen (§ 482 Abs. 2 lit. c, judgment obtained by fraud) und den materiellrechtlichen ordre public (§ 482 Abs. 2 lit. d, judgment repugnant to public policy). Die Regeln entsprechen inhaltlich § 4 lit. b Nr. 3 und 4 Uniform Foreign Money-Judgments Recognition Act[91].

Dagegen können Verstöße gegen den materiellrechtlichen ordre public nach § 117 Restatment 2nd Conflict of Laws nicht zu einer Nichtanerkennung der ausländischen Entscheidung führen, was aber nur für schwesterstaatliche Urteile (judgment rendered in one State of the United States) gilt.

g. Vereinbarkeit mit anderer Entscheidung in derselben Sache

Die Entscheidung darf nicht in Widerspruch zu einem anderen anzuerkennenden Urteil in derselben Sache stehen. Diese Regel des § 482 Abs. 2 lit. e Restatement 3rd Foreign Relations sagt nichts darüber aus, welches von zwei anerkennungsfähigen Urteilen nun anzuerkennen ist. Die Gerichte neigen offenbar dazu, dem später erlassenen Erkenntnis den Vorzug zu geben. Nach § 482 Abs. 2 lit. e Restatement 3rd Foreign Relations ist

---

[90] Vgl. dazu oben S. 16.

[91] Vgl. dazu oben S. 17.

das aber nicht notwendig. Das Gericht kann die später ergangene, die früher ergangene oder gar keine der beiden Entscheidungen anerkennen[92].

h. Keine Verbürgung der Gegenseitigkeit

Die Verbürgung der Gegenseitigkeit, die seit Hilton v. Guyot in der US-amerikanischen Rechtsprechung lange Zeit gefordert wurde, ist nach beiden Restatements of Law nicht Erfordernis der Wirkungserstreckung eines ausländischen Urteils. Der Kommentar zu § 481 Restatement 3rd Foreign Relations führt dazu aus[93]:

> A judgment otherwise entitled to recognition will not be denied recognition or enforcement because courts in the rendering state might not enforce a judgment of a court in the United States if the circumstances were reversed.

Der Kommentator erklärt die in Hilton v. Guyot aufgestellte Regel als praktisch „overruled" dar.

Auch § 98 Restatement 2nd Conflict of Laws führt die Gegenseitigkeit nicht als Erfordernis der Anerkennung und Vollstreckbarerklärung eines ausländischen Urteils auf. Aus dem Kommentar zu dieser Regel ergibt sich aber, daß hier eine bewußte Lücke gelassen wurde[94], aus der sich Schlüsse weder für noch gegen dieses Erfordernis herleiten lassen.

3. Verfahren der Wirkungserstreckung

Das Verfahren der Wirkungserstreckung ist in den Restatements of Law nicht geregelt. § 131 Restatement 2nd Conflict of Laws bestimmt:

> The local law of the forum determines the manner of enforcing a judgment.

Dem entspricht § 99 desselben Restatements of Law:

> The local law of the forum determines the methods by which a judgment of another state is enforced.

Das Restatement 3rd Foreign Relations enthält keine Regel für das Verfahren der Wirkungserstreckung[95].

---

[92] Vgl. Comment g zu § 482 Restatement 3rd Foreign Relations.
[93] Vgl. Comment b zu § 481 Restatement 3rd Foreign Relations.
[94] Vgl. Comment e zu § 98 Restatement 2nd Conflict of Laws.
[95] Vgl. Comment g zu § 481 Restatement 3rd Foreign Relations.

4. Regeln für besondere Verfahrensarten

Die Restatements of Law enthalten teilweise Regeln für besondere Verfahrensarten:

a. Urteile auf Geldzahlung

§§ 100 ff. Restatement 2nd Conflict of Laws enthalten etwa gleiche Regeln über die Wirkungserstreckung ausländischer Urteile auf Geldzahlung wie das Mustergesetz über die Anerkennung und Vollstreckbarerklärung ausländischer Geldurteile.

b. Scheidungsurteile

Das wesentliche Problem bei der Anerkennung ausländischer Scheidungsurteile ist das der internationalen Zuständigkeit. Das zeigt eine abundante Rechtsprechung zur Scheidung auf der Reise. § 484 Restatement 3rd Foreign Relations enthält Regeln für die Bestimmung der internationalen Scheidungszuständigkeit: International zuständig sind die Gerichte des Staates, in dem die Parteien im Zeitpunkt der Scheidung domiziliert waren oder ihren gewöhnlichen Aufenthalt hatten. Fakultative Zuständigkeiten begründen

- der Wohnsitz oder gewöhnlicher Aufenthaltsort einer Partei im Zeitpunkt der Scheidung oder
- die Einlassung mindestens einer Partei im erststaatlichen Prozeß, soweit die andere Partei hinreichende Gelegenheit zur Verteidigung hatte.

c. Sorgerechtsentscheidungen

§ 485 Restatement 3rd Foreign Relations regelt die Wirkungserstreckung ausländischer Sorgerechtsentscheidungen im Anschluß an den Uniform Child Custody Jurisdiction Act[96]. Ausländische Sorgerechtsentscheidungen sind ungeachtet ihrer Abänderbarkeit anzuerkennen, wenn

- sie im Erststaat wirksam (valid and effective) sind,
- das Kind im Zeitpunkt der Einleitung des Verfahrens seinen gewöhnlichen Aufenthalt im Erststaat hatte,
- das Kind und mindestens eine Partei eine wesentliche Beziehung zum Erststaat hatte[97] oder

---

[96] Vgl. dazu oben sub A IV.

[97] Eine solche wesentliche Beziehung kann durch Schulbesuch des Kindes, den Wohnsitz naher Verwandter pp. hergestellt werden.

- das Kind sich im Erststaat aufhielt und eine Notwendigkeit der unverzüglichen Sorgerechtsregelung zum Schutze des Kindes bestand und
- dem Elternteil oder jeder anderen Person, die das faktische Sorgerecht ausübte, gehörige Kenntnis von dem Verfahren gegeben wurde, regelmäßig durch Zustellung der verfahrenseinleitenden Verfügung.

Die Abänderung von ausländischen anzuerkennenden Sorgerechtsentscheidungen ist in der Regel nur zulässig, wenn der Erststaat keine internationale Zuständigkeit mehr besitzt oder darauf verzichtet hat[98].

d. Unterhaltsentscheidungen

§ 486 Restatement 3rd Foreign Relations regelt die Wirkungserstreckung ausländischer Unterhaltsentscheidungen im Anschluß an den Revised Uniform Reciprocal Enforcement of Support Act. Ausländische Unterhaltsentscheidungen sind anzuerkennen und für vollstreckbar zu erklären, wenn

- sie im Erststaat wirksam (valid and effective) sind,
- die Ehegatten zum Zeitpunkt des Entstehens der Unterhaltsverpflichtung ihren gemeinsamen Wohnsitz oder gewöhnlichen Aufenthalt im Erststaat hatten,
- der Unterhaltsschuldner zum Zeitpunkt des Erlasses der Entscheidung seinen Wohnsitz oder gewöhnlichen Aufenthalt im Erststaat hatte oder
- der Unterhaltsberechtigte seinen Wohnsitz oder gewöhnlichen Aufenthalt im Erststaat hatte und der Unterhaltsschuldner sich in dem ausländischen Verfahren eingelassen hat.

§ 486 Abs. 2 Restatement 3rd Foreign Relations läßt eine Abänderung des ausländischen Urteils durch ein inländisches Gericht auf Antrag einer der Parteien zu, wenn dieses Gericht nach § 421 Abs. 2 lit. b, c oder d Restatement 3rd Foreign Relations international zuständig ist.

---

[98] Vgl. § 485 Abs. 2 Restatement 3rd Foreign Relations.

VII. Die Regelung in den Einzelstaaten

Alabama[1]

I. Urteile auf Geldzahlung

Die Wirkungserstreckung erfolgt nach den Grundsätzen der comity doctrine[2]. Es gelten die Grundsätze, die im Restatement 2nd Conflict of Laws und im Restatement 3rd Foreign Relations manifestiert sind.

Die Anerkennung erfolgt formlos. Das ausländische Urteil kann als Einwendung in einem neuen Prozeß über denselben Streitgegenstand geltend gemacht werden (res iudicata-Einwand). Die Wirkungserstrekkung erfolgt durch action upon the foreign judgment. Eine sachliche Nachprüfung (révision au fond) ist unzulässig[3]. Summary proceedings sind nicht möglich[4].

II. Unterhaltsentscheidungen

Es gelten die allgemeinen Grundsätze für die Wirkungserstreckung ausländischer Zivilurteile, die in § 486 Restatement 3rd Foreign Relations für Unterhaltsentscheidungen zusammengefaßt sind.

III. Sonstige Entscheidungen

Für Sorgerechtsentscheidungen gilt der Uniform Child Custody Jurisdiction Act[5].

Im übrigen bestehen keine Besonderheiten gegenüber Urteilen auf Geldzahlung.

IV. Verbürgung der Gegenseitigkeit

Die Gegenseitigkeit ist verbürgt[6].

---

[1] Vgl. dazu Schütze, Die Anerkennung und Vollstreckbarerklärung ausländischer Zivilurteile in Alabama, JR 1987, S. 280.

[2] Vgl. Martiny S. 666 (RdN 1519).

[3] Vgl. Wells v. Wells 161 So. 794 (Ala. 1935); IPG 1969 Nr. 43 (Hamburg), S. 336.

[4] Vgl. Weinschenk S. 202.

[5] Code 1975 §§ 30-3-20 bis 30-3-44.

[6] Vgl. IPG 1969 Nr. 43 (Hamburg); Geimer/Schütze S. 1916; Martiny S. 666 (RdN 1519); Schütze IWB F 8 (USA) Gr. 3, S. 139 ff.; ders. JR 1987, S. 280; Zöller/Geimer Anh. I.

Alaska[1]

I. Urteile auf Geldzahlung

(1) Erfordernisse der Wirkungserstreckung

Alaska hat den Uniform Foreign Money-Judgments Recognition Act in das innerstaatliche Recht übernommen[2].

In Abadou v. Trad[3] befaßt sich der Supreme Court of Alaska eingehend mit der zuständigkeitsbegründenden Wirkung einer internationalen Gerichtsstandsvereinbarung. Das Gericht bekräftigt zunächst die in der Bremen-Entscheidung[4] des US-Supreme Court aufgestellte reasonableness-doctrine, wonach internationale Gerichtsstandsvereinbarungen — auch hinsichtlich ihrer derogierenden Wirkung — anerkannt werden, wenn sie nicht unreasonable, unjust, unfair oder unconscionable sind. In diesem Zusammenhang setzt sich der Supreme Court of Alaska mit zwei Problemen auseinander. Zunächst sieht er es nicht als unangemessen an, daß die Derogation auch Ansprüche erfaßt, die einen Bezug zu in Alaska belegenen Immobilien haben. Das bemerkenswert liberale Argument ist:

> We hold that in the absence of statutory language of exclusivity, a contractual choice-of-forum-clause will prevail over a venue statute, unless some other factor (e. g., inequality or bargaining power) renders such a result inequitable. See Deeb Inc. v. Board of Public Instruction 196 So. 2d 22 (Fla.App.), appeal squashed 220 So. 2d 649 (Fla.App. 1967). Since the language of AS 22.10.030 does not provide that the forum identified in the statute is to be the exclusive forum for disputes concerning land located in Alaska, and since there is no evidence of an inequality in bargaining power here, the contractual clause providing for jurisdiction in the Lebanese courts will prevail over the statutory venue provision here.

Die weitere bedeutsame Erwägung des Gerichts im Rahmen der reasonableness-Prüfung ist, ob das Urteil des libanesischen Gerichts in Alaska anerkennungsfähig sein würde. Der Supreme Court of Alaska bejaht ohne weitere Erörterung die Möglichkeit der Wirkungserstreckung eines libanesischen Zahlungsurteils nach dem Uniform Foreign Money-Judgments Recognition Act.

---

[1] Vgl. dazu SCHÜTZE, Die Anerkennung und Vollstreckbarerklärung ausländischer Zivilurteile in Alaska, JR 1988, S. 7 ff.

[2] AS 09.30.100 bis 09.30.180.

[3] 624 P. 2 d 287 (S.Ct. Alaska 1981).

[4] Vgl. MS Bremen & Unterweser GmbH v. Zapata Offshore Co. 407 U.S. 1 (1972).

(2) Verfahren der Wirkungserstreckung

Alaska hat den Uniform Enforcement of Foreign Judgments Act 1964 übernommen[5]. Dieser sieht ein erleichtertes Registrierungsverfahren anstelle der action upon the foreign judgment vor. Das Registrierungsverfahren ist zwar zunächst nur auf schwesterstaatliche Entscheidungen anwendbar. Da nach dem Uniform Foreign Money-Judgments Recognition Act anzuerkennende Urteile aber wie schwesterstaatliche Entscheidungen vollstreckt werden können, ist das Registrierungsverfahren auch insoweit auf ausländische Urteile anwendbar[6]. Deutsche Urteile, die den Erfordernissen des Uniform Foreign Money-Judgments Recognition Act entsprechen, können deshalb in einem erleichterten Verfahren registriert werden[7].

Im übrigen stellt Alaska für die Wirkungserstreckung ausländischer Zivilurteile auch summary judgments proceedings zur Verfügung[8].

Eine révision au fond ist unzulässig.

II. Unterhaltsentscheidungen

Es gelten die Grundsätze, die in § 486 Restatement 3rd Foreign Relations wiedergegeben sind.

III. Sonstige Entscheidungen

Die Wirkungserstreckung sonstiger Entscheidungen erfolgt nach comity-Grundsätzen. In Abadou v. Trad zitiert das Gericht zunächst die Ansicht Leflars[9]:

> Apart from possible treaties or federal common law, there is no compulsion on any American state to recognize or enforce judgments from foreign countries. An American court can deny effect to a foreign judgment because it does not like the kind of service employed even though the service was valid, or because the foreign judgment is on a cause of action that the forum court for any reason dislikes. If a real difference in social policy exists this result is justifiable, since it is possible that alien lands enforcing their own systems of

---

[5] AS 09.30.200 bis 09.30.270.

[6] Vgl. Brenscheidt, Anerkennung und Vollstreckung ausländischer Geldurteile in den USA, RIW/AWD 1976, S. 554 ff. (557); Homburger, Recognition and Enforcement of Foreign Judgments. A New Yorker Reflects on Uniform Acts, 18 AmJCompL 367, 399 (1970); vgl. zur Problematik der Anwendbarkeit des Registrierungsverfahrens im übrigen oben S. 18 f.

[7] Vgl. Brenscheidt RIW/AWD 1976, S. 554 ff. (557).

[8] Vgl. Weinschenk S. 202.

[9] Vgl. Leflar, American Conflicts of Law, 3. Aufl., 1977, S. 170 f.

law may render judgments on strange claims unknown to our law and contrary to our mores. This, however, would be unusual.

Der Supreme Court of Alaska erklärt sodann, daß er die Versagungsgründe der Wirkungserstreckung eines ausländischen Urteils in analoger Anwendung des Uniform Foreign Money-Judgments Recognition Act bestimmen werde. Auf die Regeln des Restatement 2nd Conflict of Laws wird erstaunlicherweise nicht Bezug genommen. Da der Uniform Foreign Money-Judgments Recognition Act aber etablierte Grundsätze des im Restatement 2nd Conflict of Laws manifestierten Common Law übernommen hat, bestehen keine Bedenken gegen die Heranziehung dieser Grundsätze zur Auslegung des Rechts Alaskas.

Zwei Erfordernisse der Wirkungserstreckung bedürfen besonderer Erörterung:

(1) Ordre public

In Abadou v. Trad lag ein Problem darin, daß die Streitigkeiten zwischen den Parteien auch Ansprüche über in Alaska belegene Immobilien betrafen. Der Supreme Court of Alaska zitiert Ehrenzweigs Ansicht[10], daß ein ausländisches Urteil, das bei in den USA belegenen Grundstücken aufgrund einer Rechtswahl der Parteien nicht die lex rei sitae anwendet, nicht anerkannt werden kann, setzt sich hiermit jedoch nicht endgültig auseinander. Es erklärt dennoch eindeutig:

> We are sufficiently persuaded that since the only state which by the action of its court can change the title of particular land is that of the situs', the courts of Alaska will ultimately have to decide the enforceability of foreign judgments affecting Alaskan land (assuming the parties continue to contest the issue).

Das Gericht erläutert, warum im Rahmen der Inzidentprüfung der Anerkennungsfähigkeit des im libanesischen forum prorogatum ergehenden Urteils eine Entscheidung in dieser Frage nicht notwendig ist, einleuchtend:

> Since the courts of Lebanon have not decided the issue, it is inappropriate for us to express any opinion on whether enforcement of the liquidated damages provision of the contract, which might not be allowed under Alaskan law, see Arctic Contractors, Inc. v. State, 564 P. 2d 30 (Alaska 1977), after remand, 573 P. 2d 1385 (Alaska 1978), might constitute such a departure from Alaska's public policy as to require non-enforcement of the judgment.

---

[10] Vgl. Ehrenzweig, Conflict of Laws, 1962, S. 202.

Das alles betrifft aber nur die Anwendung materiellen Rechts, nicht die Wirksamkeit der Gerichtsstandsvereinbarung auch im Hinblick auf in Alaska belegenes Grundvermögen.

(2) Gegenseitigkeit

Der Supreme Court of Alaska prüft die Gegenseitigkeit im Verhältnis zum Libanon nicht, was im Rahmen der Inzidentprüfung notwendig gewesen wäre, wenn er die verbürgte Gegenseitigkeit als erforderlich ansähe. In Abadou v. Trad ist die Gegenseitigkeit nicht einmal erwähnt. Es kann deshalb davon ausgegangen werden, daß die Gegenseitigkeit – dem modernen Trend im US-amerikanischen Recht folgend – nicht als Erfordernis der Wirkungserstreckung ausländischer Urteile in Alaska angesehen wird.

Für Sorgerechtsentscheidungen gilt der Uniform Child Custody Jurisdiction Act[11].

IV. Verbürgung der Gegenseitigkeit

Die Gegenseitigkeit i. S. von § 328 Abs. 1 Nr. 5 ZPO ist im Verhältnis zu Alaska für Zahlungsurteile, aber auch darüber hinaus allgemein verbürgt[12].

Arizona[1]

I. Urteile auf Geldzahlung

Die Wirkungserstreckung ausländischer Zivilurteile erfolgt nach der comity doctrine[2]. Es gelten die im Restatement 2nd Conflict of Laws und im Restatement 3rd Foreign Relations manifestierten Grundsätze.

Die Anerkennung erfolgt formlos. Das ausländische Urteil kann als Einwendung in einem neuen Prozeß über denselben Streitgegenstand dienen (res iudicata-Einwand). Die Vollstreckbarerklärung bedarf einer

[11] AS 25.30.010 bis 25.30.910.

[12] Vgl. Geimer/Schütze S. 1917; Martiny S. 666 (RdN 1520); Schütze IWB F 8 (USA) Gr. 3, S. 139 ff.; ders. JR 1988, S. 7 ff.; Zöller/Geimer Anh. I.

[1] Vgl. dazu Schütze, Die Anerkennung und Vollstreckbarerklärung ausländischer Zivilurteile in Arizona, JR 1987, S. 185 f.

[2] Vgl. Feuchter v. Bazurto 528 P. 2d 178 (Ariz. App. 1974); Brenscheidt, Anerkennung und Vollstreckung ausländischer Geldurteile in den USA, RIW/AWD 1976, S. 554 ff. (558).

action upon the foreign judgment. Zuständig ist der Superior Court[3]. Die Klage muß binnen vier Jahren nach Erlaß des erststaatlichen Urteils erhoben werden. Eine révision au fond ist unzulässig. Summary judgment proceedings sind möglich[4]. Für den Beweiswert des ausländischen Urteils läßt Rule 902 (3) der Arizona Rules of Evidence die „self-authentication" zu[5].

II. Unterhaltsentscheidungen

Arizona hat den Revised Uniform Reciprocal Enforcement of Support Act (RURESA) übernommen[6]. Eine Gegenseitigkeitserklärung ist ergangen[7], so daß deutsche Titel aufgrund der statutarischen Regelung in Arizona geltend gemacht werden können.

III. Sonstige Entscheidungen

Für Sorgerechtsentscheidungen gilt der Uniform Child Custody Jurisdiction Act[8].

---

[3] Vgl. Art. 6 § 14 der Verfassung von Arizona.

[4] Vgl. BRENSCHEIDT RIW/AWD 1976, S. 554 ff. (558); WEINSCHENK S. 202.

[5] Die Bestimmung hat folgenden Wortlaut:
„(3) Foreign public documents. A document purporting to be executed or attested in his official capacity by a person authorized by the laws of a foreign country to make the execution or attestation, and accompanied by a final certification as to the genuineness of the signature and official position (A) of the executing or attesting person, or (B) of any foreign official whose certificate of genuineness of signature and official position relates to the execution or attestation or is in a chain of certificates of genuineness of signature and official position relating to the execution or attestation. A final certification may be made by a secretary of embassy or legation, consul general, consul, vice consul, or consular agent of the United States, or a diplomatic or consular official of the foreign country assigned or accredited to the United States. If reasonable opportunity has been given to all parties to investigate the authenticity and accuracy of official documents, the court may, for good cause shown, order that they be treated as presumptively authentic without final certificaton or permit them to be evidenced by an attested summary with or without final certification."

[6] A.R.S. §§ 12-1651 bis 12-1691.

[7] Vgl. auch Bekanntmachung nach AUG BGBl. 1988 I 1784.

[8] A.R.S. §§ 8-401 bis 8-424.

IV. Verbürgung der Gegenseitigkeit

Die Gegenseitigkeit ist – im Rahmen der zeitlichen Grenzen – partiell verbürgt[9].

Arkansas[1]

I. Urteile auf Geldzahlung

Arkansas hat das Mustergesetz über die Anerkennung und Vollstreckbarerklärung von Geldurteilen nicht in das innerstaatliche Recht übernommen. Die Wirkungserstreckung ausländischer Zivilurteile erfolgt aufgrund der comity doctrine. Die Grundsätze des Restatement 2nd Conflict of Laws und Restatement 3rd Foreign Relations sind anwendbar.

Drei Aspekte sind in diesem Zusammenhang hervorzuheben:

(1) Internationale Zuständigkeit

Arkansas nimmt in bemerkenswerter Weise internationale Zuständigkeit für seine Gerichte in Anspruch. In Grace v. McArthur[2] bejahte das Gericht seine Zuständigkeit allein aufgrund der Tatsache, daß die Klage in einem Rechtsstreit beim Überfliegen des Territoriums von Arkansas einem Beklagten zugestellt worden war.

(2) Ordre public

In der Entscheidung Toronto-Dominion Bank v. Hall[3] war der Urteilsschuldner – in Arkansas domiziliert – durch ein Gericht in Ontario/Kanada zur Zahlung verurteilt worden. Das Bundesgericht, das über die Wirkungserstreckung zu entscheiden hatte, wandte nach der Erie-Klaxon-Rule das Recht des Staates Arkansas an. Es entschied, daß die bloße Abweichung des nach dem IPR des Erststaates vom Erstgericht angewandten Rechts vom Recht des Staates Arkansas allein noch keinen Verstoß gegen den ordre public begründet. Im konkreten Fall handelt es sich um weitergehende Befugnisse des Inhabers von Papieren nach dem Recht Ontarios als es nach arkansischem Recht der Fall gewesen wäre.

---

[9] Vgl. Geimer/Schütze S. 1917; Martiny S. 666 (RdN 1521); Schütze JR 1987, S. 185 f.; Zöller/Geimer Anh. I.

[1] Vgl. dazu Schütze, Die Anerkennung und Vollstreckbarerklärung ausländischer Zivilurteile in Arkansas, JR 1987, S. 498 f.

[2] 170 F. Supp. 442 (E.D. Ark. 1959).

[3] 367 F.Supp. 1009 (1973).

(3) Verbürgung der Gegenseitigkeit

In der Diskussion um das Erfordernis der verbürgten Gegenseitigkeit im Anschluß an Hilton v. Guyot hat das Gericht in der Sache Toronto-Dominion Bank v. Hall den Kritikern am Gegenseitigkeitserfordernis Recht gegeben. Es entschied, daß die Verbürgung der Gegenseitigkeit nicht Erfordernis der Wirkungserstreckung eines ausländischen Zivilurteils ist.

Die Anerkennung erfolgt formlos. Das ausländische Urteil kann den res iudicata-Einwand in einem neuen Prozeß über denselben Streitgegenstand begründen.

Die Vollstreckbarerklärung wird auf action upon the foreign judgment erteilt. Summary proceedings sind möglich[4]. Zuständig ist der District Court. Die révision au fond ist unzulässig.

II. Unterhaltsentscheidungen

Arkansas hat den Revised Uniform Reciprocal Enforcement of Support Act (RURESA) übernommen[5]. Eine Gegenseitigkeitserklärung ist ergangen[6].

III. Sonstige Entscheidungen

Für Sorgerechtsentscheidungen gilt der Uniform Child Custody Jurisdiction Act, den Arkansas übernommen hat[7].

IV. Verbürgung der Gegenseitigkeit

Die Gegenseitigkeit ist verbürgt[8]. Die extensive Inanspruchnahme internationaler Zuständigkeit, insbesondere im Rahmen der transient jurisdiction, hat auf die Verbürgung der Gegenseitigkeit keinen Einfluß[9]. Exorbitante Zuständigkeiten des Rechts von Arkansas stehen einer Anerkennung nach § 328 Abs. 1 Nr. 1 ZPO, nicht jedoch § 328 Abs. 1 Nr. 5 ZPO entgegen.

---

[4] Vgl. Weinschenk S. 202.

[5] A. C. A. §§ 9-14-301 bis 9-14-344.

[6] Vgl. auch Bekanntmachung nach AUG BGBl. 1988 I 1784.

[7] Code 1987 §§ 9-13-201 bis 9-13-227.

[8] Vgl. Geimer/Schütze S. 1917; Martiny S. 667 (RdN 1522); Schütze IWB F 8 (USA), Gr. 3, S. 139 ff.; ders. JR 1987, S. 498 f.; Zöller/Geimer Anh. I.

[9] Vgl. Geimer/Schütze S. 1780; Schütze, Internationale Zuständigkeit und Verbürgung der Gegenseitigkeit bei der Anerkennung ausländischer Entscheidungen, AWD 1970, S. 495 ff.

California[1]

Die Probleme der internationalen Urteilsanerkennung im deutsch-kalifornischen Verhältnis haben eine lange Tradition[2]. Als nach dem großen Erdbeben in San Francisco 1906 Verfahren gegen deutsche Versicherungsgesellschaften vor kalifornischen Gerichten eingeleitet wurden, fürchteten die Kläger (zu Recht), daß angesichts der anerkennungsfeindlichen Rechtslage in California die Gegenseitigkeit in Deutschland verneint würde. Der kalifornische Gesetzgeber reagierte schnell und stellte 1907 durch eine Änderung der Zivilprozeßordnung (vermeintlich) die Verbürgung der Gegenseitigkeit i. S. von § 328 Abs. 1 Nr. 5 ZPO her. Die in die Zivilprozeßordnung eingefügte Bestimmung des § 1915, die eine fast schrankenlose Wirkungserstreckung ausländischer Zivilurteile vorsah, wurde jedoch mit Rücksicht auf die Entstehungsgeschichte in der Praxis der kalifornischen Gerichte nicht befolgt[3]. Wegen der (begründeten) Zweifel an der tatsächlichen Übung hat das Reichsgericht[4] dann auch die Gegenseitigkeit verneint[5]. § 1915 California Code of Civil Procedure wurde zum 01. 01. 1975 aufgehoben.

---

[1] Vgl. dazu Schütze, Die Anerkennung und Vollstreckbarerklärung ausländischer Zivilurteile in Kalifornien, JR 1986, S. 235 ff.; Scoles/Aarnas, Recognition and Enforcement of Foreign Nation Judgments: California, Oregon and Washington, 57 OreLRev 377 (1978).

[2] Vgl. aus der älteren Literatur insbesondere Kisskalt, Die Vollstreckbarkeit kalifornischer Urteile in Deutschland, LZ 1907, Sp. 689 ff.; Wittmaack, Kann ein Vollstreckungsurteil nach §§ 722 und 723 ZPO auf Grund eines nordamerikanischen, insbesondere kalifornischen Urteils erlassen werden?, NiemeyersZ 22 (1912), S. 1 ff.

[3] Vgl. IPG 1976 Nr. 46 (Hamburg), S. 512 ff. (523).

[4] Vgl. RGZ 70, 434. Das Reichsgericht geht in dieser Entscheidung davon aus, daß § 1915 der kalifornischen Zivilprozeßordnung auch eine Nachprüfung der sachlichen Zuständigkeit des Erstgerichts nach erststaatlichem Recht ermöglichte und fährt fort: „Dies ist aber eine der révision au fond gleichstehende Nachprüfung, und wenn das Erfordernis der verbürgten Gegenseitigkeit jedenfalls bedeutet, daß der ausländische Richter so wenig wie der deutsche Richter die Gesetzmäßigkeit der zu vollstreckenden Entscheidung nachzuprüfen habe, so ist es durch das neue ausländische Gesetz nach der ihm vom Berufungsrichter nur zugestandenen Bedeutung nicht gewahrt."

[5] Vgl. dazu auch Drobnig, American-German Private International Law, 1972, S. 538; Weinschenk S. 29 ff.

I. Urteile auf Geldzahlung

California hat das Mustergesetz über die Anerkennung ausländischer Geldurteile übernommen[6].

Die Anerkennung erfolgt formlos. Das ausländische Urteil kann als Einwendung in einem neuen Prozeß über denselben Streitgegenstand dienen. Die Vollstreckbarerklärung bedarf der action upon the foreign judgment. Zuständig[7] ist der Municipal oder Justice Court in allen Fällen, in denen der Urteilsbetrag US$ 15.000,– oder weniger beträgt, bei Streitwerten darüber ein Superior Court. Die örtliche Zuständigkeit bestimmt sich nach dem Wohnsitz des Urteilsschuldners. Besitzt dieser keinen Wohnsitz in California, so ist jedes sachlich zuständige Gericht auch örtlich zuständig. Eine sachliche Nachprüfung (révision au fond) ist unzulässig. Summary judgment proceedings sind möglich[8].

II. Unterhaltsentscheidungen

California hat den Revised Uniform Reciprocal Enforcement of Support Act (RURESA) übernommen[9]. Eine Gegenseitigkeitserklärung ist ergangen[10], so daß deutsche Titel aufgrund der statutarischen Regelung geltend gemacht werden können. Im übrigen gelten die in § 486 Restatement 3rd Foreign Relations manifestierten Grundsätze.

III. Sonstige Entscheidungen

Für Sorgerechtsentscheidungen gilt der Uniform Child Custody Jurisdiction Act[11].

---

6 West's Ann. Cal. C.C.P. §§ 1713 bis 1713.8.

7 Vgl. § 1710.20 C.P.C.C. Diese Bestimmung ist zwar zunächst nur auf schwesterstaatliche Urteile anwendbar, § 1713.3 C.P.C.C. erstreckt aber die Anwendbarkeit auch auf ausländische Entscheidungen.

8 Vgl. Weinschenk S. 202.

9 West's Ann. Cal. C.C.P. §§ 1650 bis 1699.4; vgl. dazu Ehrenzweig, Interstate recognition of support duties under the California uniform act, 42 CalLRev 382 (1954).

10 Vgl. auch Bekanntmachung nach AUG BGBl. 1987 II 420; vgl. auch Dolzer, Neuregelung der Durchsetzung von Unterhaltsansprüchen deutscher Kinder in Kalifornien, FamRZ 1980, S. 646 f.; Rünzi, Die Bundesrepublik als „reciprocing state" im Verhältnis zu Kalifornien, DAVorm 1978, S. 419 ff.

11 West's Ann. Cal. C.C.P. §§ 5150 bis 5174.

Im übrigen finden die im Restatement 2nd Conflict of Laws und im Restatement 3rd Foreign Relations zusammengefaßten Grundsätze Anwendung. Es existiert eine reiche Rechtsprechung[12].

IV. Verbürgung der Gegenseitigkeit

Die Gegenseitigkeit ist verbürgt[13].

Colorado[1]

I. Urteile auf Geldzahlung

Colorado hat den Uniform Foreign Money-Judgments Recognition Act mit einer entscheidenden Abweichung übernommen[2]. § 1 Abs. 1 des Uniform Act ist in der Weise beschränkt worden, daß ausländische Staaten nur solche sind, die eine Gegenseitigkeitsvereinbarung mit den USA abgeschlossen haben. Diese Bestimmung lautet:

> Foreign state' means any governmental unit other than the United States, or any state, district, commonwealth, territory, insular possession thereof, or the Panama Canal Zone, the Trust Territory of the Pacific Islands, or the Ryukyu Islands, which governmental unit has entered into a reciprocal agreement with the United States recognizing any judgment of a court of record of the United States, or any state, district, commonwealth, territory, insular possession thereof, or the Panama Canal Zone, the Trust Territory of the Pacific Islands, or the Ryukyu Islands, and providing for procedures similar to those contained in this article.

Die weiteren Änderungen in § 4 und § 5 des Mustergesetzes sind von geringerer Bedeutung. Da eine Gegenseitigkeitsvereinbarung der Bundesrepublik Deutschland weder mit Colorado noch mit den USA abgeschlossen ist, findet der Uniform Foreign Money-Judgments Recognition Act keine Anwendung auf deutsche Entscheidungen.

---

[12] Vgl. die Rechtsprechungsübersicht bei KESSEDJIAN S. 411 f.; für die Anerkennung von Scheidungsurteilen vgl. BRUNNER/APPLBAUM, Mexican Divorces: Are they Recognized in California?, 4 Cal. W.L.Rev. 341 (1968).

[13] Vgl. IPG 1976 Nr. 46 (Hamburg); GEIMER/SCHÜTZE S. 1918; MARTINY S. 669 f. (RdN 1534); SCHÜTZE JR 1986, S. 235 ff.; ZÖLLER/GEIMER Anh. I.

[1] Vgl. dazu CALDWELL, Enforcing Foreign Country Judgments in Colorado 13 Colo. Law. 381 (1984); SCHÜTZE, Die Anerkennung und Vollstreckbarerklärung ausländischer Zivilurteile in Colorado, JR 1989, S. 234 ff.

[2] West's C.R.S.A. §§ 13-62-101 bis 13-62-109.

Die Öffnungsklausel in § 7 des Mustergesetzes läßt aber die Wirkungserstreckung nach allgemeinem Recht zu. Deutsche Urteile können nach comity-Grundsätzen anerkannt und für vollstreckbar erklärt werden. Grundlegend ist die Entscheidung Gull v. Constam[3]. Hier ging es um die Wirkungserstreckung eines schweizerischen — zürcherischen — Zahlungstitels im Zusammenhang mit einer Ehescheidung. Der United States District Court D. Colorado führte in diesem Zusammenhang aus:

> Generally, as a matter of comity, the judgments of foreign courts are given conclusive effect and full faith and credit when sued upon in American courts, provided they are not tinged with fraud and the courts from which they emanated had jurisdiction over the subject matter and over the parties.

In der Entscheidung Gull v. Constam äußert das Gericht Zweifel an der vorherrschenden Auslegung der Entscheidung Hilton v. Guyot, wonach die verbürgte Gegenseitigkeit absolutes Anerkennungserfordernis ist. Dennoch wurde der Mangel der verbürgten Gegenseitigkeit als Versagungsgrund der Anerkennung angesehen, für dessen Vorliegen der Antragsgegner (Urteilsschuldner) die Behauptungs- und Beweislast trägt.

Die Anerkennung erfolgt formlos. Das anzuerkennende ausländische Urteil kann in einem neuen Prozeß über denselben Streitgegenstand als Einwendung dienen (res iudicata-Einwand). Das Gericht entscheidet dann incidenter über die Anerkennung. Die Vollstreckbarerklärung bedarf eines gerichtlichen Verfahrens (action upon the foreign judgment). Eine révision au fond ist unzulässig. Summary judgment proceedings sind möglich[4].

II. Unterhaltsentscheidungen

Colorado hat den Revised Uniform Reciprocal Enforcement of Supported (RURESA) übernommen[5]. Eine Gegenseitigkeitserklärung ist jedoch nicht ergangen. Deutsche Unterhaltstitel können nach der statutarischen Regelung deshalb nicht anerkannt und für vollstreckbar erklärt werden. Es gelten die Grundsätze, die in § 486 Restatement 3rd Foreign Relations manifestiert sind.

Auch Unterhaltsentscheidungen im Zusammenhang mit Ehescheidungsurteilen können nach diesen Grundsätzen anerkannt und für voll-

---

[3] 105 F.Supp. 107 (D.C. Colo. 1952).

[4] Vgl. Weinschenk S. 202.

[5] West's C. R. S. A. §§ 14-5-101 bis 14-5-144.

streckbar erklärt werden, wenn es sich um eine „divisible divorce" handelt[6]. Auch in Gull v. Constam scheint es sich um eine solche „divisible divorce" gehandelt zu haben.

III. Sonstige Entscheidungen

Eine Entscheidung des Supreme Court of Colorado[7] befaßt sich mit der Anerkennung ausländischer Sorgerechtsentscheidungen. Die Klägerin war 1974 in England geschieden worden. Das englische Gericht sprach ihr das Sorgerecht über die beiden ehelichen Kinder zu, wobei eine Besuchsregelung für den Vater angeordnet wurde.

Bei einem Besuch in England 1977 entführte der Vater seinen Sohn Thomas in die USA. Die Klägerin erwirkte daraufhin 1978 eine englische Sorgerechtsentscheidung, die die Rückkehr von Thomas zur Mutter nach England anordnete. Der Vater befolgte die gerichtliche Entscheidung nicht.

Der Supreme Court of Colorado erkannte die englische Sorgerechtsentscheidung an und verneinte die – grundsätzlich bestehende – Abänderungsmöglichkeit in Colorado im Streitfalle, da er für eine Abänderung weiterhin die internationale Zuständigkeit der englischen Gerichte als gegeben ansah. Die Entscheidung steht im Einklang mit den Prinzipien, die in § 485 Restatement 3rd Foreign Relations wiedergegeben sind. Es gilt nunmehr der Uniform Child Custody Jurisdiction Act[8].

IV. Verbürgung der Gegenseitigkeit

Die Gegenseitigkeit i. S. von § 328 Abs. 1 Nr. 5 ZPO ist trotz der Nichtanwendbarkeit des Uniform Foreign Money-Judgments Recognition Act wegen der anerkennungsfreundlichen Handhabung der comity-Grundsätze verbürgt[9].

---

[6] Vgl. Reporters' Note 5 zu § 486 unter Hinweis auf Estin v. Estin 334 U.S. 68 S.Ct. 1213, 92 L.Ed. 1561 (1948) und Vanderbilt v. Vanderbilt 354 U.S. 416, 77 S.Ct. 1360, 1 L.Ed. 2d 1456 (1957).

[7] Vgl. Woodhouse v. District Court, etc. P. 2d 1199 (1978).

[8] C.R.S. 14-13-101 bis 14-13-126.

[9] Vgl. Martiny S. 667 (RdN 1523), Schütze JR 1989, S. 234ff. (236); a. A. noch Geimer/Schütze S. 1918.

Connecticut[1]

I. Urteile auf Geldzahlung

Im Jahre 1895 hat der District Court Hartford Grundsätze für die Wirkungserstreckung von Urteilen auf Geldzahlung aufgestellt[2]. Zur Wirkung ausländischer Entscheidungen allgemein führt das Gericht einleitend in sibyllinischer Weise aus:

> The most that can be said is that foreign judgments are sometimes conclusive, and sometimes they are not. Whether they are or not, depends altogether upon the circumstances under which they were obtained.

Das Gericht folgt dem leading case Hilton v. Guyot, der im gleichen Jahr vom US-Supreme Court entschieden wurde. Folgender Sachverhalt lag zugrunde: Die Kläger, Gesellschafter einer Personengesellschaft in Birmingham/England, hatten den Beklagten, der in Connecticut domiziliert war, bei dem High Court of Justice, Queen's Bench Division, auf Schadensersatz verklagt und ihm die Klage bei einem Geschäftsbesuch in Birmingham im Hotel – kurz vor seiner Rückreise in die USA – zustellen lassen. Der Beklagte ließ sich in dem Verfahren in England nicht ein. Es erging Versäumnisurteil. In dem Vollstreckbarerklärungsverfahren wandte der Urteilsschuldner dann vergeblich die mangelnde internationale Zuständigkeit des High Court of Justice und die nicht bestehende Zahlungsverpflichtung ein.

Eine zweite Entscheidung des Superior Court Fairfield County aus dem Jahr 1957 bestätigt den Grundsatz, daß ausländische Entscheidungen – auch Versäumnisurteile – in Connecticut anerkannt und für vollstreckbar erklärt werden können[3]. In diesem Fall hatte das Bezirksgericht Zürich ein Versäumnisurteil gegen einen in Connecticut domizilierten Schuldner erlassen. Dieser hielt sich weder in Zürich auf, noch hatte er dort belegenes Vermögen. Die Parteien hatten jedoch die Zuständigkeit des Züricher Gerichts prorogiert.

Connecticut hat nunmehr den Uniform Foreign Money-Judgments Recognition Act übernommen[4].

---

[1] Vgl. dazu SCHÜTZE, Die Anerkennung und Vollstreckbarerklärung ausländischer Zivilurteile in Connecticut, JR 1987, S. 364ff.

[2] Vgl. Fisher, Brown & Company v. Fielding 34 A 714 (S.Ct. of Errors Conn. 1895).

[3] Vgl. Aiutana Bankgenossenschaft v. Perren 21 Conn. Sup. 5, 141 A. 2d 255 (1957).

[4] C.G.S.A. §§ 52-610 bis 52-618.

Die Anerkennung erfolgt formlos. Die Vollstreckbarerklärung bedarf einer action upon the foreign judgment. Summary judgment proceedings sind möglich[5]. Eine sachliche Nachprüfung (révision au fond) ist unzulässig. In Fisher, Brown & Co. v. Fielding hatte der Urteilsschuldner u. a. eingewandt, die englische Entscheidung sei materiell falsch. Das Gericht hat – bei einer dissenting opinion des Richters Hamersley – den Einwand zurückgewiesen. Zumindest bei im wesentlich gleichen Rechtsordnungen sei eine sachliche Nachprüfung nur dann und insoweit zulässig, als ein Verstoß gegen den ordre public vorliege.

II. Unterhaltsentscheidungen

Es gelten die in § 486 Restatement 3rd Foreign Relations manifestierten Grundsätze.

III. Sonstige Entscheidungen

Für Sorgerechtsentscheidungen gilt der Uniform Child Custody Jurisdiction Act[6].

Im übrigen müssen die allgemeinen Erfordernisse der Wirkungserstreckung ausländischer Entscheidungen erfüllt sein. Besondere Bedeutung kommt dabei der internationalen Zuständigkeit des Erstgerichtes bei „in rem“-Urteilen, insbesondere bei Scheidungsurteilen[7] zu. In zwei Fällen hat sich die Rechtsprechung in Connecticut mit der internationalen Zuständigkeit bei Mexiko-Scheidungen befassen müssen.

In Litvaitis v. Litvaitis[8] bestätigte das Gericht zunächst den Grundsatz, daß die internationale Zuständigkeit für die Scheidungsklage durch den Wohnsitz begründet wird. Es verweigerte einer Mexiko-Scheidung, die von dem auf Unterhalt verklagten Ehemann einredeweise geltend gemacht wurde, die Anerkennung, da keine Partei jemals in Mexiko domiziliert war, der Ehemann nach zwei fruchtlosen inländischen Scheidungsversuchen nur nach Mexiko gereist war, um sich dort scheiden zu lassen und die Ehefrau sich der Zuständigkeit der mexikanischen Gerichte nicht unterworfen hatte. In Litvaitis v. Litvaitis wird der Grundsatz manifestiert, daß mindestens ein Ehegatte „in good faith“ im Erststaat domiziliert sein muß, um erststaatliche internationale Zuständigkeit für die Ehescheidung zu begründen.

---

5 Vgl. Weinschenk S. 202.

6 C.G.S.A. §§ 46b-90 bis 46b-114.

7 Vgl. zur Qualifikation von Scheidungsurteilen als solcher „in rem“ Vogel v. Sylvester 148 Conn. 666, 670, 174 A. 2d 122.

8 295 A, 2d 519 (Conn. 1972).

In Baker v. Baker[9] – einem Fall aus dem Jahre 1983 – erkannte das Gericht dann jedoch eine Mexiko-Scheidung an, obwohl keiner der Ehegatten in Mexiko domiziliert war. Der Sachverhalt zeichnet sich aber auch durch Ungewöhnlichkeit aus. Die Parteien hatten sich – nachdem sie am gemeinsamen Wohnsitz New York – zunächst eine Trennungsvereinbarung geschlossen hatten, in Mexiko scheiden lassen. Die Klägerin war persönlich erschienen, der Beklagte durch einen Anwalt vertreten. Nach der Scheidung gingen beide mit anderen Partnern wieder eine neue Ehe ein. Die Ehe der Klägerin ging schief. Sie wurde von ihrem zweiten Ehemann geschieden. Der Ehemann war in seiner zweiten Ehe glücklicher. Er lebte mit seiner nunmehrigen Ehefrau und dem aus dieser Ehe hervorgegangenen Kind in Connecticut. Nach ihrer zweiten Scheidung machte die Klägerin die Nichtanerkennung der – ersten – Mexiko-Scheidung geltend. Das Gericht entschied, daß angesichts der gesamten Umstände – „the equities and the facts of the case" – trotz an sich fehlender internationaler Entscheidungszuständigkeit des mexikanischen Gerichts das Urteil anzuerkennen sei. Es hat insbesondere darauf abgehoben, daß die Klägerin selbst Scheidungsklage erhoben hatte, der Beklagte durch einen Anwalt in dem mexikanischen Prozeß vertreten war und beide wieder geheiratet und so die Scheidung durch ihr Verhalten als wirksam anerkannt hatten.

IV. Verbürgung der Gegenseitigkeit

Die Gegenseitigkeit ist im Verhältnis zu Connecticut allgemein verbürgt[10].

Delaware[1]

I. Urteile auf Geldzahlung

Ausländische Entscheidungen werden nach den Grundsätzen der comity anerkannt und für vollstreckbar erklärt[2]. Es gelten die im Restatement

---

[9] 468 A. 2d 944 (Conn. Super. 1983).

[10] Vgl. Brenscheidt, The Recognition and Enforcement of Foreign Money-Judgments in the Federal Republic of Germany, 11 Int'l Law 261 (1977); Geimer/Schütze S. 1918; Martiny S. 667 (RdN 1524); Schütze IWB F 8 (USA) Gr. 3, S. 139 ff.; ders. JR 1987, S. 364 ff.; Zöller/Geimer Anh. I.

[1] Vgl. dazu Schütze, Die Anerkennung und Vollstreckbarerklärung ausländischer Zivilurteile in Delaware, JR 1988, S. 103 f.

[2] Vgl. Bata v. Bata 163 A. 2d 493 (Del. 1960), cert. denied 366 U.S. 964 (1961); Iowa-Wisconsin Bridge Co. v. Phoenix Finance Co., 5 Terry 527, 41 Del. 527, 25 A. 2d 383.

2nd Conflict of Laws und im Restatement 3rd Foreign Relations manifestierten Grundsätze.

Problematisch ist das Erfordernis der verbürgten Gegenseitigkeit in Delaware. In Bata v. Bata hat sich das Gericht nicht dazu durchgerungen, auf die Gegenseitigkeit als Erfordernis der Wirkungserstreckung zu verzichten, hat jedoch Sympathien für die hieran geübte Kritik erkennen lassen. Es hat jedoch die ratio decidendi von Hilton v. Guyot auf ausländische Urteile mit amerikanischem Urteilsschuldner reduziert.

> The holding[3] appears to be based on the desire to protect American nationals and to be limited to cases in which it is invoked by an American citizen. It therefore may not invoked here, since plaintiffs are not citizens of the United States.

Im Licht von Bata v. Bata ist es deshalb möglich, daß für die Wirkungserstreckung eines deutschen Urteils gegen eine US-amerikanische Partei Gegenseitigkeit gefordert wird. Angesichts der Bejahung der Gegenseitigkeit im Verhältnis zu Delaware in der deutschen Literatur[4] kann davon ausgegangen werden, daß auch die Rechtsprechung Delawares umgekehrt die Gegenseitigkeit im Verhältnis zur Bundesrepublik Deutschland bejahen wird.

Die Anerkennung erfolgt formlos. In Bata v. Bata hat das Gericht im Hinblick auf den collateral estoppel den Grundsätze bekräftigt, daß durch die Anerkennung nicht weitergehende Wirkungen erstreckt werden können, als der Entscheidung im Erststaat zukommen. Kennt das erststaatliche Recht keine so weitgehenden res iudicata-Wirkungen wie das Recht Delawares, so geht die Wirkung des collateral estoppel nur so weit wie die entsprechenden erststaatlichen Wirkungen.

Die Vollstreckbarerklärung erfolgt durch action upon the foreign judgment. Summary proceedings sind zulässig[5]. Eine révision au fond ist ausgeschlossen.

II. Unterhaltsentscheidungen

Es gelten die Grundsätze, die in § 486 Restatement 3rd Foreign Relations wiedergegeben sind.

---

[3] Gemeint ist die reciprocity rule in Hilton v. Guyot.

[4] Vgl. dazu sub IV.

[5] Vgl. WEINSCHENK S. 202.

III. Sonstige Entscheidungen

(1) Sorgerechtsentscheidungen

Delaware hat den Uniform Child Custody Jurisdiction Act in das innerstaatliche Recht übernommen[6]. Sorgerechtsentscheidungen können im Rahmen dieser statutarischen Regelung geltend gemacht werden.

(2) Scheidungsurteile

Scheidungsurteile werden nach der comity doctrine anerkannt[7]. In Bata v. Bata zitiert das Gericht eine New Yorker Entscheidung[8] betreffend die Anerkennung eines französischen Scheidungsurteils, deren Inhalt offenbar gebilligt wird

> Full force and effect was given to the French decree. The court in the end, however, disposed of the case in the exercise of discretion. It seems illogical to leave the effect of a foreign judgment in personam in individual cases to the discretion of the court.

IV. Verbürgung der Gegenseitigkeit

Die Gegenseitigkeit ist für Geldurteile, aber auch darüber hinaus, verbürgt[9].

District of Columbia[1]

Der District of Columbia hat staatsrechtlich eine Sonderstellung. Der Bundesdistrikt besitzt trotz der Bundesunmittelbarkeit eine – in gewissem Sinne limitierte – Gesetzgebungsgewalt. Zahlreiche Materien sind unabhängig von der Bundesgesetzgebung geregelt. Es besteht auch eine besondere Gerichtsbarkeit (Superior Court, District of Columbia Court of Appeals). Die meisten Entscheidungen über die Anerkennung und

---

6 13 Del.C. §§ 1901 bis 1925; vgl. dazu WASERSTEIN, Delaware custody disputes in an international setting, 1 Del. Law 15 (1983).

7 Vgl. Del. C. Ann. (1974) § 1521.

8 Johnston v. Compagnie Generale Transatlantique, 242 NY 381, 152 NE 123 (1926).

9 Vgl. GEIMER/SCHÜTZE S. 1918; MARTINY S. 667 (RdN 1525); SCHÜTZE IWB F 8 (USA) Gr. 3, S. 139 ff.; DERS. JR 1988, S. 103 f.; ZÖLLER/GEIMER Anh. I.

1 Vgl. dazu SCHÜTZE, Die Anerkennung und Vollstreckbarerklärung ausländischer Zivilurteile im District of Columbia, JR 1989, S. 188 ff.

Vollstreckbarerklärung ausländischer Zivilurteile sind von diesen Bundesdistriktsgerichten ergangen. Soweit Bundesgerichte entscheiden, wenden sie nach der Erie-Klaxon-Rule das Recht des District of Columbia an[2], soweit besondere Rechtsnormen bestehen. In Tahan v. Hodgson[3] wird auf diese Regel Bezug genommen, wenn das Gericht ausführt:

> The federal courts may now be required by Erie Railroad Co. v. Tompkins ... to apply the rule of the state in which they sit as to the measure of respect that should be accorded the judgment of a foreign nation.

I. Urteile auf Geldzahlung

Der District of Columbia hat das Mustergesetz über die Wirkungserstreckung ausländischer Zivilurteile auf Geldzahlung nicht in das innerstaatliche Recht übernommen. Ausländische Zivilurteile werden nach der doctrine of comity anerkannt und für vollstreckbar erklärt[4]. Die Gerichte folgen den Grundsätzen der Rechtsprechung, die sich in den USA herausgebildet haben und die im Restatement 2nd Conflict of Laws und in Restatement 3rd Foreign Relations wiedergegeben sind. Die jüngere Rechtsprechung des District of Columbia zeigt sich dabei recht anerkennungsfreundlich.

(1) Urteilsgattungen

Versäumnisurteile sind anerkennungsfähig. In Tahan v. Hodgson[5] hat der United States Court of Appeals ein israelisches Versäumnisurteil, in Laufer v. Westminster Brokers, Ltd.[6] hat der District of Columbia Court of Appeals ein englisches Versäumnisurteil und in Cherun v. Frishman[7] hat der United States District Court ein kanadisches Versäumnisurteil für vollstreckbar erklärt. In allen drei Fällen ist die Ordnungsmäßigkeit der

---

[2] Vgl. Erie Railroad Co. v. Tompkins 304 U.S. 64 (1938) und Klaxon v. Stenton Electric Mfg. Co. 313 U.S. 487 (1941); vgl. zur Erie-Klaxon Regel im Bereich der Wirkungserstreckung ausländischer Zivilurteile Kessedjian S. 43 ff.; Peterson S. 21 ff.; weiter oben S. 8.

[3] 662 F. 2d 862 (D.C. Cir. 1981).

[4] Vgl. aus der Rechtsprechung der Gerichte im District of Columbia z. B. Butler v. Butler 239 A 2d 616 (D.C.Ct. App. 1986); Cherun v. Frishman 236 F. Supp. 292 (D.D.C. 1964); Rzeszotarski v. Rzeszotarski 296 A. 2d 431 (1972).

[5] 662 F. 2d 862 (D.C. Cir. 1981).

[6] 532 A. 2d 130 (D.C.Ct. App. 1987).

[7] 236 F.Supp. 292 (D.D.C. 1964).

Zustellung vom Gericht besonders sorgfältig geprüft worden. So heißt es in Tahan v. Hodgson:

> In a default judgment it is essential that there have been effective service of process.

(2) Erfordernisse der Wirkungserstreckung

Die wesentlichen Erfordernisse der Wirkungserstreckung sind Gegenstand von Urteilen im District of Columbia gewesen.

(a) Wirksamkeit der Entscheidung im Erststaat

Das ausländische Urteil muß im Erststaat zum Zeitpunkt der Wirkungserstreckung noch vollstreckbar sein. Die einzige im geschriebenen Recht des District of Columbia auffindbare Norm über die Anerkennung und Vollstreckbarerklärung ausländischer Urteile befaßt sich mit der Urteilsverjährung. Nach D.C. Code § 12 – 307[8] ist die Wirkungserstreckung durch action upon the foreign judgment nicht mehr zulässig, wenn der Urteilsanspruch nach erststaatlichem Recht verjährt ist. Das ist bei deutschen Titeln nach 30 Jahren der Fall[9].

(b) Internationale Zuständigkeit

In Tahan v. Hodgson bekräftigt das Gericht das Erfordernis der internationalen Zuständigkeit (jurisdiction). Das Gericht hielt das israelische Erstgericht für international zuständig, weil dem Beklagten die Klage in Jerusalem persönlich zugestellt worden war (transient jurisdiction). Auch in Laufer v. Westminster Brokers, Ltd. war die Klage dem Beklagten – worauf das Gericht abhebt – im Sprengel des Erstgerichts (London) persönlich zugestellt worden.

(c) Zustellung der Klage

Nach lit. 92 lit. b Restatement 2nd Conflict of Laws ist die „reasonable method of notification" Erfordernis der Wirkungserstreckung[10]. In Tahan v. Hodgson war die Klageschrift dem Beklagten in hebräischer Sprache zugestellt worden. Der Beklagte machte geltend, er sei des Hebräischen nicht mächtig. Das Gericht wies diesen Einwand zurück, da – selbst

---

[8] Die Bestimmung lautet: „An action upon a judgment or decree rendered in a State, territory, commonwealth or possession of the United States or in a foreign country is barred if by the laws of that jurisdiction, the action would be barred and the judgment or decree would be incapable of being otherwise enforced there".

[9] Vgl. § 218 BGB.

[10] § 482 Abs. 2 lit. b Restatement 3rd Foreign Relations bringt eine materiell gleiche Regelung.

wenn der Beklagte keine Kenntnisse der hebräischen Sprache gehabt habe – er jedenfalls erkannte, daß es sich bei den zugestellten Papieren um solche von rechtlicher Bedeutung handelte. Das Gericht ging davon aus, daß der Beklagte sich Kenntnis vom Inhalt der Klage verschaffen konnte und mußte, wobei wohl ins Gewicht fiel, daß der Beklagte in Israel geschäftlich tätig war. Die entsprechende Urteilspassage ist über den Fall hinaus aufschlußreich:

> Therefore, we conclude that the defendant had indeed received effective service of the process. As a man who had done business in Israel for some years, he seems to have been singularly insensitive to the problem he faced by means of his having been personally served with process in Israel. He showed bad judgment in not putting the matter in the hands of an Israeli lawyer. It would be insulting were we to require that the Israeli legal machinery adapt itself by translating the offical language of that country, Hebrew, into any defendant's language.

(d) Ordre public-Klausel

In Laufer v. Westminster Brokers, Ltd. setzt sich das Gericht eingehend mit dem ordre public-Vorbehalt auseinander. Laufer – der Beklagte – beabsichtigte im Jahre 1982, ein Luxushotel in Jamaica zu kaufen. Er beauftragte die Klägerin – Westminster Brokers, Ltd. – Investoren zu suchen und verpflichtete sich zur Zahlung einer Provision von 5%. Westminster Brokers, Ltd. vermittelten einen Investor, der auch das Management des Hotels sicherstellen sollte. Der Investor erwies sich jedoch als unfähig für die Management-Aufgaben, so daß das Unternehmen letztlich scheiterte. Als Laufer sich daraufhin weigerte, den vollen Betrag der vereinbarten Provision zu zahlen, verklagte ihn Westminster Brokers, Ltd. bei dem High Court in London, wo er zur Zahlung von US$ 173.062,99 verurteilt wurde. Im Vollstreckbarerklärungsverfahren im District of Columbia wandte Laufer ein, Westminster Brokers, Ltd. hätten Informationen verschwiegen. Das englische Urteil sei durch Betrug (fraud) erschlichen und könne deshalb nicht anerkannt und für vollstreckbar erklärt werden. Das Gericht ging davon aus, daß nur extrinsic fraud einen Versagungsgrund darstellt, Laufer aber nur intrinsic fraud dargetan habe. Das Urteil wurde deshalb für vollstreckbar erklärt.

(e) Verbürgung der Gegenseitigkeit

In Abweichung von Hilton v. Guyot hat das Gericht in Tahan v. Hodgson die Verbürgung der Gegenseitigkeit ausdrücklich nicht als Erfordernis der Wirkungserstreckung angesehen:

> It is unlikely that reciprocity is any longer a federally mandated requirement for enforcement of foreign judgments or that the District of Columbia itself

has such a requirement that this court is obliged to follow. The logical rule would seem to be that, in the absence of an action by the legislature, the courts should refrain from creating or resurrecting a reciprocity doctrine. The issue of how best to respond to the foreign nations scrutinization of an American judgment is, after all, a political one.

(3) Verfahren der Wirkungserstreckung

Die Anerkennung bedarf keines besonderen Verfahrens. Das ausländische Urteil kann in einem neuen Verfahren über denselben Streitgegenstand als Einwendung (res iudicata) geltend gemacht werden[11]. Die Vollstreckbarerklärung erfolgt aufgrund einer action upon the foreign judgment. Summary judgment proceedings sind möglich[12]. Eine sachliche Nachprüfung (révision au fond) ist unzulässig. Der District of Columbia Court of Appeals hat dies in Laufer v. Westminster Brokers, Ltd. ausdrücklich bekräftigt.

II. Unterhaltsentscheidungen

In Garvey v. Garvey[13] hat der District of Columbia Court of Appeals die allgemeinen Grundsätze für die Anerkennung und Vollstreckbarerklärung ausländischer Geldzahlungsurteile auf einen kanadischen Unterhaltstitel angewandt. Die Entscheidung setzt sich insbesondere mit dem Erfordernis der internationalen Zuständigkeit auseinander. Der Beklagte, der seinen Wohnsitz vor Klageerhebung von Montreal nach Washington D.C. verlegt hatte, wurde von den Kindern aus seiner in Kanada geschiedenen Ehe auf Unterhalt vor einem kanadischen Gericht in Anspruch genommen. Die Klage wurde ihm in Washington zugestellt. Er beteiligte sich am kanadischen Verfahren jedoch nicht, hatte allerdings eine Besprechung mit dem „official guardian" der Kinder in Kanada, der einen Bericht für das Gericht verfaßte. Der District of Columbia Court of Appeals hielt dies – ebenso wie die Vorinstanz – für nicht ausreichend zur Begründung internationaler Zuständigkeit. In dem Gespräch mit dem official guardian wurde insbesondere keine zuständigkeitsbegründende Einlassung (appearance) gesehen.

III. Sonstige Entscheidungen

Über Urteile auf Geldzahlung hinaus sind Entscheidungen aller Gattungen – soweit sie Zivilsachen zum Gegenstand haben – anerkennungsfähig.

---

[11] Vgl. Laufer v. Westminster Brokers, Ltd., wo die Widerklage Laufers aus diesem Grunde abgewiesen wurde.

[12] Vgl. Weinschenk S. 202.

[13] 445 A. 2d 650 (D.C.Ct. App. 1982).

(1) Scheidungsurteile

In Butler v. Butler[14] bekräftigt der District of Columbia Court of Appeals zunächst, daß ausländische Ehescheidungsurteile nach comity-Grundsätzen anerkannt werden können. Im entschiedenen Fall – es handelte sich um eine Mexiko-Scheidung auf der Reise – wurde die Anerkennung wegen fehlender internationaler Zuständigkeit verweigert. Der Ehemann war nur zweimal für wenige Stunden nach Mexiko gefahren, einmal, um einen Anwalt aufzusuchen und sich dort wohnhaft zu melden, ein anderes Mal – 20 Tage später –, um im Scheidungsverfahren zu erscheinen. Das Gericht hielt dies für die Begründung internationaler Zuständigkeit nicht für ausreichend. Es folgt damit einer im District of Columbia etablierten Rechtsprechung, wonach mexikanische „mail order" Scheidungen[15] und mexikanische „ex parte" Scheidungen[16] nicht anerkennungsfähig sind. Das bedeutet jedoch nicht, daß Mexiko-Scheidungen grundsätzlich nicht anerkennungsfähig wären. In Butler v. Butler führt das Gericht unter Berufung auf Rosenbaum v. Rosenbaum[17] vielmehr aus:

> This court has upheld a bilateral Mexican divorce where principles of procedural due process were followed and jurisdiction of the court established.

(2) Sorgerechtsentscheidungen

In Rzeszotarski v. Rzeszotarski ging es um die Anerkennung einer polnischen Sorgerechtsentscheidung, die der in Polen lebenden Mutter ihres beim Vater in Washington befindlichen Kindes das elterliche Sorgerecht zugesprochen hatte. Das polnische Gericht hatte seine interna-

---

[14] 239 A. 2d 616 (D.C.Ct. App. 1986).

[15] Vgl. Anderson v. Anderson 84 U.S. App. D.C. 231, 172 F. 2d 280 (1949) (Scheidung in Chihuahua, beide Ehepartner waren niemals in Mexiko und lebten zur Zeit der Scheidung im District of Columbia); Garman v. Garman 70 App. D.C. 4, 102 F. 2d 272, 122 A.L.R. 1317 (1939) (Beide Ehegatten hielten sich zur Zeit der Scheidung im District of Columbia auf; das Gericht stellt im Tatbestand fest: „On March 16, 1934, they were granted a ‚Mexican divorce' which they joined in obtaining, apparently by ‚mail order', when both were in the District of Columbia and, as so far the record discloses, without any representation that they were otherwise domiciled"), Sears v. Sears D.C. Mun. App. 166 A. 2d 748, 749 n. 1 (1960) rev'd on other grounds, 110 U.S. App. D.C. 407, 293 F. 2d 884 (1961) (Beide Ehepartner waren nie in Mexiko. Das Gericht bezeichnet die Scheidung ausdrücklich als „Mexican mail order divorce").

[16] Vgl. Hodge v. Hodge 80 F. Supp. 379 (D.D.C. 1948).

[17] D.C. App. 210 A. 2d 5 (1965).

tionale Zuständigkeit – der Prozeß war wegen dieser Frage bis zum Obersten Gerichtshof gegangen – bejaht, weil der letzte von beiden Ehegatten bestimmte Wohnsitz des Kindes in Polen lag. Der District of Columbia Court of Appeals hat die internationale Zuständigkeit nach zweitstaatlichem Recht geprüft und festgestellt, daß nach dem im District of Columbia geltenden Recht das Kind den Wohnsitz des getrennt lebenden Ehegatten teilt, bei dem es sich befindet[18]. Die polnische Sorgerechtsentscheidung wurde aus diesem Grunde nicht anerkannt.

Im übrigen gilt für ausländische Sorgerechtsentscheidungen im District of Columbia, daß sie nicht endgültig sind und im Interesse des Kindes jederzeit abgeändert werden können[19].

> Comity must give way to the realistic interests of the state in exercising parens patriae jurisdiction over the child – relying on both past and present facts and looking with an eye towards the best interest of the child for the future.

Der District of Columbia hat 1983 den Uniform Child Custody Act in das innerstaatliche Recht übernommen[20].

IV. Verbürgung der Gegenseitigkeit

Die Gegenseitigkeit i. S. § 328 Abs. 1 Nr. 5 ZPO ist für Zahlungsurteile, aber auch darüber hinaus, verbürgt[21].

Florida[1]

I. Urteile auf Geldzahlung

Die Anerkennung und Vollstreckbarerklärung ausländischer Zivilurteile auf Geldzahlung bestimmt sich nach common law[2]. Es gelten die im

---

[18] Vgl. Oxley v. Oxley 81 U.S.C. App. D.C. 346, 347, 159 F. 2d 10 (1946).

[19] Vgl. Rzeszotarski v. Rzeszotarski 296 A. 2d 431, 439 (1972).

[20] D.C. Code 1981, §§ 16-4501 bis 16-4524.

[21] Vgl. Geimer/Schütze S. 1918; Martiny S. 668 (RdN 1526); Schütze IWB F 8 (USA) Gr. 3, S. 139 ff.; ders. JR 1989, S. 188 ff.; Zöller/Geimer Anh. I.

[1] Vgl. dazu Martinez Llanes, Foreign Nation Judgments: Recognition and Enforcement of Foreign Judgments in Florida and the Status of Florida Judgments Abroad, XXXI UFlaLRev 588 (1979); Schütze, Die Anerkennung und Vollstreckbarerklärung ausländischer Zivilurteile in Florida, JR 1987, S. 59.

[2] Vgl. Martinez Llanes aaO. S. 601 ff.

Restatement 2nd Conflict of Laws und im Restatement 3rd Foreign Relations manifestierten Regeln.

Auch Versäumnisurteile sind anerkennungsfähig[3].

Die Anerkennung erfolgt formlos. Das ausländische Urteil kann als Einwendung in einem neuen Prozeß über denselben Streitgegenstand dienen (res iudicata-Einwand). Die Vollstreckbarerklärung bedarf einer action upon the foreign judgment. Summary judgment proceedings sind möglich[4]. Eine révision au fond ist unzulässig.

II. Unterhaltsentscheidungen

Florida hat den Revised Uniform Reciprocal Enforcement of Support Act (RURESA) übernommen[5]. Eine Gegenseitigkeitserklärung ist ergangen[6], so daß deutsche Titel aufgrund der statutarischen Regelung anerkannt und für vollstreckbar erklärt werden können.

III. Sonstige Entscheidungen

Sorgerechtsentscheidungen können nach dem Uniform Child Custody Jurisdiction Act[7] durchgesetzt werden. Im übrigen gelten die allgemeinen Regeln der vorzitierten Restatements of Law.

IV. Verbürgung der Gegenseitigkeit

Die Gegenseitigkeit ist verbürgt[8].

Georgia[1]

I. Urteile auf Geldzahlung

Georgia hat den Foreign Country Money Judgments Recognition Act in das innerstaatliche Recht übernommen[2].

---

[3] Vgl. Martinez Llanes aaO. S. 622.
[4] Vgl. Weinschenk S. 202.
[5] West's F.S.A. §§ 88.011 bis 88.371.
[6] Vgl. auch Bekanntmachung nach AUG BGBl. 1988 I 1041.
[7] West's F.S.A. §§ 61.1302 bis 61.1348; vgl. dazu Frumkes/Elser, Uniform Child Custody Jurisdiction Act: Florida experience, 53 Fla.Bar J. 684 (1979).
[8] Vgl. LG Hamburg IPRspr. 1976 Nr. 160; Martiny S. 668 (RdN 1527); Schütze JR 1987, S. 59; anders noch Geimer/Schütze S. 1919.

[1] Vgl. dazu Schütze, Die Anerkennung und Vollstreckbarerklärung ausländischer Zivilurteile in Georgia, JR 1988, S. 57 ff.
[2] O.C.G.A. §§ 9-12-110 bis 9-12-117.

Die Anerkennung erfolgt formlos. Das ausländische Urteil kann als Einwendung in einem neuen Verfahren über denselben Streitgegenstand incidenter geltend gemacht werden. Für die Vollstreckbarerklärung ist eine action upon the foreign judgment notwendig. Summary proceedings sind zulässig[3]. Eine révision au fond ist ausgeschlossen. Das Erlöschen des Anspruchs durch Zahlung (ganz oder teilweise) kann im Verfahren der Wirkungserstreckung geltend gemacht werden und ist eine „good defense“[4].

II. Unterhaltsentscheidungen

Georgia hat den Revised Uniform Reciprocal Enforcement of Support Act (RURESA) in das innerstaatliche Recht übernommen[5]. Eine Gegenseitigkeitserklärung ist ergangen, so daß deutsche Unterhaltstitel aufgrund der statutarischen Regelung in Georgia geltend gemacht werden können.

Im übrigen gelten die Grundsätze, die in § 486 Restatement 3rd Foreign Relations wiedergegeben sind. In der Entscheidung Coulborn et al. v. Joseph[6] hat sich das Gericht mit einem wichtigen Aspekt von ausländischen Unterhaltsurteilen beschäftigt. Der Urteilsschuldner hatte in dem Verfahren der Wirkungserstreckung eines englischen Unterhaltsurteils geltend gemacht, Unterhaltsentscheidungen seien nicht „final and conclusive“, da sie noch abänderbar seien. Das Gericht hat diesen Einwand zumindest für bereits fällige Unterhaltsleistungen zurückgewiesen.

III. Sonstige Entscheidungen

Die Wirkungserstreckung sonstiger Entscheidungen erfolgt nach den Grundsätzen, die im Restatement 2nd Conflict of Laws und im Restatement 3rd Foreign Relations manifestiert sind. In der Entscheidung Coulborn et al. v. Joseph setzt sich das Gericht eingehend mit dem Problem der Verbürgung der Gegenseitigkeit als Erfordernis der Wirkungserstrekkung eines ausländischen Zivilurteils auseinander. Dieses Erfordernis, das in Hilton v. Guyot vom U.S. Supreme Court aufgestellt wurde, wird

---

[3] Vgl. Weinschenk S. 202.

[4] Vgl. First National Bank v. Gainesville 75, Ltd. 155 Ga. App. 70, 270 S.E. 2d 293 (1980).

[5] O.C.G.A. §§ 19-11-40 bis 19-11-81.

[6] S.E. 2d 576 (S.Ct. Ga 1943).

von dem Gericht in Übereinstimmung mit der überwiegenden Ansicht im US-amerikanischen Schrifttum abgelehnt.

Für Sorgerechtsentscheidungen gilt der Uniform Child Custody Jurisdiction Act[7].

IV. Verbürgung der Gegenseitigkeit

Die Gegenseitigkeit i. S. von § 328 Abs. 1 Nr. 5 ZPO ist für Geldurteile, aber auch darüber hinaus, verbürgt[8].

Hawaii[1]

I. Urteile auf Geldzahlung

Es gelten die im Restatement 2nd Conflict of Laws und im Restatement 3rd Foreign Relations manifestierten Grundsätze.

Die Anerkennung erfolgt formlos. Die Vollstreckbarerklärung bedarf eines neuen Verfahrens (action upon the foreign judgment). Summary judgment proceedings sind zulässig[2]. Eine révision au fond ist ausgeschlossen.

II. Unterhaltsentscheidungen

Hawaii hat den Revised Uniform Reciprocal Enforcement of Support Act (RURESA) in das innerstaatliche Recht übernommen[3]. Eine Gegenseitigkeitserklärung ist ergangen, so daß deutsche Unterhaltstitel aufgrund der statutarischen Regelung in Hawaii geltend gemacht werden können. Im übrigen gelten die Grundsätze, die in § 486 Restatement 3rd Foreign Relations wiedergegeben sind.

III. Sonstige Entscheidungen

Ausländische Sorgerechtsentscheidungen können nach dem Uniform Child Custody Jurisdiction Act geltend gemacht werden[4]. Im übrigen gelten die Grundsätze des Restatement 2nd Conflict of Laws und des Restatement 3rd Foreign Relations.

---

[7] O.C.G.A. §§ 19-9-40 bis 19-9-64.

[8] Vgl. Geimer/Schütze S. 1919; Martiny S. 668 (RdN 1528); Schütze IWB F 8 (USA) Gr. 3, S. 139 ff.; ders. JR 1988, S. 57 ff.; Zöller/Geimer Anh. I.

[1] Vgl. dazu Schütze, Die Anerkennung und Vollstreckbarerklärung ausländischer Zivilurteile in Hawaii, JR 1988, S. 141 f.

[2] Vgl. Weinschenk S. 202.

[3] HRS §§ 576-1 bis 576-42.

[4] HRS §§ 583-1 bis 583-26.

IV. Verbürgung der Gegenseitigkeit

Die Gegenseitigkeit ist für Urteile auf Geldzahlung, aber auch darüber hinaus, verbürgt[5].

Idaho[1]

I. Urteile auf Geldzahlung

Idaho hat das Mustergesetz über die Wirkungserstreckung ausländischer Geldurteile übernommen[2].

Die Anerkennung erfolgt formlos. Das anzuerkennende ausländische Urteil kann in einem neuen Prozeß über denselben Streitgegenstand als Einwendung dienen (res iudicata-Einwand). Das Gericht entscheidet dann incidenter über die Anerkennung. Die Vollstreckbarerklärung bedarf eines gerichtlichen Verfahrens (action upon the foreign judgment). Eine révision au fond ist unzulässig. Summary judgment proceedings können durchgeführt werden[3].

II. Unterhaltsentscheidungen

Idaho hat den Revised Uniform Reciprocal Enforcement of Support Act (RURESA) in das innerstaatliche Recht übernommen[4]. Eine Gegenseitigkeitserklärung ist ergangen[5], so daß deutsche Unterhaltstitel aufgrund der statutarischen Regelung in Idaho geltend gemacht werden können. Im übrigen gelten die Grundsätze, die in § 486 Restatement 3rd Foreign Relations wiedergegeben sind.

III. Sonstige Entscheidungen

Ausländische Sorgerechtsentscheidungen können nach dem Uniform Child Custody Jurisdiction Act geltend gemacht werden[6]. Im übrigen gelten die Grundsätze des Restatement 2nd Conflict of Laws und des Restatement 3rd Foreign Relations.

---

[5] Vgl. Geimer/Schütze S. 1919; Martiny S. 668 (RdN 1529); Schütze IWB F 8 (USA) Gr. 3, S. 139 ff.; ders. JR 1988, S. 140 f.; Zöller/Geimer Anh. I.

[1] Vgl. dazu Schütze, Die Anerkennung und Vollstreckbarerklärung ausländischer Zivilurteile in Idaho, JR 1990, S. 324 f.

[2] I. C. §§ 10-1401 bis 10-1409.

[3] Vgl. Weinschenk S. 203.

[4] I. C. §§ 7-1048 bis 7-1089.

[5] Vgl. auch Bekanntmachung BGBl. 1987 I 2381.

[6] I. C. §§ 32-1101 bis 32-1126.

IV. Verbürgung der Gegenseitigkeit

Die Gegenseitigkeit i. S. von § 328 Abs. 1 Nr. 5 ZPO ist allgemein verbürgt[7].

Illinois[1]

I. Urteile auf Geldzahlung

Illinois hat den Uniform Foreign Money-Judgments Recognition Act übernommen[2].

Die Anerkennung erfolgt formlos. Das ausländische Urteil kann den res iudicata-Einwand in einem neuen Prozeß über denselben Streitgegenstand begründen. Für die Vollstreckbarerklärung stehen zwei Verfahren zur Verfügung. Da Illinois auch den Uniform Enforcement of Foreign Judgments Act übernommen hat, können anzuerkennende ausländische Urteile durch einfache Registrierung für vollstreckbar erklärt werden[3]. Daneben steht die action upon the foreign judgment offen. Eine révision au fond ist unzulässig. Summary judgment proceedings sind möglich[4].

II. Unterhaltsentscheidungen

Illinois hat den Revised Uniform Reciprocal Enforcement of Support Act (RURESA) übernommen[5]. Eine Gegenseitigkeitserklärung ist ergangen[6].

Eine interessante Entscheidung ist vor Übernahme des Mustergesetzes ergangen. In Clubb v. Clubb[7] hatte das Gericht ein englisches Urteil, dessen Gegenstand auch die Zahlung rückständiger Alimentenbeträge war, für unmittelbar vollstreckbar gehalten. Erst als die Zwangsvollstrek-

---

7 Vgl. Geimer/Schütze S. 1919; Martiny S. 669 (RdN 1530); Schütze IWB F 8 (USA) Gr. 3, S. 139 ff.; ders. JR 1990, S. 324 f.; Zöller/Geimer Anh. I.

1 Vgl. dazu Schütze, Die Anerkennung und Vollstreckbarerklärung ausländischer Zivilurteile in Illinois, JR 1986, S. 364 f.

2 Illinois Revised Statutes 110-12-618 bis 12-626.

3 Vgl. Brenscheidt, Anerkennung und Vollstreckung ausländischer Geldurteile in den USA, RIW/AWD 1976, S. 554 ff. (557); zweifelnd generell Kessedjian S. 387; vgl. im übrigen oben S. 18.

4 Vgl. Weinschenk S. 203.

5 S.H.A. ch. 40, 11-1201 bis 1242.

6 Vgl. auch Bekanntmachung nach AUG BGBl. 1987 I 2381.

7 84 N. E. 2d 366 (Ill. App. 1949).

kung mittels Pfändung und Verwertung fruchtlos blieb und die Urteilsgläubigerin den Antrag stellte, den Urteilsschuldner wegen „contempt of court" zu bestrafen, verwies das Gericht sie auf die vorherige Vollstreckbarerklärung des englischen Urteils. Die zweite Instanz zeigte sich dann großzügiger[8].

III. Sonstige Entscheidungen

Für Sorgerechtsentscheidungen gilt der Uniform Child Custody Jurisdiction Act[9]. Im übrigen sind die allgemeinen Grundsätze anwendbar, die im Restatement 2nd Conflict of Laws und im Restatement 3rd Foreign Relations manifestiert sind. Auch Versäumnisurteile sind anerkennungsfähig[10].

IV. Verbürgung der Gegenseitigkeit

Die Gegenseitigkeit für Zahlungsurteile[11], aber auch darüber hinaus, ist verbürgt[12].

Indiana[1]

Von einem Gericht in Indiana stammt eine für den deutsch-amerikanischen Rechtsverkehr überaus wichtige Entscheidung. Der District Court Fort Wayne hat ein deutsches negatives Feststellungsurteil anerkannt[2].

I. Urteile auf Geldzahlung

Die Wirkungserstreckung ausländischer Geldurteile erfolgt aufgrund der comity doctrine. Es werden die im Restatement 2nd Conflict of Laws

---

8 Vgl. dazu Kellerhals S. 71, 73.

9 S. H. A. ch. 40, 11-2101 bis 2126.

10 Vgl. IPG 1967/68 Nr. 79 (Hamburg).

11 Vgl. IPG 1967/68 Nr. 79 (Hamburg); Geimer/Schütze S. 1919; Martiny S. 669 (RdN 1531).

12 Vgl. IPG 1970 Nr. 33 (Heidelberg) (für Unterhaltsurteile); KG JW 1935, 2750 (für Ehescheidungsurteile; wegen Art. 7 § 1 FamRÄndG obsolet, da die Gegenseitigkeit nicht mehr Erfordernis der Anerkennung ist); Geimer/Schütze S. 1919; Zöller/Geimer Anh. I.

1 Vgl. dazu Schütze, Die Anerkennung und Vollstreckbarerklärung ausländischer Zivilurteile in Indiana, JR 1988, S. 322f.

2 Vgl. Powell v. Hand N. D. Indiana Fort Wayne Div., 1965 Civ. No. 1527. Der Leitsatz ist in deutscher Übersetzung wiedergegeben in VersR 1966, 840.

und im Restatement 3rd Foreign Relations manifestierten Grundsätze des Common Law angewandt[3]. Hervorzuheben ist hinsichtlich der Erfordernisse und des Verfahrens der Wirkungserstreckung aus der Rechtsprechung folgendes:

(1) Erfordernisse der Wirkungserstreckung

(a) Internationale Zuständigkeit
In Berry Enright Lumber Co. v. Gardner et al.[4] betont das Gericht das Anerkennungserfordernis der internationalen Zuständigkeit. Der Fall hatte die Besonderheit, daß der Urteilsschuldner der kanadischen Entscheidung einwandte, er sei weder in Kanada zur Zeit des Verfahrens domiziliert gewesen, noch habe er den Anwälten in dem erststaatlichen (kanadischen) Verfahren, die ihn dort vertreten hätten, Vollmacht erteilt. Das Gericht stellte fest, daß der Urteilsschuldner in dem kanadischen Verfahren ständig mit seinen Anwälten korrespondiert hatte. Es entnahm daraus die Billigung der Prozeßführung und eine Unterwerfung unter die kanadische internationale Zuständigkeit.

(b) Ordre public-Klausel
In Hilton v. Guyot ist das Erfordernis des due process of law als Anerkennungserfordernis aufgestellt worden. In Powell v. Hand ging das Gericht davon aus, daß dem „due process"-Erfordernis auch bei US-amerikanischen Verfahrensbeteiligten im deutschen Prozeß entsprochen werde „weil die Prozeßbeteiligten gleichermaßen geschützt wie belastet werden".

(c) Keine Gegenseitigkeit
In Hilton v. Guyot wird das Erfordernis der verbürgten Gegenseitigkeit aufgestellt. Dieses seinem Umfang nach umstrittene, in der Literatur bekämpfte Erfordernis ist in Powell v. Hand nicht übernommen worden. Gegenseitigkeit wird im Recht Indianas nicht gefordert.

(2) Verfahren der Wirkungserstreckung

Die Anerkennung erfolgt formlos. Das Gericht kann incidenter entscheiden. So hatte der Beklagte in Powell v. Hand in einem neuen Prozeß vor dem District Court die Rechtskraft eines deutschen negativen Feststellungsurteils geltend gemacht. Das Gericht gab diesen Erwägungen statt und entschied incidenter über die Anerkennung des deutschen

[3] Vgl. Brenscheidt, Anerkennung und Vollstreckung ausländischer Geldurteile in den USA, RIW/AWD 1976, S. 554 ff. (558); Martiny S. 669 (RdN 1532).

[4] 141 Ind. 385, 7 N. E. 2d 523 (1937).

Urteils. Die Entscheidung ist bedeutungsvoll, weil sie die Verteidigung gegen einen ausländischen Prozeß durch inländische negative Feststellungsklage ermöglicht.

Die Vollstreckbarerklärung erfolgt durch action upon the foreign judgment. Summary proceedings sind zulässig[5]. Eine sachliche Nachprüfung (révision au fond) ist ausgeschlossen. Jedoch ist die Nachprüfung der Erfordernisse der Wirkungserstreckung zulässig. Das hat das Gericht in Berry Enright Lumber Co. v. Gardner et al. für die internationale Zuständigkeit ausdrücklich – wenngleich überflüssigerweise – betont.

II. Unterhaltsentscheidungen

Es gelten die allgemeinen Grundsätze über die Wirkungserstreckung ausländischer Zivilurteile, die in § 486 Restatement 3rd Foreign Relations wiedergegeben sind.

III. Sonstige Entscheidungen

Für Sorgerechtsentscheidungen gilt der Uniform Child Custody Jurisdiction Act[6]. Im übrigen erfolgt eine Wirkungserstreckung nach comity-Grundsätzen.

IV. Verbürgung der Gegenseitigkeit

Die Gegenseitigkeit ist allgemein verbürgt[7].

Iowa[1]

I. Urteile auf Geldzahlung

Iowa hat das Mustergesetz über die Wirkungserstreckung ausländischer Urteile auf Geldzahlung übernommen[2].

---

[5] Vgl. Weinschenk S. 203.

[6] West's A.I.C. 31-1-11.6-1 bis 31-1-11.6-25.

[7] Vgl. Brenscheidt, The Recognition and Enforcement of Foreign Money-Judgments in the Federal Republic of Germany, 11 Int'l Law 261, 271 (1977); Geimer/Schütze S. 1919 f.; Martiny S. 669 (RdN 1532); Schütze IWB F 8 (USA) Gr. 3, S. 139 ff.; ders. JR 1988, S. 322 f.; Zöller/Geimer Anh. I.

[1] Vgl. dazu Schütze, Die Anerkennung und Vollstreckbarerklärung ausländischer Zivilurteile in Iowa, JR 1988, S. 448 f.

[2] I.C.A. §§ 626B.1 bis 626B.8.

Die einzige aus der prästatutarischen Rechtsprechung Iowas berichtete Entscheidung über die Wirkungserstreckung eines ausländischen Zahlungsurteils stammt aus dem Jahr 1864. In Buchanan v. Marsh[3] war der Gläubiger eines kanadischen Zahlungsurteils über etwa 19.000 $ verstorben. Die Testamentsvollstrecker begehrten mit ihrer Klage Zahlung aus diesem Urteil. Das Gericht bekräftigte zunächst den Grundsatz, daß ein ausländisches Urteil keine Wirkung ohne Anerkennung und Vollstreckbarerklärung durch eine entsprechende zweitstaatliche Entscheidung entfalte. Ob es darüber hinaus die Kläger für nicht antragsberechtigt hielt, weil sie nicht selbst Gläubiger des kanadischen Urteils waren, wird aus der Entscheidung des Supreme Court of Iowa nicht recht deutlich.

Die Anerkennung erfolgt formlos. Das anzuerkennende ausländische Urteil kann als Einwendung in einem neuen Prozeß über denselben Streitgegenstand dienen (res iudicata-Einwand). Die Vollstreckbarerklärung erfolgt aufgrund einer action upon the foreign judgment. Summary judgment proceedings sind nicht möglich[4]. Eine sachliche Nachprüfung (révision au fond) ist unzulässig.

II. Unterhaltsentscheidungen

Iowa hat den Revised Uniform Reciprocal Enforcement of Support Act (RURESA) übernommen[5]. Eine Gegenseitigkeitserklärung ist noch nicht ergangen, so daß deutsche Titel aufgrund dieser statutarischen Regelung zur Zeit noch nicht geltend gemacht werden können. Es gelten die in § 486 Restatement 3rd Foreign Relations manifestierten Grundsätze.

III. Sonstige Entscheidungen

(1) Sorgerechtsentscheidung

Für Sorgerechtsentscheidungen gilt der Uniform Child Custody Jurisdiction Act[6].

Der Supreme Court of Iowa hat sich in zwei Fällen mit der Incidentanerkennung von Statusentscheidungen befaßt:

(2) Adoption

In Corbett v. Stergios[7] hatte das Gericht im Rahmen eines Erbrechtstreites incidenter über die Anerkennung einer griechischen Adoptionsentscheidung zu befinden. Der Supreme Court of Iowa stellte zwei Erfordernisse der Wirkungserstreckung auf:

---

3 17 Iowa 494 (1864).

4 Vgl. Weinschenk S. 203.

5 I.C.A. §§ 252A.1 bis 252A.19.

6 I.C.A. §§ 598A.1 bis 598A.25.

7 137 N.W. 2d (Iowa 1965).

(a) Internationale Zuständigkeit
Das Adoptionsgericht muß internationale Zuständigkeit besessen haben. Offenbar wollte das Gericht diese Frage nach erststaatlichem – also griechischem – Recht beurteilt wissen, wenn es ausführt:

> Jurisdiction of the Greek Court to render this degree of adoption is not only presumed but was proven by undisputed evidence of a well qualified witness. He was a retired Chicago attorney who graduated from a Greek law school, practiced in Athens, Greece, and later acted as counsellor to the consul general of Greece in Chicago about 37 years, handling all legal matters requiring knowledge of American and Greek law.

Vielleicht ist dieser Passus in dem Urteil aber auch mißverständlich, und der Supreme Court of Iowa hat auch die Zuständigkeit nach zweitstaatlichem Recht geprüft und nicht gesondert erörtert, was im Ergebnis zu einer Doppelqualifikation führen würde.

(b) Ordre public-Klausel
Die Adoption darf nicht gegen den ordre public Iowas verstoßen. Das Gericht stellte eine rechtsvergleichende Analyse griechischen und iowanischen Adoptionsrechtes an und kam zu dem Ergebnis, daß diese Abweichungen nicht so erheblich sind, daß ein Verstoß gegen den ordre public Iowas gegeben wäre. Im Ergebnis wird damit die herrschende Lehre bestätigt, wonach nicht jede Abweichung des einer ausländischen Entscheidung zugrunde gelegten Rechts vom zweitstaatlichen Recht einen ordre public-Verstoß darstellt.

(3) Ehescheidung
In Bonner v. Reandrew[8] ging es um die incidente Anerkennung einer mexikanischen Ehescheidung. Der Supreme Court of Iowa befaßte sich nur mit dem Erfordernis der internationalen Zuständigkeit (jurisdiction). Nach Bonner v. Reandrew ist jurisdiction bei getrenntem Wohnsitz (domicile) der Ehegatten in jedem Staat gegeben, in dem einer der Ehegatten domicile hat. Bloßer Aufenthalt (residence) im Erststaat – den der Ehemann offenbar in Mexico im entschiedenen Fall jedenfalls nach den Feststellungen des mexikanischen Erstgerichts hatte – genügt nicht.

IV. Verbürgung der Gegenseitigkeit

Die Gegenseitigkeit ist für Zahlungsurteile – aber auch darüber hinaus – verbürgt[9].

---

8 203 Iowa 1355, 214 N.W. 536 (1927).

9 Vgl. Geimer/Schütze S. 1920; Martiny S. 669 (RdN 1533); Schütze IWB F 8 (USA) Gr. 3, S. 139 ff.; ders. JR 1988, S. 448 f.; Zöller/Geimer Anh. I.

Kansas[1]

I. Urteile auf Geldzahlung

Es gelten die im Restatement 2nd Conflict of Laws und im Restatement 3rd Foreign Relations wiedergegebenen Grundsätze.

Die Anerkennung erfolgt formlos. Das ausländische Urteil kann als Einwendung in einem neuen Prozeß über denselben Streitgegenstand incidenter geltend gemacht werden. Für die Vollstreckbarerklärung ist eine action upon the foreign judgment notwendig. Es ist zweifelhaft, ob das erleichterte Verfahren der summary judgment proceedings hierbei offensteht[2]. Eine révision au fond ist unzulässig.

II. Unterhaltsentscheidungen

Kansas hat den Revised Uniform Reciprocal Enforcement of Support Act (RURESA) in das innerstaatliche Recht übernommen[3]. Eine Gegenseitigkeitserklärung ist bisher nicht abgegeben worden. Da das deutsche Recht kein dem RURESA entsprechendes Gesetz kennt und die deutschen Verfahrensvorschriften der §§ 722 f. ZPO stark von den Bestimmungen des RURESA abweichen, jedenfalls nicht als „dem RURESA im wesentlichen ähnlich" bezeichnet werden können[4], ist eine Geltendmachung deutscher Unterhaltstitel auf statutarischer Grundlage nicht möglich. Es gelten die Grundsätze, die in § 486 Restatement 3rd Foreign Relations wiedergegeben sind.

III. Sonstige Entscheidungen

Die Wirkungserstreckung erfolgt nach den allgemeinen Grundsätzen, die im Restatement 2nd Conflict of Laws und im Restatement 3rd Foreign Relations manifestiert sind. Für eine Urteilsgattung liegt eine gesetzliche Regelung, für eine andere Rechtsprechung vor:

(1) Sorgerechtsentscheidungen

Es gilt der Uniform Child Custody Jurisdiction Act[5].

---

[1] Vgl. dazu Schütze, Die Anerkennung und Vollstreckbarerklärung ausländischer Zivilurteile in Kansas, JR 1989, S. 56 f.

[2] Vgl. Weinschenk S. 203.

[3] K.S.A. 23-451 bis 23-491; vgl. dazu Peggs, Procedure and defenses under Kansas Uniform Reciprocal Enforcement of Support Act, 46 J.Kan.B.J. 233 (1977).

[4] Vgl. Mockenhaupt, Zur Geltendmachung deutscher Kindesunterhaltsurteile und -ansprüche in den Vereinigten Staaten, DAVorm. 1985, Sp. 1 ff.

[5] K.S.A. 38-1301 bis 38-1326; vgl. dazu Maxwell, Family law: Kansas law survey, 32 KanLRev 543 (1984).

(2) Scheidungsurteile

In Thorn v. Salmonson[6] war die Klägerin, die ihren Ehemann verlassen hatte, in Schweden geschieden worden. Beide Parteien waren im Zeitpunkt des Verfahrens schwedische Staatsangehörige und hatten ihren Wohnsitz in Schweden. Die Klage war zwar öffentlich zugestellt worden, die Klägerin hatte sich aber im Rechtsmittelverfahren gegen das Scheidungsurteil zur Sache eingelassen. Der Supreme Court of Kansas hat internationale Zuständigkeit der schwedischen Gerichte bejaht und das Scheidungsurteil anerkannt.

IV. Verbürgung der Gegenseitigkeit

Die Gegenseitigkeit i. S. von § 328 Abs. 1 Nr. 5 ZPO ist allgemein verbürgt[7].

Kentucky[1]

I. Urteile auf Geldzahlung

Es gelten die Grundsätze, die im Restatement 2nd Conflict of Laws und im Restatement 3rd Foreign Relations manifestiert sind. In der Entscheidung Kerr, Brown & Cie v. Condy[2] hat sich das Gericht mit zwei Erfordernissen der Wirkungserstreckung befaßt:

Das Gericht betont das Erfordernis der internationalen Zuständigkeit und des „due process of law". Hierzu gehört – wie das Gericht in der Entscheidung hervorhebt – insbesondere die Möglichkeit des Beklagten, sich angemessen verteidigen zu können.

Die Anerkennung erfolgt formlos. Das ausländische Urteil kann als Einwendung in einem neuen Verfahren über denselben Streitgegenstand dienen (res iudicata-Einwand). Die Vollstreckbarerklärung erfolgt aufgrund einer action upon the foreign judgment. Summary judgment proceedings sind möglich[3]. Eine sachliche Nachprüfung (révision au fond) ist unzulässig.

---

[6] 37 Kan. 441, 15 Pac. 588 (1887).

[7] Vgl. Geimer/Schütze S. 1920; Martiny S. 670 (RdN 1535); Schütze IWB F 8 (USA), Gr. 3, S. 139 ff.; ders. JR 1989, S. 56 f.; Zöller/Geimer Anh. I.

[1] Vgl. dazu Schütze, Die Anerkennung und Vollstreckbarerklärung ausländischer Zivilurteile in Kentucky, JR 1988, S. 275 f.

[2] 72 Ky. 624 (1872).

[3] Vgl. Weinschenk S. 203.

II. Unterhaltsentscheidungen

Kentucky hat den Revised Uniform Reciprocal Enforcement of Support Act (RURESA) übernommen[4]. Allerdings ist eine Gegenseitigkeitserklärung für die Bundesrepublik Deutschland noch nicht ergangen. Deutsche Titel können aufgrund der statutarischen Regelung deshalb zur Zeit noch nicht in Kentucky geltend gemacht werden. Es gelten die allgemeinen Grundsätze über die Wirkungserstreckung ausländischer Zivilurteile, die in § 486 Restatement 3rd Foreign Relations manifestiert sind.

III. Sonstige Entscheidungen

Auf die Wirkungserstreckung ausländischer Sorgerechtsentscheidungen findet der Uniform Child Custody Jurisdiction Act[5] Anwendung. Im übrigen gelten die allgemeinen Grundsätze.

IV. Verbürgung der Gegenseitigkeit

Die Gegenseitigkeit ist für Zahlungsurteile – aber auch darüber hinaus – verbürgt[6].

Louisiana[1]

I. Urteile auf Geldzahlung

Die Wirkungserstreckung ausländischer Zivilurteile erfolgt nach der comity doctrine[2]. Es gelten die im Restatement 2nd Conflict of Laws und im Restatement 3rd Foreign Relations manifestierten Grundsätze.

Die Anerkennung erfolgt formlos. Das anzuerkennende ausländische Urteil kann insbesondere zur Begründung des Rechtskrafteinwandes dienen. In Zorgias v. The S. S. Hellenic Star and Hellenic Lines, Ltd.[3] hatten die Parteien vor einem griechischen Gericht einen Vergleich abgeschlossen, der nach griechischem Prozeßrecht als Urteil zu qualifi-

---

[4] KRS 407.010 bis 407.480.

[5] KRS 403.400 bis 403.630.

[6] Vgl. GEIMER/SCHÜTZE S. 1920; MARTINY S. 670 (RdN 1536); SCHÜTZE IWB F 8 (USA) Gr. 3, S. 139ff.; DERS. JR 1988, S. 275f.; ZÖLLER/GEIMER Anh. I.

[1] Vgl. dazu SCHÜTZE, Die Anerkennung und Vollstreckbarerklärung ausländischer Zivilurteile in Louisiana, JR 1988, S. 229f.

[2] Vgl. Zorgias v. The S. S. Hellenic Star and Hellenis Lines, Ltd. 370 F. Supp. 591 (D.C. La. 1972), aff'd w. op. 487 F. 2d 519.

[3] FN 2.

zieren war. In einem Verfahren vor dem United States District Court, E. D. Louisiana über denselben Streitgegenstand entschied das Gericht incidenter über die Anerkennung und wies die Klage wegen der Rechtskraft des griechischen Urteils ab. In gleicher Weise hat der Supreme Court of Louisiana bereits 1939 in der Sache Succession of Fitzgerald[4] – die allerdings kein Geldzahlungsurteil betraf – entschieden. In diesem Fall wies das Gericht eine Erbschaftsklage ab, weil über den Streitgegenstand bereits ein rechtskräftiges nicaraguanisches Urteil vorlag. Im Hinblick auf das nicaraguanische Urteil führt das Gericht aus:

> It is the settled jurisprudence of this court, that matters once determined by a court of competent jurisdiction, if the judgment has become final, can never again be called into question by the parties of their privies.
> No principle of the law is more inflexible than that which fixes the absolute conclusiveness of such a judgment upon the parties and their privies.

Während die Anerkennung also formlos erfolgt, bedarf es für die Vollstreckbarerklärung eines gerichtlichen Verfahrens[5] (action upon the foreign judgment). Ein abgekürztes Verfahren des summary judgment ist zulässig[6]. Der Beweis des ausländischen Urteils kann nach Art. 1395 LSA C.C.P.[7] durch beglaubigte Kopie des ausländischen Urteils geführt wer-

---

[4] 189 So. 116 (La. 1939).

[5] Vgl. Brenscheidt, Anerkennung und Vollstreckung ausländischer Geldurteile in den USA, RIW/AWD 1976, S. 554 ff. (558).

[6] Vgl. Weinschenk S. 203.

[7] Die Bestimmung lautet:
Art. 1395.
An official record, or an entry therein, of the United States, of any state other than Louisiana, of any territory of the United States, of any foreign country, or of any political subdivision, corporation or agency of any of the above, when admissible for any purpose, may be evidenced by a copy attested by the officer having legal custody of the record, or by his deputy, and accompanied with a certificate that such officer has the custody. If the office in which the record is kept is within the United States or within a territory or insular possession subject to the dominion of the United States, the certificate may be made by a judge of a court of record of the district or political subdivision in which the record is kept, authenticated by the seal of the court, or may be made by any public officer having a seal of office and having official duties in the distric or political subdivision in which the record is kept, authenticated by the seal of his office. If the office in which the record is kept is in a foreign state of country, the certificate may be made by a secretary of embassy or legation, consul general, consul, vice consul, or consular agent or by any officer in the foreign service of the United States stationed in the foreign state or country in which the record is kept, and authenticated by the seal of his office.

den. Die Beglaubigung kann durch eine US-amerikanische Botschaft, ein US-amerikanisches Konsulat oder leitende Mitarbeiter des auswärtigen Dienstes der USA im Erststaat durchgeführt werden. Eine révision au fond findet im Verfahren der Wirkungserstreckung nicht statt.

II. Unterhaltsentscheidungen

Louisiana hat den Revised Uniform Reciprocal Enforcement of Support Act (RURESA) in das innerstaatliche Recht übernommen[8]. Eine Gegenseitigkeitserklärung ist ergangen[9], so daß deutsche Unterhaltstitel aufgrund der statutarischen Regelung in Louisiana geltend gemacht werden können.

Im übrigen gelten die Grundsätze, die in § 486 Restatement 3rd Foreign Relations zusammengefaßt sind.

III. Sonstige Entscheidungen

Sorgerechtsentscheidungen werden nach dem Uniform Child Custody Jurisdiction Act anerkannt[10].

Für die übrigen Urteilsgattungen gelten keine Besonderheiten gegenüber den Urteilen auf Geldzahlung. Anerkennungsfähig sind u. a. Scheidungsurteile[11] und erbrechtliche Entscheidungen[12]. So betraf der Fall Successsion of Fitzgerald ein nicaraguanisches Urteil, durch das das Erbrecht der Tochter des auf seiner Plantage in Nicaragua ermordeten Erblassers festgestellt wurde. In diesem Fall hat das Gericht einige Erfordernisse der Wirkungserstreckung diskutiert.

(1) Internationale Zuständigkeit

Das Gericht hatte sich mit dem Einwand auseinanderzusetzen, daß die nicaraguanische internationale Zuständigkeit fehlte, weil der Erblasser nicht in Nicaragua, sondern in Neufundland domiziliert war. Dieser Einwand, der an sich wesentlich gewesen wäre, wurde zurückgewiesen, weil die Klägerin in dem Prozeß in Louisiana sich bereits in dem nicaraguanischen Verfahren rügelos eingelassen hatte (submission).

---

8 LSA – R. S. §§ 13:1641 bis 13:1698.

9 Vgl. auch Bekanntmachung nach AUG BGBl 1988 I 1784.

10 LSA – R. S. §§ 13:1700 bis 13:1724.

11 Vgl. aus der Rechtsprechung Adoption of Hakenjos 343 So. 2d 1201 (La. App. 1977) (Scheidung Mexiko); Everett v. Everett 345 So. 2d 586 (La. App. 1977) (Scheidung Dominikanische Republik).

12 Vgl. aus der Rechtsprechung Succession of Fitzgerald (FN 4); Succession of Lorenz 41 La. Ann. 1091, 6 So. 886 (1889).

(2) Ordre public-Klausel

Das Gericht hat den Einwand, das nicaraguanische Urteil verstoße deshalb gegen den ordre public Louisianas, weil nicaraguanisches Recht angewendet worden sei, als unerheblich angesehen. Es hat den Grundsatz bekräftigt, daß die Anwendung ausländischen Rechts allein keinen ordre public-Verstoß begründet, selbst wenn das Ergebnis bei Anwendung heimischen Rechts anders gewesen wäre.

(3) Gegenseitigkeit

In der Entscheidung Succession of Fitzgerald wird – ebenso wie in Zorgias v. The S. S. Hellenic Star and Hellenic Lines, Ltd. – das Erfordernis der Gegenseitigkeit, das noch überwiegend aus Hilton v. Guyot entnommen wird, nicht einmal erwähnt. Es ist deshalb davon auszugehen, daß Louisiana – wie viele andere Bundesstaaten – Gegenseitigkeit nicht bzw. nicht mehr fordert. Aber selbst wenn dies der Fall wäre, würde es die Anerkennung und Vollstreckbarerklärung deutscher Titel nicht hindern, da das deutsche Schrifttum die Gegenseitigkeit im Verhältnis zu Louisiana bejaht und deshalb auch umgekehrt wohl die Verbürgung der Gegenseitigkeit angenommen würde.

IV. Verbürgung der Gegenseitigkeit

Die Gegenseitigkeit i. S. von § 328 Abs. 1 Nr. 5 ZPO ist allgemein verbürgt[13].

Maine[1]

I. Urteile auf Geldzahlung

Es gelten die im Restatement 2nd Conflict of Laws und im Restatement 3rd Foreign Relations manifestierten Grundsätze.

Versäumnisurteile sind anerkennungsfähig[2]. In Trembley v. Aetna Life Insurance Company wurde im Rahmen einer Klage in Maine der Einwand

---

[13] Vgl. GEIMER/SCHÜTZE S. 1920; MARTINY S. 670 (RdN 1537); SANDROCK/JUNG, Handbuch der Internationalen Vertragsgestaltung, Bd. 2, 1980, E 274, 277; SCHÜTZE IWB F 8 (USA), Gr. 3 S. 139ff.; DERS. JR 1988, S. 229f.; ZÖLLER/GEIMER Anh. I.

[1] Vgl. dazu SCHÜTZE, Die Anerkennung und Vollstreckbarerklärung ausländischer Zivilurteile in Maine, JR 1987, S. 102f.

[2] Vgl. Trembley v. Aetna Life Insurance Co., 55 A. 509 (Me. 1903); Compagnie du Port de Rio de Janeiro v. Mead Morrison Mfg. Co., 19 F. 163 (S. D. Me. 1927).

der rechtskräftig entschiedenen Sache im Hinblick auf ein kanadisches Versäumnisurteil mit dem Hinweis auf die volle Nachprüfbarkeit von Versäumnisurteilen in materieller und prozessualer Hinsicht zurückgewiesen. Das Gericht führt im Anschluß an Penobscot R. R. Company v. Weeks[3] aus:

> In all judgments by default, whatever maybe their competency or regularity, every proceeding, indeed, from the writ and indorsements thereon down to the judgment itself, inclusive, is part of the record and is open to examination.

Im Fall Compagnie du Port de Rio de Janeiro v. Mead Morrison Mg. Co. wurde das Begehren auf Wirkungserstreckung eines brasilianischen Versäumnisurteils aufgrund des Fehlens internationaler Zuständigkeit der brasilianischen Gerichte zurückgewiesen. Hinsichtlich der Anerkennungsfähigkeit von Versäumnisurteilen allgemein sind keine Erkenntnisse aus diesen beiden Entscheidungen zu gewinnen. Angesichts der allgemeinen Praxis US-amerikanischer Gerichte wird man davon ausgehen können, daß auch Versäumnisurteile in Maine anerkennungsfähig sind.

Die Anerkennung erfolgt formlos. Das ausländische Urteil kann als Einwendung in einem neuen Prozeß über denselben Streitgegenstand dienen (res iudicata-Einwand). Die Vollstreckbarerklärung erfolgt durch action upon the foreign judgment. Eine révision au fond ist grundsätzlich unzulässig, wobei jedoch zu vermerken ist, daß das Gericht in Tourigny v. Houle[4] – einer Entscheidung aus dem vorigen Jahrhundert – noch ausgeführt hat, daß „the merits as well as the jurisdiction of the court which rendered (a foreign judgment) may be inquired into“[5]. Es ist unklar, ob summary judgment proceedings möglich sind[6].

II. Unterhaltsentscheidungen

Maine hat den Revised Uniform Reciprocal Enforcement of Support Act (RURESA) übernommen[7]. Eine Gegenseitigkeitserklärung ist noch nicht ergangen, so daß deutsche Urteile nach den statutarischen Bestimmungen nicht geltend gemacht werden können. Es ist davon auszugehen, daß § 486 Restatement 3rd Foreign Relations angewendet wird.

---

[3] 52 Me. 460.

[4] 88 Me. 406 (1896).

[5] Offenbar folgt das Gericht in Trembley v. Artna Life Insurance Co. dieser Ansicht.

[6] Vgl. WEINSCHENK S. 203.

[7] 19 M.R.S.A. §§ 331 bis 420.

III. Sonstige Entscheidungen

Für Sorgerechtsentscheidungen gilt der Uniform Child Custody Jurisdiction Act[8].

Im übrigen finden die im Restatement und Conflict of Laws und im Restatement 3rd Foreign Relations manifestierten Grundzüge Anwendung.

IV. Verbürgung der Gegenseitigkeit

Zweifel an der Verbürgung der Gegenseitigkeit können im Hinblick auf eine etwaige Nachprüfungsbefugnis des Exequaturgerichts nach den – sehr alten – Entscheidungen Tourigny v. Houle und – für Versäumnisurteile – Trembley v. Aetna Life Insurancy Company aufkommen. Angesichts der neueren Entwicklung im US-amerikanischen internationalen Zivilprozeßrecht und der Tatsache, daß das Restatement 2nd Conflict of Laws und das Restatement 3rd Foreign Relations keine Nachprüfungsbefugnis vorsehen, sind die Zweifel in dieser Hinsicht jedoch nicht so stark, daß sie zu einer Verneinung der Gegenseitigkeit führen könnten.

Die Gegenseitigkeit ist verbürgt[9].

Maryland[1]

I. Urteile auf Geldzahlung

Maryland hat den Uniform Foreign Money-Judgments Recognition Act übernommen[2].

Die Anerkennung erfolgt formlos. Das ausländische Urteil kann als Einwendung in einem neuen Prozeß über denselben Streitgegenstand dienen (res iudicata-Einwand). Die Vollstreckbarerklärung bedarf der action upon the foreign judgment. Eine révision au fond ist unzulässig. Summary judgment proceedings sind möglich[3].

---

8 19 M.R.S.A. §§ 801 bis 825.

9 Vgl. Geimer/Schütze S. 1920; Martiny S. 670 (RdN 1538); Schütze JR 1987, S. 102f.; Zöller/Geimer Anh. I.

1 Vgl. dazu Schütze, Die Anerkennung und Vollstreckbarerklärung ausländischer Zivilurteile in Maryland, JR 1987, S. 231 f.

2 Code, Courts and Judicial Proceedings, §§ 10-701 bis 10-709.

3 Vgl. Weinschenk S. 203.

II. Unterhaltsentscheidungen

Es finden die Grundsätze des § 486 Restatement 3rd Foreign Relations Anwendung. Aus der Rechtsprechung ist eine Entscheidung bemerkenswert.

In Wolff v. Wolff[4] war der Urteilsschuldner durch ein englisches Scheidungsurteil auch zur Zahlung von Unterhalt an seine geschiedene Ehefrau verurteilt worden. Diese – wohnhaft in London – begehrte die Wirkungserstreckung des englischen Titels gegen ihren in Montgomery County (Maryland) wohnhaften Ehemann. Der Circuit Court for Montgomery County wies den Antrag wegen mangelnder Zuständigkeit (lack or jurisdiction) zurück. Der Court of Appeals gab dem Rechtsmittel dagegen statt. Er bejahte die personal jurisdiction der Gerichte Marylands über den Beklagten, weil ihm der Antrag in Maryland persönlich zugestellt worden war (transient jurisdiction). In der Sache selbst entschied der Court of Appeals nicht, gab dem Circuit Court jedoch allgemeine Hinweise für die Anerkennung ausländischer Urteile im allgemeinen und von Unterhaltsentscheidungen im besonderen.

Interessant ist im Hinblick auf die Vereinbarkeit ausländischer Unterhaltstitel mit der public policy[5] die Feststellung des Gerichts:

> The fact that Maryland considers the obligation to pay alimony a duty, resting upon sound public policy, and not merely a debt collectible in an action at law, supports, we think, our holding that equity courts have jurisdiction to enforce the alimony provisions of foreign country decrees when such decrees are subject to recognition in this State.

III. Sonstige Entscheidungen

Für Sorgerechtsentscheidungen gilt der Uniform Child Custody Jurisdiction Act[6].

Im übrigen hat das Gericht in Sachen Wolff v. Wolff die comity doctrine bekräftigt. Es gelten die im Restatement 2nd Conflict of Laws und im Restatement 3rd Foreign Relations manifestierten Grundsätze.

IV. Verbürgung der Gegenseitigkeit

Die Gegenseitigkeit ist verbürgt[7].

---

[4] 389 A. 2d 413 (Md. App. 1978), aff'd 401 A. 2d 479 (Md. 1979).

[5] Nach US-amerikanischer Auffassung dient die Verpflichtung zur Unterhaltszahlung auch dazu, den Wohnsitzstaat des Unterhaltsberechtigten zu entlasten. Vgl. dazu Perret S. 166.

[6] Code, Family Law, §§ 9-201 bis 9-224.

[7] Vgl. Geimer/Schütze S. 1920; Martiny S. 671 (RdN 1539); Schütze JR 1987, S. 231 f.; Zöller/Geimer Anh. I.

Massachusetts[1]

I. Urteile auf Geldzahlung

In Svenska Handelsbanken v. Carlson[2] hatte der United States District Court noch einem schwedischen Zahlungsurteil die Anerkennung und Vollstreckbarerklärung versagt, weil nach dem Recht von Massachusetts ein ausländisches Urteil nur als prima facie-Beweis für den streitgegenständlichen Anspruch dienen und der Urteilsschuldner alle Einwendungen gegen den ursprünglichen Anspruch vorbringen könne. Die Rechtslage hat sich geändert, seit Massachusetts den Uniform Foreign Money-Judgments Recognition Act in das innerstaatliche Recht übernommen hat[3]. Die Änderungen des Mustergesetzes in §§ 4 und 5 bei der Übernahme sind nicht bedeutsam. Jedoch ist die Gegenseitigkeit zum Erfordernis der Wirkungserstreckung gemacht worden[4]. Für deutsche Titel kann die Gegenseitigkeit als verbürgt angesehen werden, da diese in der deutschen Literatur umgekehrt bejaht wird[5].

Die Anerkennung erfolgt formlos. Das ausländische Urteil kann in einem neuen Prozeß in Massachusetts über denselben Streitgegenstand als Einwendung (res iudicata-Einwand) geltend gemacht werden. Das Prozeßgericht entscheidet sodann incidenter über die Anerkennung. Die Vollstreckbarerklärung erfolgt in einem gerichtlichen Verfahren (action upon the foreign judgment). Eine révision au fond ist ausgeschlossen. Summary proceedings sind zulässig[6].

II. Unterhaltsentscheidungen

Der von Massachusetts übernommene Uniform Reciprocal Enforcement of Support Act (URESA) ist nicht auf ausländische Titel anwendbar. Ausländische Unterhaltsurteile werden nach allgemeinen Grundsätzen anerkannt und für vollstreckbar erklärt. Diese sind in § 486 Restatement 3rd Foreign Relations zusammengefaßt. Nach Svenska Handelsbanken v. Carlson mag aber zweifelhaft sein, ob eine Wirkungserstreckung von

---

1 Vgl. dazu SCHÜTZE, Die Anerkennung und Vollstreckbarerklärung ausländischer Zivilurteile in Massachusetts, JR 1990, S. 364 f.

2 258 F. Supp. 448 (D. Mass. 1966).

3 M.G.L.A. c. 235, § 23A.

4 Vgl. dazu BRENSCHEIDT, Anerkennung und Vollstreckung ausländischer Geldurteile in den USA, RIW/AWD 1976, S. 554 ff. (558).

5 Vgl. unten sub IV.

6 Vgl. WEINSCHENK S. 203.

Unterhaltstiteln möglich ist oder diese nur als prima facie-Beweis für die Unterhaltsverpflichtung dienen können. Die Feststellung in dem Urteil ist so generell, daß man sie auch auf Unterhaltstitel beziehen kann:

> Although the Massachusetts cases are very old, the Massachusetts rule appears to be that a judgment of a court of a foreign country is only prima facie evidence of the underlying claim, and the defendant is entitled to all the defenses he might have made to the original action.

III. Sonstige Entscheidungen

(1) In rem-Urteile

In Peters et al. v. Warren Ins. Co.[7] ging es um die Anerkennung einer Entscheidung des Seegerichts Hamburg. Dieses hatte nach einer Kollision des bei der Beklagten versicherten Schiffes Paragon über die Schuld an der Kollision und die Verteilung des Schadens entschieden. Der Circuit Court D. Massachusetts erkannte das Urteil an, weil er das Gericht als international zuständig ansah:

> In the first place, the sentence or decree of the marine tribunal of Hamburg, being a court of competent jurisdiction in the premises, must be taken to be conclusive, as to the cause and amount of the loss, and of the contribution to be made by the parties, the collision happened within the territorial jurisdiction of Hamburg, and therefore the case was one within the competency of its judicial tribunals, and to be rightfully governed by its laws.

Es führt weiter aus:

> And that sentence I take to be conclusive in both respects, upon the general principal now universally established, that the sentence of a foreign court of competent jurisdiction, acting in rem, is conclusive in respect to the matters, on which it directly decides. The original proceeding was here in rem, and precisely the same as our own courts of admirality would have exercised in rem, in the case of a collision within our own jurisdiction.

(2) Sorgerechtsentscheidungen

Massachusetts hat den Uniform Child Custody Jurisdiction Act (UCCJA) in das innerstaatliche Recht übernommen[8]. Dieser regelt sowohl die internationale Zuständigkeit als auch die Anerkennung ausländischer Sorgerechtsentscheidungen. Aus der Rechtsprechung sind in jüngerer Zeit zwei Urteile bedeutsam:

---

[7] 19 Fed. Cas. 373 (No. 11035) (D.Mass. 1838).

[8] M.G.L.A. c. 209B, §§ 1 bis 14.

In Gil v. Servizio[9] waren die Parteien durch Urteil eines Gerichts in Haiti geschieden worden. Keine der Parteien bestritt die Wirksamkeit der Scheidung. Im Zusammenhang mit dieser Scheidung war das Sorgerecht über die beiden Kinder dem Vater übertragen worden. Die Mutter „kidnappte" die Kinder später, verbrachte sie nach Massachusetts und beantragte Übertragung des Sorgerechts auf sie. Der Supreme Judicial Court of Massachusetts erkannte die Sorgerechtsentscheidung des haitischen Gerichts an, bejahte aber eine Änderungsbefugnis der Gerichte in Massachusetts aufgrund statutarischer Regelung.

> We also assume the validity of the custody order accompanying the decree. Nevertheless, a Probate Court of this Commonwealth, under the authority granted by G.L.c. 208, § 29, has the 'power to make decrees relative to the care, custody, education and maintenance' of children whose custody has been previously passed on by a foreign court if it finds that they were 'inhabitants of or residents in' Massachusetts when a petition in a court of the Commonwealth was filed.

In Schiereck v. Schiereck[10] hatte der Appeals Court of Massachusetts über die Anerkennung einer deutschen Sorgerechtsentscheidung zu befinden. Auch hier handelt es sich um einen „Kidnapping-Fall". Ein deutsches Gericht hatte im Zusammenhang mit der Scheidung der Parteien das Sorgerecht über die eheliche Tochter auf den Vater übertragen. Während das Rechtsmittelverfahren noch schwebte, verbrachte die Mutter das Kind nach Massachusetts. Nachdem das Rechtsmittelgericht die erstinstanzliche Entscheidung bestätigt hatte, betrieb der Vater die Durchsetzung der Sorgerechtsentscheidung in Massachusetts. Das Gericht führt zunächst aus, daß es nach der comity doctrine generell ausländische Urteile anerkennen werde.

> Because the decree was issued by a foreign court, the doctrine of comity is invoked ... Under that doctrine, Massachusetts generally will recognize and enforce valid judgments rendered by a foreign court.

Für Sorgerechtsentscheidungen faßt das Gericht die Anerkennungserfordernisse so zusammen:

> In upholding a child custody order entered by a foreign court, a court in Massachusetts must be satisfied that (1) the foreign court had jurisdiction over the parties and the subject matter, (2) the procedural and substantive law applied by the foreign court was reasonably comparable to that of the Com-

---

[9] 375 N.E. 2d 716 (Mass. 1978).

[10] 439 N.E. 2d 859 (Mass. 1982).

monwealth, and (3) the foreign order was based upon a determination of the best interests of the child.

Da das deutsche Gericht nach den Feststellungen des Appeals Court ein faires Verfahren gewährt und die Interessen des Kindes berücksichtigt hatte, wurde die Sorgerechtsentscheidung anerkannt.

(3) Ehescheidungs- und -trennungsurteile

In Gil v. Servizio hatte der Ehemann die Scheidung in Haiti erwirkt. Die Ehefrau behauptete in einem späteren Sorgerechtsverfahren, daß die Scheidung ohne ihre Kenntnis und Zustimmung erfolgt sei. Sie bestritt deren Wirksamkeit aber nicht. Ohne auf die Anerkennungserfordernisse, insbesondere die offenbar zweifelhafte internationale Zuständigkeit einzugehen, erkannte das Gericht die Entscheidung incidenter an:

We note, at the outset that neither party has challenged the validity of the Haitian divorce decree, and we therefore assume its validity.

In Cannistraro v. Cannistraro[11] war durch Entscheidung eines italienischen Gerichts die Trennung der Parteien aus beiderseitigem Verschulden ausgesprochen worden. In einem späteren Scheidungsprozeß, den der Ehemann in Massachusetts wegen böswilligen Verlassens angestrengt hatte, ging es um die Incidentanerkennung dieser italienischen Trennungsentscheidung, die eine Rechtfertigung für das Getrenntleben – den einzig ersichtlichen Scheidungsgrund – war. Das Gericht geht in Anwendung der Grundsätze von Hilton v. Guyot zunächst von der Anerkennungsfähigkeit der italienischen Entscheidung aus:

Carmelo (Ehemann) recognizes that this foreign decree is to be given the force of a domestic judgment, Hilton v. Guyot ..., Amato v. Amato ...

Das Gericht erkannte die italienische Entscheidung im Ergebnis dann im Hinblick auf das scheidungsfeindliche italienische Recht jedoch nicht an. In Wahrheit ging es um die Anerkennung der Tatbestandswirkungen der Feststellungen des italienischen Urteils.

IV. Verbürgung der Gegenseitigkeit

Die Gegenseitigkeit ist für Urteile auf Geldzahlung, die der statutarischen Regelung unterfallen, verbürgt[12]. Für andere Zahlungsurteile, z. B. in

---

[11] 223 N.E. 2d 692 (Mass. 1967).

[12] Vgl. LG Berlin RIW/AWD 1989, 988; Geimer/Schütze S. 1920 f.; Martiny S. 671 (RdN 1540); Schütze IWB F 8 (USA) Gr. 3, S. 139 ff.; ders. JR 1990, S. 364 f.; Zöller/Geimer Anh. I.

Unterhaltssachen, steht Svenska Handelsbanken v. Carlson noch entgegen. Allerdings kann man nach der Rechtsprechung im übrigen zweifeln, ob es sich hier nur um eine Einzelentscheidung handelt.

Für sonstige Urteile ist die Gegenseitigkeit verbürgt.

Michigan[1]

In Michigan existiert – insbesondere wegen der engen Verbindungen zu Kanada – eine reiche Rechtsprechung zur Wirkungserstreckung ausländischer Zivilurteile[2]. Von 15 berichteten Entscheidungen betreffen 13 kanadische Urteile. Bezeichnend ist in diesem Zusammenhang eine Passage aus Growe v. Growe[3]:

> Faced as we are here with a judgment from a court of competent jurisdiction which lies but the breadth of a river from the instant court, closer indeed, than most of the remaining 49 states ...

I. Urteile auf Geldzahlung

Michigan hat das Mustergesetz über die Wirkungserstreckung ausländischer Geldurteile in das innerstaatliche Recht übernommen[4]. Die reiche prästatutarische Rechtsprechung kann zur Auslegung des Gesetzes herangezogen werden.

(1) Sachlicher Anwendungsbereich der statutarischen Regelung

Aus der Rechtsprechung ist eine Entscheidung zur Auslegung des sachlichen Anwendungsbereiches des Uniform Foreign Money-Judgments Recognition Act bedeutsam. Das Gesetz schließt die Anerkennung von Unterhaltstiteln in Ehe- und Familiensachen aus[5]. In Jeong Suk Bang v. Joon Hong Park[6] waren die Parteien durch Urteil eines Gerichtes in Pusan, Korea, 1964 nach 14jähriger Ehe geschieden worden. Der beklagte Ehemann war zur Zahlung von $ 50.000,– „solatium" verurteilt worden. Das Gericht in Michigan befaßt sich im Verfahren der Wirkungserstrek-

---

[1] Vgl. dazu SCHÜTZE, Die Anerkennung und Vollstreckbarerklärung ausländischer Zivilurteile in Michigan, JR 1988, S. 497 ff.

[2] Vgl. für Nachweise KESSEDJIAN S. 424.

[3] 2 Mich. App. 25, 138 N.W. 2d 537 (1965).

[4] M.C.L.A. §§ 691.1151 bis 691.1159.

[5] Vgl. § 691.1151 sect. 1 lit. b.

[6] 321 N.W. 2d 831 (Mich. App. 1982).

kung mit der Rechtsnatur des „solatium", einer Art von Schmerzensgeld[7] für erlittene Unbill. Das Gericht definiert:

> In general, solatium refers to money damages for a non-pecuniary loss. The term 'solatium' is used mainly in wrongful death actions to refer to damages for grief and mental anguish, emotional pain and suffering, loss of society and companionship and so forth.

Als Schadensersatzurteil wäre die Entscheidung an sich unter das Gesetz gefallen. Das Gericht hat sich jedoch nicht mit einer literalen Interpretation begnügt, vielmehr auf den Zweck des „solatium" im konkreten Fall abstellt. Wegen des Unterhaltscharakters[8] hat es dann die Anwendbarkeit der statutarischen Bestimmungen über ausländische Geldurteile verneint.

(2) Internationale Zuständigkeit

Ein Zuständigkeitsproblem behandelt – fälschlich unter dem Etikett der Wirkungserstreckung ausländischer Entscheidungen – Overseas Motors, Inc. v. Import Motors, Inc. et al.[9]. In dem dieser Entscheidung zugrunde liegenden Sachverhalt hatte ein amerikanischer Autoimporteur einen Vertrag über den Exklusivvertrieb von NSU-Automobilen in 10 (später 11) Bundesstaaten der USA abgeschlossen. Der Vertrag enthielt eine Schiedsvereinbarung, die die ausschließliche Zuständigkeit eines Züricher Schiedsgerichts bestimmte. Ungeachtet der Schiedsvereinbarung erhob die Klägerin im April 1972 Klage wegen Verletzung kartellrechtlicher Vorschriften. Im November 1972 erhob die Beklagte Schiedsklage in Zürich. Anstatt sich mit der Frage auseinanderzusetzen, ob die Zuständigkeit der ordentlichen Gerichte durch die Schiedsvereinbarung ausgeschlossen war, was bis zum Mitsubishi-Fall[10] zweifelhaft

---

[7] BLACK's Law Dictionary, 5. Aufl., definiert: „Solatium: Compensation, Damages allowed for injury to the feelings".

[8] „We are inclined to agree with the defendant that the solatium provisions of the Korean divorce judgment are so intermixed with the matrimonial and support provisions that the UFMJRA does not apply; that is, the Korean judgment, including the solatium provisions, falls within the exclusion of the UFMJRA statute."

[9] 375 F. Supp. 499 (D.C. Mich. 1974), aff'd. 519 F. 2d cert. denied 423 U.S. 987.

[10] Vgl. Mitsubishi Motor Corp. v. Soler Chrysler-Plymouth Inc. 105 S.Ct. 3346 (1985); dazu ZUMBUSCH, Die Schiedsfähigkeit privatrechtlicher Kartellrechtsstreitigkeiten nach US-, deutschem und EG-Recht, GRUR Int. 1988, S. 541 ff.

sein konnte, prüfte das Gericht, ob es durch die Feststellungen des Schiedsgerichts gehindert sei, Beweis zu einzelnen Fragen zu erheben:

> ... subissues are whether the district judge erred in his determination of the extend to which certain findings of the Swiss court were binding upon the plaintiff in the district court action under the doctrine of collatoral estoppel ...

Die Frage der Bindungswirkung – falsch gestellt, da es sich in Wahrheit um ein Zuständigkeitsproblem handelte – wurde nicht entschieden, da der Klageanspruch materiell verneint wurde.

(3) Verfahren der Wirkungserstreckung

Die Anerkennung erfolgt formlos.

Die Vollstreckbarerklärung bedarf einer action upon the foreign judgment. Ein summary judgment-Verfahren ist möglich[11]. Eine sachliche Nachprüfung der ausländischen Entscheidung (révision au fond) ist unzulässig. Die Nachprüfungsbefugnis des Gerichts ist auf die Erfordernisse der Wirkungserstreckung beschränkt. Das Nachprüfungsverbot gilt nicht für die Feststellung des Umfanges der ausländischen Entscheidung. Dies ist die ratio decidendi von The Merchants' Bank of Canada v. Schulenburg, impleaded with Campbell[12]. In diesem Fall hatten die Parteien in einem kanadischen Rechtsstreit eine gerichtlich protokollierte Vereinbarung getroffen, wonach die Entscheidung nur einen Teil des Streitgegenstandes erfassen und im übrigen alle Rechte unberührt lassen sollte. Das Gericht hielt eine Beweiserhebung über den Umfang des im erststaatlichen Verfahren behandelten Streitstoffes für zulässig.

II. Unterhaltsurteile

Michigan hat den Revised Uniform Reciprocal Enforcement of Support Act (RURESA) übernommen[13]. Eine Gegenseitigkeitserklärung für die Bundesrepublik Deutschland ist ergangen[14], so daß deutsche Titel nach dieser statutarischen Regelung durchgesetzt werden können. Aus der praestatutarischen Rechtsprechung sind zwei Entscheidungen bedeutsam.

In Growe v. Growe war der Urteilsschuldner durch ein kanadisches Gericht zu Unterhaltszahlungen an seine – damals noch nicht von ihm geschiedene – Ehefrau und seine 3 Kinder verurteilt worden. Das

---

[11] Vgl. Weinschenk S. 203.

[12] 11 N.W. 826 (Mich. 1882).

[13] M.C.L.A. §§ 780.151 bis 780.183.

[14] Vgl. auch Bekanntmachung nach AUG BGBl. 1988 I 1784.

Gericht in Michigan führt zur Wirkungserstreckung nach der comity doctrine aus:

> Faced as we are here with a judgment from a court of competent jurisdiction, which lies but the breadth of a river from the instant court, closer indeed, than most of the remaining 49 States, and a court which draws its concepts of law from the same roots as ours, comity supplies a rational and well-founded reason for a fording relief to this plaintiff. Any appellate court faced with the compelling elements this court finds before it would be derilict if it did not examine minutely these burgeoining concepts of jurisprudence. Comity, admittedly, is a field surrounded by a special mystique, and not readily amendable to definition.

Während das Gericht in Growe v. Growe die Anerkennung spezifisch auf den konkreten Fall – ähnliches materielles und Verfahrensrecht im Erststaat – abstellt, bestätigt das Gericht in Bang v. Park die Anerkennungsfähigkeit auch eines koreanischen Unterhaltsurteils nach comity-Grundsätzen. Die Öffnungsklausel in M.C.L.A. § 691.1157 ermöglichte die Wirkungserstreckung, obwohl die Entscheidung nicht unter den Uniform Foreign Money-Judgment Recognition Act fiel.

> However, this does not mean that plaintiff's case must be thrown out. Neither does it mean that the Korean judgment is unenforceable in the United States. Rather, it only means that the Korean judgment is not enforceable under the UFMJRA. We note that § 7 of the UFMJRA specifically states that the act does not prevent recognition of foreign judgments in situations not covered therein.

Das Problem der Endgültigkeit von Unterhaltstiteln im Hinblick auf ihre Abänderbarkeit im Erststaat ist in Growe v. Growe eingehend erörtert. Es konnte jedoch dahingestellt bleiben, weil die Wirkungserstreckung des kanadischen Titels für rückständige Unterhaltszahlungen begehrt wurde, die der Abänderung nach kanadischem Recht nicht unterlagen. In Bang v. Park bestand ebenfalls kein Anlaß zur Entscheidung dieser Streitfrage, da das „solatium", das Gegenstand des koreanischen Ersturteils war, ohnehin eine Einmalzahlung darstellte.

III. Sonstige Entscheidungen

Für Sorgerechtsentscheidungen gilt der Uniform Child Custody Jurisdiction Act[15].

Im übrigen ist die Wirkungserstreckung nach allgemeinen Grundsätzen möglich.

---

[15] M.C.L.A. §§ 600.651 bis 600.673.

(1) Anerkennungsfähige Entscheidungen

Der Wirkungserstreckung sind Gestaltungsurteile, insbesondere Ehescheidungsurteile, und Feststellungsurteile zugänglich. Die Öffnungsklausel in M.C.L.A. § 691.1157 erlaubt auch die Wirkungserstreckung von Geldzahlungsurteilen, deren Anerkennung und Vollstreckbarerklärung nach statutarischen Bestimmungen nicht möglich ist.

Die Anerkennungsfähigkeit von Strafurteilen behandelt Coveney v. Phiscator[16]. In diesem Fall hatte der Kläger, der den Beklagten unerlaubter Beziehungen zu seiner – des Klägers – Ehefrau beschuldigte, vom Beklagten aufgrund von Drohungen $ 7.000,– erhalten. Der Kläger wurde dieserhalb von einem kanadischen Strafgericht verurteilt und gab das Geld an den Beklagten zurück. In einem neuen Verfahren des Klägers vor dem Gericht in Michigan auf erneute Zahlung der $ 7.000,– sah sich das Gericht an Feststellungen des kanadischen Strafprozesses gebunden.

(2) Internationale Zuständigkeit

Die teilweise recht alten Entscheidungen in Michigan behandeln im wesentlichen das Problem der internationalen Zuständigkeit. In Joseph H. Ferguson & Clara Ferguson v. Oliver[17] wurde die Einlassung als internationale Zuständigkeit begründend angesehen. Dieser Grundsatz findet sich auch in McEwan v. Zimmer[18]. Dort wurde die Zustellung außerhalb des Erststaates (Kanada) an den Beklagten, der sich nicht auf den Rechtsstreit eingelassen hatte, als nicht ausreichend angesehen. In Sheehan v. Farwell[19] ließ das Gericht die Frage der internationalen Zuständigkeit für Rechtsstreitigkeiten über Grundstücke, die nicht im Erststaat belegen sind, letztlich unentschieden, neigte aber wohl zur Bejahung.

IV. Verbürgung der Gegenseitigkeit

Die Gegenseitigkeit ist für Urteile auf Geldzahlung – und auch darüber hinaus – verbürgt[20].

---

16 93 N.W. 619 (1903).

17 58 N.W. 43 (1894).

18 38 Mich. 765 (1878).

19 97 N.W. 728 (Mich. 1903).

20 Vgl. Geimer/Schütze S. 1921; Martiny S. 671 (RdN 1541); Schütze IWB F 8 (USA) Gr. 3, S. 139 ff.; ders. JR 1988, 497 ff.; Zöller/Geimer Anh. I.

Minnesota[1]

Minnesota hat sich ausländischen Urteilen gegenüber in neuerer Zeit sehr anerkennungsfreundlich gezeigt. In einer Entscheidung aus dem Jahre 1976[2] hat der Supreme Court of Minnesota in einem Verfahren der Wirkungserstreckung für ein deutsches Vaterschafts- und Kindesunterhaltsurteil festgestellt, daß die Gegenseitigkeit nicht Erfordernis der Anerkennung ist. So war es nur folgerichtig, daß Minnesota die Mustergesetze über die Anerkennung und Vollstreckbarerklärung von ausländischen Geldurteilen, Unterhaltstiteln und Sorgerechtsentscheidungen in das innerstaatliche Recht übernommen hat.

I. Urteile auf Geldzahlung

Minnesota hat den Uniform Foreign Money-Judgments Recognition Act ohne wesentliche Änderungen als nationales Gesetz übernommen[3]. Die Abweichungen von dem Mustergesetz hinsichtlich des geographischen Anwendungsbereichs[4] sind für deutsche Titel bedeutungslos. Wichtig erscheint dagegen die Änderung des sachlichen Geltungsbereichs. Das Mustergesetz ist auf Unterhaltstitel in Ehe- und Familiensachen anwendbar. Minnesota hat den Ausschluß von „judgments for support" bei der Übernahme der Regelung[5] gestrichen.

Das anzuerkennende ausländische Urteil kann als Einwendung in einem neuen Prozeß über denselben Streitgegenstand dienen (res iudicata-Einwand). Die Vollstreckbarerklärung erfolgt in einem gerichtlichen Verfahren durch action upon the foreign judgment. Eine révision au fond ist unzulässig. Es ist unklar, ob summary judgment proceedings möglich sind[6].

Neben der action upon the foreign judgment ist – nach allerdings bestrittener Ansicht – ein vereinfachtes Registrierungsverfahren möglich. Minnesota hat den Uniform Enforcement of Foreign Judgments Act, 1964, in das innerstaatliche Recht übernommen[7]. Hiernach kann ein

---

[1] Vgl. dazu Schütze, Die Anerkennung und Vollstreckbarerklärung ausländischer Zivilurteile in Minnesota, JR 1990, S. 415f.

[2] Vgl. Nicol v. Tanner 256 N.W. 2d 796 (Minn. 1976).

[3] M.S.A. § 548.35.

[4] Die Panama-Kanal Zone, die pazifischen Treuhandgebiete und die Ryukyu-Inseln werden als Ausland angesehen.

[5] 1985, c. 218.

[6] Vgl. Weinschenk S. 203.

[7] M.S.A. § 548-26 bis 33.

schwesterstaatliches Urteil registriert werden. Da nach dem Uniform Foreign Money-Judgments Recognition Act ein anzuerkennendes ausländisches Urteil wie ein schwesterstaatliches zu behandeln ist[8], sollte in Minnesota auch das Registrierungsverfahren für ausländische Titel offenstehen[9]. Es ist jedoch nicht sicher, ob die Väter des Enforcement Act 1964 das Registrierungsverfahren auch für ausländische Urteile vorgesehen haben[10].

II. Unterhaltsentscheidungen

Minnesota hat den Revised Uniform Reciprocal Enforcement of Support Act (RURESA) übernommen[11]. Die gesetzliche Regelung ist auch auf Titel ausländischer Gerichte bei festgestellter Gegenseitigkeit anwendbar. Eine solche Gegenseitigkeitserklärung ist für die Bundesrepublik Deutschland noch nicht ergangen. Sie stieß zunächst auf Probleme, da das deutsche Recht kein dem RURESA vergleichbares Verfahren der Wirkungserstreckung ausländischer Unterhaltstitel kennt[12]. Das Auslandsunterhaltsgesetz (AUG)[13] hat nun eine Basis für die Gegenseitigkeitserklärung geschaffen. Es ist zu erwarten, daß diese alsbald ergeht.

Bis dahin gelten die allgemeinen Grundsätze der Wirkungserstreckung ausländischer Unterhaltsentscheidungen, die in § 486 Restatement 3rd Foreign Relations manifestiert sind.

In Nicol v. Tanner ging es um die Anerkennung und Vollstreckbarerklärung eines deutschen Vaterschafts- und Unterhaltsurteils. Der Beklagte war als Angehöriger der US-Streitkräfte in der Bundesrepublik Deutschland stationiert. Durch ein deutsches Versäumnisurteil aus dem Jahre 1967 wurde festgestellt, daß er Vater des Klägers war. Er wurde zur

---

8 Vgl. dazu die einleitenden Bemerkungen zu dem Mustergesetz: „The Act does not prescribe a uniform enforcement procedure. Instead, the Act provides that a judgment entitled to recognition will be enforceable in the same manner as the judgment of a court of a sister state which is entitled to full faith and credit."

9 Das wird bejaht von Brenscheidt, Anerkennung und Vollstreckung ausländischer Geldurteile in den USA, RIW/AWD 1976, S. 554 ff. (557).

10 Vgl. dazu Kessedjian S. 387; Kulzer, Some Aspects of Enforceability of Foreign Judgments: A Comparative Summary, 16 BuffLRev 84 (1966).

11 M.S.A. §§ 518C.01 bis 518C.36.

12 Vgl. Mockenhaupt, Zur Geltendmachung deutscher Kindesunterhaltsurteile und -ansprüche in den Vereinigten Staaten, DAVorm. 1985, Sp. 1 ff.

13 Gesetz zur Geltendmachung von Unterhaltsansprüchen im Verkehr mit ausländischen Staaten v. 9. 12. 1986 (BGBl. 1986 I 2563).

Zahlung von Kindesunterhalt in Höhe von DM 95,– monatlich verurteilt. Die Klage auf Vollstreckbarerklärung des deutschen Urteils wegen ca. US$ 1.500,– Unterhaltsrückstand und Zahlung von US$ 50,– monatlich hatte das erstinstanzliche Gericht abgewiesen, weil der Kläger die Gegenseitigkeit nicht bewiesen hatte. Der Supreme Court of Minnesota entschied, daß die verbürgte Gegenseitigkeit nicht Erfordernis der Wirkungserstreckung sei und verwies die Sache an das erstinstanzliche Gericht zurück. Das Gericht setzt sich eingehend mit Hilton v. Guyot auseinander. Es schließt sich der in der Literatur geäußerten Kritik an und hält die Gegenseitigkeitsverbürgung generell nicht für erforderlich für die Wirkungserstreckung ausländischer Titel:

> We therefore decline to adopt the doctrine of Hilton and hold instead that reciprocity is not a prerequisite to enforcement of a foreign judgment in Minnesota. It is not the business of the courts, whose province is the decision of individual cases, to impose rules designed to coerce other nations into giving effect to our judgments. Reciprocity has no basis in the policies or rules that underlie the just and fair disposition of a case involving a foreign judgment; accordingly, it should have no place in our law.

Interessant ist in der Entscheidung weiter, daß Versäumnisurteile generell als der Anerkennung und Vollstreckbarerklärung zugänglich erklärt werden, soweit dem Urteilsschuldner im erststaatlichen Verfahren hinreichend Gelegenheit geboten wurde, sich angemessen zu verteidigen. Das Gericht weist ausdrücklich auf § 98 Restatement 2nd Conflict of Laws hin, was die Bedeutung dieser – nicht bindenden – Zusammenstellung für die Rechtsprechung dokumentiert.

III. Sonstige Entscheidungen

(1) Comity

Sonstige Entscheidungen werden nach comity-Grundsätzen anerkannt und für vollstreckbar erklärt. Es kann davon ausgegangen werden, daß die im Restatement 2nd Conflict of Laws[14] und im Restatement 3rd Foreign Relations manifestierten Grundsätze Anwendung finden. In Trader's Trust Co. v. Davidson[15] hat das Gericht die Vollstreckbarerklärung eines kanadischen Urteils versagt. Der Beklagte, Gesellschafter einer insolventen Gesellschaft in Manitoba, war dort von dem Liquidator verklagt worden. Er hatte in Manitoba weder Wohnsitz noch Aufenthalt.

[14] In Nicol v. Tanner hat das Gericht ausdrücklich auf das Restatement 2nd Conflict of Laws Bezug genommen.

[15] 178 N.W. 735 (Minn. 1920).

Die Klage war ihm dort auch nicht zugestellt worden, und er hatte sich nicht auf den Prozeß eingelassen. Der Supreme Court of Minnesota sah die internationale Zuständigkeit des kanadischen Erstgerichts als nicht gegeben an. Die zum Erfordernis der jurisdiction entwickelten Grundsätze sind auch bei nicht auf Geldzahlung lautenden Urteilen weiterhin anwendbar. Dagegen ist das dictum, das die verbürgte Gegenseitigkeit als Grundlage der Wirkungserstreckung – neben der comity – erklärt[16], durch Nicol v. Tanner überholt.

(2) Sorgerechtsentscheidungen

Minnesota hat den Uniform Child Custody Jurisdiction Act übernommen[17].

IV. Verbürgung der Gegenseitigkeit

Die Gegenseitigkeit ist verbürgt[18].

Mississippi[1]

I. Urteile auf Geldzahlung

Mississippi hat das Mustergesetz über die Anerkennung und Vollstreckbarerklärung ausländischer Urteile auf Geldzahlung nicht in das innerstaatliche Recht übernommen. Ausländische Urteile auf Geldzahlung sind nach einer ausdrücklichen Regelung in dem Mississippi Code[2] als Beweismittel zugelassen[3]. Es ist unter diesen Umständen zweifelhaft, ob die im Restatement 2nd Conflict of Laws und im Restatement 3rd Foreign Relations manifestierten Grundsätze der Anerkennung und Vollstreckbarerklärung ausländischer Zivilurteile, die eine echte Wirkungserstreckung vorsehen, uneingeschränkt angewendet werden[4].

---

[16] Vgl. dazu Perret S. 202 f.; dort findet sich auch eine Zusammenfassung der Entscheidung.

[17] M.S.A. §§ 518A.01 bis 518A.25.

[18] Vgl. Geimer/Schütze S. 1921; Martiny S. 671 (RdN 1542); Schütze IWB F 8 (USA) Gr. 3, S. 139 ff.; ders. JR 1990, S. 415 f.; Zöller/Geimer Anh. I.

[1] Vgl. dazu Schütze, Die Anerkennung und Vollstreckbarerklärung ausländischer Zivilurteile in Mississippi, JR 1990, S. 456 f.

[2] Mississippi Code § 13-1-101.

[3] Vgl. dazu Martiny S. 671 (RdN 1543).

[4] Vgl. Geimer/Schütze S. 1921.

Für die Durchsetzung eines ausländischen Titels ist eine neue Klage erforderlich. In diesem Verfahren dient das ausländische Urteil als Beweismittel. Das eröffnet für den Urteilsschuldner die Möglichkeit, Einwendungen gegen den Anspruch selbst geltend zu machen, was einer révision au fond gleichkommt. Es ist auch fraglich, ob summary judgment proceedings bei ausländischen Urteilen möglich sind[5].

II. Unterhaltsentscheidungen

Mississippi hat nur den Uniform Reciprocal of Support Act (URESA) von 1950 übernommen, der nicht für ausländische Titel gilt. Es soll für ausländische Unterhaltsentscheidungen eine action upon the foreign judgment möglich sein[6], woran allerdings füglich Zweifel bestehen können, wenn das ausländische Unterhaltsurteil nur als Beweismittel Verwendung findet.

III. Sonstige Entscheidungen

Eine gesetzliche Regelung besteht nur für Sorgerechtsentscheidungen. Es gilt der Uniform Child Custody Jurisdiction Act (UCCJA), den Mississippi übernommen hat[7].

IV. Verbürgung der Gegenseitigkeit

Die Gegenseitigkeit i. S. von § 328 Abs. 1 Nr. 5 ZPO ist nicht verbürgt[8], da die Berücksichtigung ausländischer Urteile als Beweismittel weit hinter der deutschen Regelung in §§ 328, 722 f. ZPO zurückbleibt[9]. Die révision au fond schließt die Gegenseitigkeit in jedem Fall aus[10].

---

[5] Vgl. Weinschenk S. 203.

[6] Vgl. Martiny S. 671 (RdN 1543).

[7] Mississippi Code §§ 93-23-1 – 93-23-47.

[8] Vgl. Geimer/Schütze S. 1921; Schütze IWB F 8 (USA), Gr. 3, S. 139 ff.; ders. JR 1990, S. 456 f.; Zöller/Geimer Anh. I.

[9] Vgl. Schütze JR 1990, S. 456 f.

[10] Vgl. RGZ 7, 406 (409); 70, 434 (437); Geimer/Schütze S. 1775 m. w. N.; Riezler S. 554.

Missouri[1]

I. Urteile auf Geldzahlung

Missouri hat das Mustergesetz über die Anerkennung und Vollstreckbarerklärung ausländischer Urteil auf Geldzahlung in das innerstaatliche Recht übernommen[2].

Die Anerkennung erfolgt formlos. Die Wirkungserstreckung im übrigen bedarf einer neuen Klage (action upon the foreign judgment)[3]. Summary proceedings sind möglich[4]. Eine révision au fond ist unzulässig.

II. Unterhaltsentscheidungen

Ausländische Unterhaltstitel werden nach der comity doctrine anerkannt und für vollstreckbar erklärt. Es gelten die Grundsätze, die in § 486 Restatement 3rd Foreign Relations wiedergegeben sind.

III. Sonstige Entscheidungen

Eine statutarische Regelung besteht für Sorgerechtsentscheidungen. Missouri hat den Uniform Child Custody Jurisdiction Act in das innerstaatliche Recht übernommen[5].

(1) Comity

Urteile, die nicht unter die statutarische Regelung fallen, werden nach comity-Grundsätzen anerkannt und für vollstreckbar erklärt. In Grey v. Independent Order of Foresters[6] hat der Springfield Court of Appeals ausgeführt, daß die Anerkennung der Wirkungen einer ausländischen Entscheidung kein absolutes Recht ist, sondern auf comity beruht.

(2) Estoppel

In Matter of the Estate of Warner[7] ging es um die Incidentanerkennung einer Mexiko-Scheidung im Rahmen eines Erbschaftsstreites. Der Kläger war mit der Erblasserin in erster Ehe verheiratet. Er hatte 1970 eine ex parte-Scheidung in Chihuahua, Mexiko, erwirkt, obwohl ihm durch eine

---

[1] Vgl. dazu Schütze, Die Anerkennung und Vollstreckbarerklärung ausländischer Zivilurteile in Missouri, JR 1990, S. 58 f.

[2] V.A.M.S. §§ 511.770 bis 511.787.

[3] Vgl. Martiny S. 671 (RdN 1544).

[4] Vgl. Weinschenk S. 203.

[5] V.A.M.S. §§ 452.440 bis 452.550.

[6] 196 S.W. 779 (Mo. App. 1917).

[7] 687 S.W. 2d 686 (Mo. App. 1985).

Gerichtsentscheidung in Missouri auf Betreiben der Erblasserin verboten worden war, den mexikanischen Scheidungsrechtsstreit fortzusetzen. Der Kläger heiratete 1971 erneut. Nach dem Tod der Erblasserin – seiner ersten Frau – machte er geltend, die Mexiko-Scheidung sei unwirksam und erhob Ansprüche auf das Erbe. Der Missouri Court of Appeals befaßte sich nicht mit der Anerkennungsfähigkeit der Mexiko-Scheidung, wies die Klage vielmehr schon deshalb ab, weil es den Kläger von der Geltendmachung der Unwirksamkeit der Mexiko-Scheidung für ausgeschlossen erachtete, da er selbst wieder geheiratet hatte[8].

IV. Verbürgung der Gegenseitigkeit

Die Gegenseitigkeit ist für Urteile auf Geldzahlung aufgrund der statutarischen Regelung, aber auch darüber hinaus verbürgt[9].

Montana[1]

I. Urteile auf Geldzahlung

Montana hat das Mustergesetz über die Wirkungserstreckung ausländischer Geldurteile nicht übernommen. Die gesetzliche Regelung[2] und die Judikatur sind wenig anerkennungsfreundlich.

Urteile in personam können nicht – jedenfalls nicht ohne révision au fond – anerkannt und für vollstreckbar erklärt werden. Von der Anwendung der im Restatement 2nd Conflict of Laws und im Restatement 3rd Foreign Relations manifestierten Grundsätze kann im Augenblick nicht ausgegangen werden.

Eine unechte Wirkungserstreckung in Form der action upon the foreign judgment ist möglich. In diesem Verfahren unterliegt das ausländische Urteil sachlicher Nachprüfung. Summary judgment proceedings sind dennoch zulässig[3].

---

[8] Vgl. zum Collateral Estoppel Einwand Weinschenk S. 115 ff.

[9] Vgl. Geimer/Schütze S. 1921; Martiny S. 671 (RdN 1544); Schütze IWB F 8 (USA), Gr. 3, S. 139 ff.; ders. JR 1990, S. 58 f.; Zöller/Geimer Anh. I.

[1] Vgl. dazu Schütze, Die Anerkennung und Vollstreckbarerklärung ausländischer Zivilurteile in Montana, JR 1986, S. 274 f.

[2] Vgl. MCA § 26-3-205 (2).

[3] Vgl. Weinschenk S. 203.

II. Unterhaltsentscheidungen

Montana hat den Revised Uniform Reciprocal Enforcement of Support Act (RURESA) übernommen[4]. Eine Gegenseitigkeitserklärung ist ergangen[5], so daß deutsche Unterhaltstitel nach dieser statutarischen Regelung anerkannt und für vollstreckbar erklärt werden können.

III. Sonstige Entscheidungen

(1) Sorgerechtsentscheidungen

Montana hat den Uniform Child Custody Jurisdiction Act übernommen[6].

(2) Urteile in rem

Endgültige Urteile „in rem“ werden anerkannt und für vollstreckbar erklärt, wenn das Erstgericht jurisdiction besessen hatte, das erststaatliche Verfahren ein fair trial gewährleistet hat und die Wirkungserstreckung nicht gegen den ordre public Montanas verstößt.

IV. Verbürgung der Gegenseitigkeit

Die Gegenseitigkeit ist nur im Rahmen der statutarischen Regelungen für Unterhalts- und Sorgerechtsentscheidungen verbürgt. Im übrigen liegt eine Verbürgung nicht vor[7]. Denn die révision au fond schließt die Gegenseitigkeit in jedem Fall aus[8].

Nebraska[1]

I. Urteile auf Geldzahlung

Die Anerkennung und Vollstreckbarerklärung ausländischer Zivilurteile bestimmt sich nach comity-Grundsätzen. Es ist davon auszugehen, daß

---

[4] MCA 40-5-101 bis 40-5-142.

[5] Vgl. auch Bekanntmachung nach AUG BGBl. 1987 II 420.

[6] MCA 40-7-101 bis 40-7-125.

[7] Vgl. Drobnig, American-German Private International Law, 2. Aufl., 1972, S. 357 f.; Geimer/Schütze S. 1921; Martiny S. 672 (RdN 1545); Schütze JR 1986, S. 274 f.; Zöller/Geimer Anh. I.

[8] Vgl. RGZ 7, 406 (409); 70, 434 (437); Geimer/Schütze S. 1775; Riezler S. 554.

[1] Vgl. dazu Schütze, Die Anerkennung und Vollstreckbarerklärung ausländischer Zivilurteile in Nebraska, JR 1989, S. 409 f.

die im Restatement 2nd Conflict of Laws und im Restatement 3rd Foreign Relations manifestierten Grundsätze in Nebraska angewendet werden.

Eine Entscheidung des Supreme Court of Nebraska aus dem Jahre 1901[2] befaßt sich mit der Vollstreckbarerklärung eines englischen Kostentitels. Der Beklagte war in einem englischen Prozeß mit verwickelter Parteistellung zur Erstattung von £ 302 1 s. 4 d. an den Kläger verurteilt worden. In dem Verfahren der Geltendmachung dieses Titels in Nebraska befaßt sich das Gericht nicht mit der Anerkennungsfähigkeit englischer Entscheidungen auf Geldzahlung überhaupt, setzt diese vielmehr voraus. Es prüft nur die Authentizität des vorgelegten Titels und die Passivlegitimation des Beklagten. Der Beklagte wurde in allen Instanzen zur Zahlung des Gegenwertes des englischen Kostentitels (US$ 1.473,55) verurteilt.

Die Anerkennung erfolgt formlos. Insbesondere kann der Beklagte in einem neuen Prozeß über denselben Streitgegenstand vor einem Gericht in Nebraska den res iudicata-Einwand aufgrund einer anerkennungsfähigen ausländischen Entscheidung erheben. Die Vollstreckbarerklärung erfordert eine action upon the foreign judgment. Es ist zweifelhaft, ob summary proceedings zulässig sind[3]. Eine sachliche Nachprüfung (révision au fond) ist ausgeschlossen.

II. Unterhaltsentscheidungen

Es gelten die allgemeinen Grundsätze über die Wirkungserstreckung ausländischer Zivilurteile, die für Unterhaltstitel in § 486 Restatement 3rd Foreign Relations zusammengefaßt sind. Nebraska hat zwar den Revised Uniform Reciprocal Enforcement of Support Act (RURESA) in das innerstaatliche Recht übernommen[4], eine Gegenseitigkeitserklärung für die Bundesrepublik Deutschland ist jedoch nicht ergangen, so daß die Regelung auf deutsche Unterhaltstitel nicht anwendbar ist.

III. Sonstige Entscheidungen

Für Sorgerechtsentscheidungen gilt der Uniform Child Custody Jurisdiction Act[5].

Zwei Entscheidungen des Supreme Court of Nebraska befassen sich mit der Anerkennung ausländischer Scheidungsurteile und Entscheidun-

---

[2] Vgl. Linton v. Baker 96 N.W. 251 (1901).

[3] Vgl. Weinschenk S. 203.

[4] R.R.S. 1943, §§ 42-7-62 bis 42-7-104.

[5] R.R.S. 1943, §§ 43-1201 bis 43-1225.

gen auf dem Gebiet der freiwilligen Gerichtsbarkeit. In Weber v. Weber[6] macht das Gericht den Grundsatz deutlich:

> Comity is neither a matter of absolute obligation nor mere courtesy. As a general rule, a foreign judgment will not be given effect under the principles of comity if opposed to the settled public policy of this state.

(1) Scheidungsurteile

In Weber v. Weber waren die Parteien nach 25jähriger Ehe durch ein Gericht in der Dominikanischen Republik geschieden worden. Beide waren in Nebraska domiziliert. Der Ehemann, ein offensichtlich erfolgreicher Anwalt, hatte die Ehefrau, die nicht anwaltlich beraten war, eine Vollmacht für einen dominikanischen Anwalt unterschreiben lassen. Als Begründung für die Scheidung im Ausland gab der Ehemann die Vermeidung von Aufsehen an, das er offensichtlich bei einer Scheidung in Nebraska befürchtete. Der Ehemann reiste für die Scheidung kurzfristig in die Dominikanische Republik. Die Ehefrau wurde in dem Scheidungsverfahren durch einen Anwalt aufgrund der von ihr erteilten Vollmacht vertreten. Die Ehe wurde geschieden. Im Zusammenhang mit der Ehescheidung trafen die Parteien eine der Ehefrau äußerst nachteilige Scheidungsfolgenvereinbarung. In einem wenige Monate später in Nebraska von der inzwischen anwaltlich beratenen Ehefrau eingeleiteten Scheidungsverfahren erhob der Ehemann den Einwand der rechtskräftig entschiedenen Sache aufgrund der dominikanischen Ehescheidung. Er blieb in allen Instanzen erfolglos. Der Supreme Court of Nebraska verneinte die internationale Zuständigkeit des Gerichts in der Dominikanischen Republik, da beide Parteien im Zeitpunkt der Einleitung des dominikanischen Scheidungsverfahrens in Nebraska domiziliert waren. Der gemeinsame Wohnsitz der Parteien schließt in jedem Falle die internationale Zuständigkeit eines ausländischen Gerichts für die Ehescheidung aus. Nun war die Ehefrau aufgrund einer Vollmacht in dem dominikanischen Verfahren vertreten. Das Gericht wies aber dennoch den Einwand zurück, die Ehefrau sei aufgrund des Prinzips des equitable estoppel[7] gehindert, die Unwirksamkeit des ausländischen Urteils geltend zu machen[8]. Dabei berücksichtigte das Gericht insbesondere, daß die Ehefrau bei der Erteilung der Vollmacht und der Zustimmung zu dem dominikanischen Scheidungsprozeß nicht anwaltlich beraten war.

---

[6] 265 N.W. 2d 436 (Neb. 1978).

[7] Vgl. dazu Weinschenk S. 115 ff.

[8] Der leading case für den collateral estoppel Einwand gegen die Wirkungserstreckung eines ausländischen Zivilurteils ist Bata v. Hill 139 A. 2d 159 (Del. Ch. 1958).

(2) Entscheidungen der freiwilligen Gerichtsbarkeit

Entscheidungen auf dem Gebiet der freiwilligen Gerichtsbarkeit sind anerkennungsfähig. In Boehmer v. Heinen et al.[9] machte der in Nebraska bestellte administrator des Nachlasses eines in Deutschland Verstorbenen Ansprüche prozessual gegen Nachlaßschuldner geltend. Diese wandten ein, daß nur der in Deutschland gerichtlich bestellte Testamentsvollstrekker prozeßführungsbefugt sei. Das Gericht hielt eine ausländische Bestellung eines Nachlaßverwalters oder Testamentsvollstreckers grundsätzlich für anerkennungsfähig, sah aber aufgrund statutarischer Bestimmung die Anerkennung als ausgeschlossen an, wenn eine entgegenstehende Bestellung eines administrators oder executors in Nebraska erfolgt ist. Die Entscheidung ist Ausdruck des allgemeinen Grundsatzes, daß eine inländische Entscheidung die Anerkennung einer widersprechenden ausländischen Entscheidung hindert.

IV. Verbürgung der Gegenseitigkeit

Die Gegenseitigkeit i. S. von § 328 Abs. 1 Nr. 5 ZPO ist allgemein verbürgt[10].

Nevada[1]

I. Urteile auf Geldzahlung

Nevada hat das Mustergesetz über die Wirkungserstreckung ausländischer Urteile auf Geldzahlung nicht in das innerstaatliche Recht übernommen. Es werden die im Restatement 2nd Conflict of Laws und im Restatement 3rd Foreign Relations manifestierten Grundsätze angewendet. In Davidson & Co. Ltd. v. Allen[2] hat der Supreme Court of Nevada als Grundlage seiner Entscheidung ausdrücklich das Restatement 2nd Conflict of Laws angegeben.

---

[9] 293 N.W. 237 (1940).

[10] Vgl. Geimer/Schütze S. 1922; Martiny S. 672 (RdN 1546); Schütze IWB F 8 (USA) Gr. 3, S. 139 ff.; ders. JR 1989, S. 409 f.; Zöller/Geimer Anh. I.

[1] Vgl. dazu Schütze, Die Anerkennung und Vollstreckbarerklärung ausländischer Zivilurteile in Nevada, JR 1989, S. 366 f.

[2] 508 P. 2d 6 (Nev. 1973).

(1) Urteilsgattungen

Alle auf Geldzahlung lautenden Urteile sind der Wirkungserstreckung fähig. Das gilt auch für Versäumnisurteile[3].

(2) Erfordernisse der Wirkungserstreckung

Mit dem Erfordernis der internationalen Zuständigkeit hat sich der Supreme Court of Nevada in der Entscheidung Davidson & Co. Ltd. v. Allen besonders beschäftigt. Die Klägerin – eine kanadische Brokerfirma – hatte für die Beklagten durch Vermittlung eines offenbar nicht bevollmächtigten Dritten kanadische Minenaktien gekauft. Die klagende Brokerfirma erstritt ein Versäumnisurteil über US$ 12.604,23 in British Columbia, Kanada. Die Klage war den Beklagten persönlich in Nevada zugestellt worden. Der Supreme Court of Nevada verneinte die internationale Zuständigkeit des kanadischen Gerichts, weil es an ausreichenden „minimum contacts"[4] zum kanadischen Forum fehlte. Die Beklagten waren in Kanada nicht domiziliert, sie hatten dort keinen Aufenthalt und hatten keine Tatbestände geschaffen, die eine Zuständigkeit zu begründen geeignet gewesen wären.

(3) Verfahren der Wirkungserstreckung

Die Anerkennung erfolgt formlos. Das anzuerkennende ausländische Urteil kann insbesondere in einem neuen Verfahren über denselben Streitgegenstand den res iudicata-Einwand begründen. Die Vollstreckbarerklärung bedarf eines gerichtlichen Verfahrens (action upon the foreign judgment). Summary proceedings sind zulässig[5]. In Davidson & Co. Ltd v. Allen ist durch summary judgment entschieden worden. Eine sachliche Nachprüfung der ausländischen Entscheidung (révision au fond) ist ausgeschlossen.

II. Unterhaltsentscheidungen

Nevada hat den Revised Uniform Reciprocal Enforcement of Support Act (RURESA) in das innerstaatliche Recht übernommen[6]. Eine Gegenseitigkeitserklärung für die Bundesrepublik Deutschland ist ergangen[7].

---

[3] Vgl. Davidson & Co. Ltd. v. Allen; darauf nimmt ausdrücklich Bezug Lugot v. Harris 499 F. Supp. 1118 (D.C. Nev. 1980).

[4] Vgl. zum Problem der minimum contacts insbesondere SCHACK, Minimum Contacts Scrutinized, 1983.

[5] Vgl. WEINSCHENK S. 203.

[6] N.R.S. 130.010 bis 130.370.

[7] Vgl. auch Bekanntmachung nach AUG BGBl. 1989 I 1924.

Im übrigen gelten die allgemeinen Grundsätze über die Wirkungserstrekkung ausländischer Zivilurteile, die für Unterhaltstitel in § 486 Restatement 3rd Foreign Relations zusammengefaßt sind.

III. Sonstige Entscheidungen

Für Sorgerechtsentscheidungen gilt der Uniform Child Custody Jurisdiction Act[8].

Zwei Entscheidungen befassen sich mit der Anerkennung ausländischer Eheurteile.

(1) Bates v. Bates[9]

In einem Scheidungsverfahren wegen seelischer Grausamkeit, das der Ehemann in Nevada 1927 gegen seine in England domizilierte Ehefrau anstrengte, wandte diese ein, daß der englische High Court of Justice, Probate, Divorce and Admirality Division, bereits im Jahre 1926 eine Entscheidung erlassen habe, die die Trennung der Parteien wegen Verlassens der Ehefrau durch den Ehemann ausgesprochen hatte. Der Ehemann hielt sich zu dieser Zeit in Toronto/Kanada unter unbekannter Adresse auf. Die Ehefrau behauptete in dem englischen Verfahren, der Ehemann habe zwar in Kanada seinen Aufenthalt, sei aber weiterhin in England domiziliert. Die Klage wurde dem Ehemann „postlagernd Toronto" zugestellt. Er verteidigte sich in dem englischen Prozeß nicht. Der Supreme Court of Nevada sah – anders als die Vorinstanz – die internationale Zuständigkeit des englischen Gerichts allein aufgrund der Feststellung des Erstgerichts und der Erklärungen zweier englischer Barristers als gegeben an, hielt die englische Entscheidung für anerkennungsfähig und wies die Scheidungsklage ab. Der Fall hat viele Ungereimtheiten. Einmal geht nicht aus den Gründen hervor, ob die englische Klage dem Ehemann jemals wirksam zugestellt wurde. Zum anderen aber – und hierin liegt die Besonderheit des Urteils des Supreme Court – wird die internationale Zuständigkeit des Erstgerichts allein nach erststaatlichem Recht beurteilt. Insoweit ist die Entscheidung mit dem gegenwärtigen Rechtszustand kaum noch zu vereinbaren.

(2) Lugot v. Harris[10]

In Lugot v. Harris verlangte die Klägerin Sozialversicherungsleistungen nach dem Tode ihres verstorbenen Ehemannes. Dieser war in Mexiko

---

[8] N.R.S. 125A.010 bis 125A.250.

[9] 53 Nev. 77, 292 P. 298 (1930).

[10] 499 F. Supp. 1118 (D.C. Nev. 1980).

von seiner ersten Ehefrau geschieden worden und hatte danach die Klägerin geheiratet. Die Sozialversicherungsbehörde hielt die mexikanische Scheidung für unwirksam und versagte die verlangten Sozialversicherungsleistungen, da die Klägerin keine wirksame Ehe mit dem – noch verheirateten – Verstorbenen eingehen konnte. Die Anerkennungsfähigkeit der mexikanischen Entscheidung wurde incidenter von dem United States District Court, D. Nevada, als Vorfrage geprüft. Das Gericht verneinte die internationale Zuständigkeit des mexikanischen Gerichts nach zweitstaatlichem Recht, also dem Recht Nevadas, weil der Verstorbene nicht in Mexiko domiziliert war. Das Gericht folgt der Tendenz in der US-amerikanischen Rechtsprechung, ausländische Scheidungen „auf der Reise" nicht anzuerkennen.

IV. Verbürgung der Gegenseitigkeit

Die Gegenseitigkeit ist verbürgt[11].

New Hampshire[1]

I. Urteile auf Geldzahlung

Es gelten die im Restatement 2nd Conflict of Laws und im Restatement 3rd Foreign Relations manifestierten Grundsätze.

Die Anerkennung erfolgt formlos. Das anzuerkennende ausländische Urteil kann in einem neuen Prozeß über denselben Streitgegenstand als Einwendung dienen (res iudicata-Einwand). Das Prozeßgericht entscheidet sodann incidenter über die Anerkennung. Das war der Fall in McDonald et al. v. Grand Trunk Railway Co.[2]. Die Kläger hatten vergeblich vor einem kanadischen Gericht Schadensersatz für durch Brand auf dem Transport vernichtete Güter verlangt. Sie versuchten ihr Glück erneut in New Hampshire. Der Supreme Court of New Hampshire entschied am 3. 6. 1902, daß das kanadische Urteil einer erneuten Geltendmachung des Anspruchs entgegenstehe. In diesem Zusammenhang macht das Gericht interessante Ausführungen zur Wirkung ausländischer Entscheidungen allgemein. Es setzt sich mit der Ansicht auseinander, ein

---

[11] Vgl. Geimer/Schütze S. 1922; Martiny S. 672 (RdN 1547); Schütze IWB F 8 (USA), Gr. 3, S. 139 ff.; ders. JR 1989, S. 366 f.; Zöller/Geimer Anh. I.

[1] Vgl. dazu Schütze, Die Anerkennung und Vollstreckbarerklärung ausländischer Zivilurteile in New Hampshire, JR 1990, S. 234 f.

[2] 71 N.H. 448, 52 A. 982 (1902).

ausländisches Urteil sei nicht „conclusive“, sondern „merely prima facie evidence“ und lehnt diese Lehre ab. Ausländischen Entscheidungen, die anerkennungsfähig sind, kommt bindende Wirkung zwischen den Parteien zu.

Durch die Anerkennung sind alle, auch die Tatbestandswirkungen einer ausländischen Entscheidung erstreckbar. Dies ist die ratio decidendi von Pickard v. Bailey et al.[3]. In diesem Verfahren ging es um die Incidentanerkennung einer kanadischen Entscheidung über die Eigentumsverhältnisse an einem Grundstück.

Die Vollstreckbarerklärung bedarf eines neuen Verfahrens (action upon the foreign judgment). Summary proceedings sind zulässig[4]. Eine révision au fond ist ausgeschlossen.

II. Unterhaltsentscheidungen

New Hampshire hat den Revised Uniform Reciprocal Enforcement of Support Act (RURESA) in das innerstaatliche Recht übernommen[5]. Die gesetzliche Regelung findet jedoch mangels festgestellter Gegenseitigkeitsverbürgung keine Anwendung auf deutsche Entscheidungen. Es gelten die allgemeinen Grundsätze, die in § 486 Restatement 3rd Foreign Relations zusammengefaßt sind.

III. Sonstige Entscheidungen

(1) Konkursentscheidungen

In Saunders v. Williams and Pickering[6] ging es um die Wirkung einer englischen Konkursentscheidung. Das Gericht wandte den Territorialitätsgrundsatz für die Wirkungen des Auslandskonkurses an:

> The rule, which must give effect here to a bankrupt law of a foreign country, is a mere rule of amity, and not of international law, and in the present circumstances of this country, it is thought that no rule of amity can require us to give effect to a foreign law of bankruptcy here, in such a manner as to deprive our own citizens of the remedy which our own laws give them against the property of their foreign debtors, which may be found in this country.

---

[3] 26 N.H. 152 (1852).

[4] Vgl. Brenscheidt, Anerkennung und Vollstreckung ausländischer Geldurteile in den USA, RIW/AWD 1976, S. 556ff. (559); Weinschenk S. 203 hält die Rechtslage für unklar.

[5] RSA 546.1 bis 546.41.

[6] 5 N.H. 213 (1830).

(2) Sorgerechtsentscheidungen

New Hampshire hat den Uniform Child Custody Jurisdiction Act in das innerstaatliche Recht übernommen[7]. In Brauch v. Shaw[8] hatte sich das Gericht mit dem Streit einer in England lebenden (zwischenzeitlich anderweitig verheirateten) Mutter und dem in New Hampshire ansässigen Vater eines unehelichen Kindes über Sorgerecht und Aufenthaltsbestimmungsrecht zu befassen. Die verschiedenen Verfahren schwebten teilweise gleichzeitig vor englischen Gerichten und solchen in New Hampshire. Das Gericht anerkannte die Wirkungen ausländischer Rechtshängigkeit und löste den Konflikt zweier schwebender Verfahren zugunsten des zuerst eingeleiteten:

> The defendant also asserts that the outstanding English wardship order and pending English custody proceedings deprive the superiour court of jurisdiction under the Uniform Child Custody Jurisdiction Act. The Act's policy on comity is that, when there is no outstanding custody award, New Hampshire courts will resolve a possible jurisdictional conflict with a court of a foreign country by deferring to the foreign court if the foreign court was first to assume jurisdiction.

IV. Verbürgung der Gegenseitigkeit

Die Gegenseitigkeit ist für Zahlungsurteile – aber auch darüber hinaus – verbürgt[9].

New Jersey[1]

New Jersey hat eine reiche Rechtsprechung zur Wirkungserstreckung jeglicher Art ausländischer Urteile[2]. Berühmtheit – nicht nur aus juristischen Gründen – hat der Nachlaßfall des 1921 verstorbenen Tenors Enrico Caruso erlangt[3].

---

[7] RSA 458-A:1 bis 458-A:25.

[8] 121 N.H. 562 (1981).

[9] Vgl. Brenscheidt, The Recognition and Enforcement of Foreign Money-Judgments in the Federal Republic of Germany, IntLawyer 11 (1977), S. 261 ff.; Geimer/Schütze S. 1922; Martiny S. 677 (RdN 1548); Schütze IWB F 8 (USA) Gr. 3, S. 139 ff.; ders. JR 1990, S. 234 f.; Zöller/Geimer Anh. I.

[1] Vgl. dazu Schütze, Die Anerkennung und Vollstreckbarerklärung ausländischer Zivilurteile in New Jersey, JR 1988, S. 364 ff.

[2] Vgl. die Zusammenstellung bei Kessedjian S. 428 f.

[3] Vgl. Caruso v. Caruso 148 A. 882 (N.J. 1930).

I. Urteile auf Geldzahlung

Trotz starker Befürwortung in der Literatur[4] hat New Jersey das Mustergesetz über die Anerkennung und Vollstreckbarerklärung ausländischer Geldurteile nicht in das innerstaatliche Recht übernommen. Ausländische Urteile werden nach den Grundsätzen der comity anerkannt und für vollstreckbar erklärt[5]. Obwohl – oder vielleicht gerade, weil – diese Lehre in den USA als „unduly vague, if not meaningless"[6] kritisiert worden ist[7], kann davon ausgegangen werden, daß die im Restatement 2nd Conflict of Laws und im Restatement 3rd Foreign Relations zusammengefaßten Erfordernisse in New Jersey angewandt werden. Aus der Rechtsprechung New Jerseys ist dabei folgendes zu bemerken:

(1) Urteilsgattungen

Auch Versäumnisurteile sind der Anerkennung und Vollstreckbarerklärung fähig. In Mercandino v. Devoe & Raynolds Inc. hat das Gericht ein italienisches Versäumnisurteil für vollstreckbar erklärt.

(2) Erfordernisse der Wirkungserstreckung

Die Rechtsprechung New Jerseys hat sich besonders mit den Erfordernissen der internationalen Zuständigkeit und der Vereinbarkeit mit dem inländischen ordre public auseinandergesetzt. In Mercandino v. Devoe & Raynolds Inc. führt das Gericht aus:

> A judgment issued by a court of a foreign nation will be recognized in the United States courts on the basis of comity, providing the court rendering the judgment had subject matter and personal jurisdiction over the defendant and provided further that recognition will not offend the policies of the enforcing state.

(a) Internationale Zuständigkeit

In Mercandino v. Devoe & Raynolds Inc. setzt sich das Gericht mit dem Erfordernis der jurisdiction auseinander. Es sagt nicht ausdrücklich, ob es diese nach erst- oder zweitstaatlichem Recht beurteilt wissen will. Es wendet vielmehr den „minimum contact test" an. Es nimmt die erststaat-

---

[4] Vgl. Ernster, Recognition and Enforcement of Foreign Money-Judgments – A Clear Position for New Jersey 22 RutgersLRev 327 (1968).

[5] Vgl. Ernster (vorige FN) S. 335; aus der Rechtsprechung vgl. u.a. Caruso v. Caruso 148 A. 882 (N.J. 1930) und Mercandino v. Devoe & Raynolds Inc. 436 A. 2d 942 (N.J. A.D. 1981).

[6] Vgl. Ernster (vorige FN), S. 335.

[7] Vgl. Reese, The Status in This Country of Judgments Rendered Abroad 50 ColumLRev 783, 784 (1950).

liche (im entschiedenen Fall italienische) Zuständigkeit als ausreichend hin, wenn:

> sufficient contacts are established when a non-resident seeking to avail himself of some benefit within a state affirmatively acts in a manner which he knows or should know will result in a significant impact within the forum state.

Damit ist das Gericht sehr weit gegangen. Die Beklagten hatten lediglich einen europäischen Repräsentanten in Rotterdam (!), der in Genua Gespräche mit dem Vertreter des Klägers geführt hatte.

(b) Ordre public-Klausel
In Caruso v. Caruso ging es um die Anerkennung eines Urteils eines neopolitanischen Gerichts, das der Tochter des Sängers Enrico Caruso, Gloria, einen kleineren Erbteil zugesprochen hatte, als ihr nach dem Recht New Jerseys zugestanden hätte. Das Zweitgericht ging – in Übereinstimmung mit der herrschenden Lehre in den USA – davon aus, daß nicht jede Abweichung vom zweitstaatlichen Recht einen ordre public-Verstoß beinhaltet und sah in dem abweichenden italienischen Erbrecht keinen hinreichend schweren Verstoß gegen die öffentliche Ordnung (public policy) New Jerseys, um die Wirkungserstreckung zu hindern.

(c) Gegenseitigkeit
Die Gerichte New Jerseys haben sich mit dem Erfordernis der Gegenseitigkeit, das im Anschluß an Hilton v. Guyot teilweise noch gefordert wird, jedenfalls bei Urteilen auf Geldzahlung nicht auseinandergesetzt. In Mercandino v. Devoe & Raynolds Inc. hat das Gericht nicht nur die Gegenseitigkeit nicht erwähnt, vielmehr die italienische Entscheidung trotz mangelnder Gegenseitigkeit anerkannt. Denn nach italienischem Recht können Versäumnisurteile nicht anerkannt und für vollstreckbar erklärt werden, jedenfalls nicht ohne révision au fond[8].

(3) Verfahren und Wirkungen der Anerkennung und Vollstreckbarerklärung
Die Anerkennung erfolgt formlos. Über sie kann incidenter in einem neuen Verfahren über denselben Streitgegenstand entschieden werden. In Baiz v. Caro & La Vela Railroad & Improvement Corporation[9] war durch ein venezolanisches Urteil eine „railroad mortgage" für unwirksam erklärt worden. Die venezolanische Regierung war durch die Anerken-

---

[8] Vgl. AG Garmisch-Partenkirchen AWD 1972, 137 = NJW 1971, 2135 mit Anm. Geimer NJW 1972, 1010f.; Geimer/Schütze S. 1896.
[9] 101 A. 395 (N.J. Ch. 1917).

nung dieser Entscheidung gehindert, die Wirksamkeit der Belastung in New Jersey gerichtlich geltend zu machen. Im Hinblick auf die Verjährung ist die Entscheidung Summerside Bank v. Ramsey[10] von Bedeutung. Hier ging es um die Vollstreckbarerklärung eines kanadischen Zahlungsurteils. Das Gericht betrachtete das kanadische Erstgericht nicht als „court of record" und wandte die vertragliche Verjährungsfrist von sechs Jahren an.

Die Vollstreckbarerklärung erfolgt im Wege der action upon the foreign judgment[11]. Summary proceedings sind zulässig[12]. Eine sachliche Nachprüfung (révision au fond) ist unzulässig[13].

II. Unterhaltsentscheidungen

New Jersey hat den Revised Uniform Reciprocal Enforcement of Support Act (RURESA) übernommen[14]. Eine Gegenseitigkeitserklärung ist ergangen[15], so daß deutsche Titel aufgrund der statutarischen Regelung in New Jersey geltend gemacht werden können.

III. Sonstige Entscheidungen

Für Sorgerechtsentscheidungen gilt der Uniform Child Custody Jurisdiction Act[16]. Im übrigen sind über Urteile auf Geldzahlung hinaus Entscheidungen aller Gattungen – soweit sie Zivilsachen zum Gegenstand haben – anerkennungsfähig.

In der Malaszenko-Entscheidung[17] hat der US District Court ein deutsches Vaterschaftsurteil – allerdings nur „wenigstens als prima facie-Beweis der Vaterschaft" – anerkannt. Zahlreiche Entscheidungen haben die Anerkennung ausländischer Ehescheidungen zum Gegenstand, so Warrender v. Warrender[18] (Mexiko-Scheidung) und Reik v. Reik[19] (Mexiko-Scheidung). In Zanzonico v. Neeld[20] erkannte das Gericht eine

---

[10] 25 A. 274 (N.J. E 6A. 1893).

[11] Vgl. Brenscheidt, Anerkennung und Vollstreckung ausländischer Geldurteile in den USA, RIW/AWD 1976, S. 554 f. (559); Ernster aaO.

[12] Vgl. Brenscheidt (vorige FN); Weinschenk S. 203.

[13] Vgl. IPG 1967/68 Nr. 40 (Heidelberg), S. 457 mit Rechtsprechungsnachweisen.

[14] N.J.S.A. 2A:4-30.24 bis 2A:4-30.64.

[15] Vgl. auch Bekanntmachung nach AUG BGBl. 1988 I 351.

[16] N.J.S.A. 2A:34-28 bis 2A:34-52.

[17] In Re Malaszenko 204 F. Supp. 744 (D.C. N.J. 1962).

[18] 190 A. 2d 684 (N.J. Super A.D. 1963).

[19] 163 A. 907 (N.J. Eq. 1933).

[20] 111 A. 2d 772 (N.J. 1955).

italienische Adoptionsentscheidung an. In Re Gillies Estate[21] wurde eine griechische Adoptionsentscheidung wegen mangelnder Erfordernisse der Wirkungserstreckung nicht anerkannt, jedoch grundsätzlich als anerkennungsfähig behandelt. In Caruso v. Caruso schließlich wurde ein von einem italienischen Gericht bestätigter Vergleich über eine Erbschaftsauseinandersetzung anerkannt.

Die Rechtsprechung hat sich dabei insbesondere mit zwei Erfordernissen der Wirkungserstreckung auseinandergesetzt.

(1) Internationale Zuständigkeit

In Reik v. Reik war der Ehemann mit einem Touristenvisum nach Mexiko eingereist – und zwar allein zum Zwecke der Scheidung. Er hatte weder die Absicht, Wohnsitz, noch wenigstens Aufenthalt in Mexiko zu nehmen. Er behielt Wohnsitz und Arbeitsstelle in New Jersey bei. Die Ehe wurde von einem mexikanischen Gericht geschieden. Das Scheidungsurteil wurde wegen mangelnder internationaler Zuständigkeit des mexikanischen Erstgerichts nicht anerkannt. Nur Wohnsitz oder wenigstens Aufenthalt mit „animus manendi" eines Ehegatten sind zur Zuständigkeitsbegründung geeignet.

Aus gleichem Grund wurde in Warrender v. Warrender die Anerkennung versagt. In dem Fall lebten die Parteien nach mehrjähriger Ehe in South Plainfield. Nach dem Scheitern der Ehe schlossen sie in New York eine Trennungsvereinbarung. Die Ehefrau erhielt von ihrem Ehemann US$ 2000,–, die sie teilweise dazu benutzte, nach El Paso zu fliegen, von wo sie mit dem Taxi nach Juarez/Mexiko fuhr. Dort wurde die Scheidung ausgesprochen. Sie fuhr noch am gleichen Tage nach El Paso zurück. Insgesamt war sie nur wenige Stunden in Mexiko. Der Mangel internationaler Zuständigkeit des mexikanischen Erstgerichts war hier offensichtlich:

> There is no question but that the Mexican divorce is absolutely void on its face that is has not legally terminated the marriage of the parties. Both parties were and are domiciliaries of New Jersey and there is not the faintest pretense of adjudication by the decree of either residence or domicile of either of them in Mexico when rendered.

Problematisch war allerdings, ob die Ehefrau, die die Nichtanerkennung der mexikanischen Scheidung begehrte, sich auf den Mangel der internationalen Zuständigkeit berufen konnte, nachdem sie selbst das mexikanische Gericht angerufen hatte. Das Gericht sah weder den „unclean

---

[21] 83 A. 2d 889 (N.J. 1951).

hands"-Einwand als gegeben an, noch hielt es die Klägerin für „estopped"[22], die mangelnde Anerkennungsfähigkeit der mexikanischen Entscheidung geltend zu machen. Bei der Bewertung der Gesamtsituation hat das Gericht in erster Linie berücksichtigt, daß die Klägerin es sich unmittelbar nach der „charade of the Mexican divorce" anders überlegt hatte und an der Ehe festhalten wollte.

(2) Ordre public-Klausel

In Zanzonico v. Neeld ging es im Rahmen eines Steuerstreits um die Wirksamkeit einer italienischen Adoption. Während das Recht New Jerseys vorsieht, daß der Adoptierte mindestens ein Jahr vor Stellung des Adoptionsantrages kontinuierlich in häuslicher Gemeinschaft mit den Adoptiveltern leben muß, hatte das Gericht in Potenza nach dem dort kollisionsrechtlich zur Anwendung berufenen italienischen Recht die Adoption ohne vorherige häusliche Gemeinschaft von Adoptiveltern und Adoptiertem ausgesprochen. Die Steuerbehörde machte die ordre public-Widrigkeit der Anerkennung der italienischen Adoption aus diesem Grunde geltend. Das Gericht stellte jedoch in Übereinstimmung der insoweit einhelligen Rechtsprechung und Lehre fest, daß nicht jede Abweichung des vom Erstgericht angewendeten Rechts vom zweitstaatlichem Recht zur Anwendung der ordre public-Klausel führt.

Während das Gericht in der Zanzonico-Entscheidung einen ordre public-Verstoß verneinte, sah es ihn in der Gillies-Entscheidung als erfüllt an, weil das adoptierte Kind seine Adoptiveltern nie gesehen, geschweige denn mit ihnen je in häuslicher Gemeinschaft gelebt hatte. Hier wurde das Jahreserfordernis des Rechts New Jerseys angesehen als

> a public policy grounded in the protection of our institution of family life both for parents and for child, namely, that the considerable and solemn rights and obligations which follow upon adoption shall not be given or imposed without such forecast of the personal contacts and impacts of parent and child as is to be had by a preliminary period of intimate living.

Auch in Caruso v. Caruso hatte sich das Gericht mit dem Einwand auseinanderzusetzen, die italienische Erbauseinandersetzung stehe nicht im Einklang mit dem materiellen Recht New Jerseys. Es hat diesen Einwand wiederum mit dem Argument zurückgewiesen, daß bloße Abweichungen des vom Erstgericht angewandten Rechts vom Recht New Jerseys nicht zur Verletzung des zweitstaatlichen ordre public führen.

---

[22] Vgl. zu dem Problem auch CLARK, Estoppel Against Jurisdictional Attack on Decrees of Divorce 70 YaleLJ 45 (1960).

IV. Verbürgung der Gegenseitigkeit

Die Gegenseitigkeit im Verhältnis New Jerseys ist für Zahlungsurteile[23], aber auch darüber hinaus verbürgt[24].

New Mexico[1]

I. Urteile auf Geldzahlung

Es gelten die im Restatement 2nd Conflict of Laws und im Restatement 3rd Foreign Relations manifestierten Grundsätze.

Die Anerkennung erfolgt formlos. Das anzuerkennende ausländische Urteil kann in einem neuen Prozeß über denselben Streitfall als Einwendung dienen (res iudicata-Einwand). Die Vollstreckbarerklärung erfolgt in einem gerichtlichen Verfahren (action upon the foreign judgment). Summary proceedings sind möglich[2]. Eine révision au fond ist unzulässig.

II. Unterhaltsentscheidungen

New Mexico hat den Revised Uniform Reciprocal Enforcement of Support Act (RURESA) in das innerstaatliche Recht übernommen[3]. Eine Gegenseitigkeitserklärung ist ergangen, so daß deutsche Unterhaltstitel aufgrund der statutarischen Regelung in New Mexico geltend gemacht werden können.

III. Sonstige Entscheidungen

Urteile aller Gattungen – soweit sie Zivilsachen zum Gegenstand haben – sind anerkennungsfähig.

(1) Sorgerechtsentscheidungen

Ausländische Sorgerechtsentscheidungen können nach dem Uniform Child Custody Jurisdiction Act[4] geltend gemacht werden.

---

23 Vgl. Martiny S. 672 f. (RdN 1549).

24 Vgl. IPG 1967/68 Nr. 40 (Heidelberg); Geimer/Schütze S. 1922; Schütze IWB F 8 (USA) Gr. 3, S. 139 ff.; ders. JR 1988, S. 364 ff.; Zöller/Geimer Anh. I.

1 Vgl. dazu Schütze, Die Anerkennung und Vollstreckbarerklärung ausländischer Zivilurteile in New Mexico, JR 1989, S. 458 f.

2 Vgl. Weinschenk S. 203.

3 NMSA 1978 §§ 40-6-1 bis 40-6-41.

4 NMSA 1978 §§ 40-10-1 bis 40-10-24.

(2) Scheidungsurteile

Zwei Entscheidungen des Supreme Court of New Mexico haben die Anerkennung von Mexiko-Scheidungen zum Gegenstand[5].

(a) Golden v. Golden[6]

In Golden v. Golden handelt es sich um eine „Scheidung auf der Reise". Die Eheleute waren von Tucumari, New Mexico, mit dem Wagen nach El Paso gefahren. Sie ließen das Auto dort stehen und gingen zu Fuß über die Brücke nach Juarez in Mexiko. Dort fanden sie einen Anwalt, der eine Scheidung für US$ 50,– versprach. Während die Goldens Einkäufe machten, bereitete der Anwalt die notwendigen Papiere vor. Die Goldens wurden am gleichen Tage geschieden und kehrten nach El Paso zurück. Sie waren keine 24 Stunden in Mexiko. Nach den Feststellungen des Gerichts hatten beide Ehegatten im Zeitpunkt der Scheidung Aufenthalt und Wohnsitz in New Mexico. Das Gericht erkannte die Scheidung wegen mangelnder internationaler Zuständigkeit des mexikanischen Gerichts nicht an, da keiner der Ehegatten jemals in Mexiko domiziliert war oder auch nur dort Aufenthalt im Rechtssinne gehabt hätte. Nun hatten sich beide Ehegatten der Jurisdiktion der mexikanischen Gerichte unterworfen, so daß die Ehefrau in dem (zweiten) Scheidungsverfahren vor einem Gericht in New Mexico nach den Grundsätzen des collateral estoppel von der Geltendmachung der mangelnden internationalen Zuständigkeit mexikanischen Gerichts hätte ausgeschlossen sein können. Der Supreme Court of New Mexico betrachtete das mexikanische Scheidungsurteil aber als absolut unwirksam, so daß sich jeder – auch die Parteien – auf die Unwirksamkeit berufen konnte:

> The Mexican divorce decree was void. It is as invalid as though it had been decreed by the probate judge who solemnized the marriage ceremony. It is as void as though it had never been issued. It can be disregarded anywhere. Its validity can be questioned in any suit where it is proposed as valid, and appellee is not estopped to question it in this case any more than she would be denied the right to question a divorce granted appellant by a justice of the peace before whom both appeared and consented to a decree. To hold otherwise would permit couples impatient of marital restraints, and in moments of emotional impulses, irrespective of their duty to their children, their families, or the state, to cross over the international bridge to Juarez, and by a mere

[5] Eine weitere zuweilen zitierte Entscheidung (z. B. bei KESSEDJIAN S. 429) State of New Mexico v. Cranford 491 P. 2d 511 (N.M. 1971) betrifft ein mexikanisches Strafverfahren.

[6] 68 P. 2d 928 (N.M. 1937).

> flourish of the pen dissolve the matrimonial tie and then remarry at will irrespective of consequences.

Ganz offenbar standen bei der Zurückweisung des Estoppel-Einwands die wirklich seltsamen Umstände der Scheidung im Vordergrund, die schon Zweifel daran aufkommen lassen könnten, ob es sich überhaupt um ein gerichtliches Verfahren gehandelt hat, das den rechtsstaatlichen Mindestanforderungen entsprach.

(b) Lorenzo v. Lorenzo[7]
Auch in Lorenzo v. Lorenzo verneinte der Supreme Court of New Mexico die Anerkennungsfähigkeit eines mexikanischen Scheidungsurteils wegen mangelnder internationaler Zuständigkeit. In diesem Fall hatte der Ehemann sich während eines 14tägigen Urlaubs in Mexiko scheiden lassen. Er war dort nie domiziliert. Beide Ehegatten hatten ihren Wohnsitz in Oklahoma. Unter Berufung auf Golden v. Golden verneinte das Gericht die Anerkennungsfähigkeit der mexikanischen Scheidung und wies auch den Estoppel-Einwand des Ehemannes in dem erneuten Scheidungsverfahren der Ehefrau in New Mexico zurück. Die mexikanische Scheidungsklage war der Ehefrau zwar zugestellt worden, diese hatte sich auf das Verfahren aber nicht eingelassen.

IV. Verbürgung der Gegenseitigkeit

Die Gegenseitigkeit ist allgemein verbürgt[8].

---

[7] 512 P. 2d 65 (N.M. 1973).

[8] Vgl. Geimer/Schütze S. 1922; Martiny S. 673 (RdN 1550); Schütze IWB F 8 (USA), Gr. 3, S. 39ff.; ders. JR 1989, S. 458f.; Zöller/Geimer Anh. I.

New York[1]

I. Urteile auf Geldzahlung

New York hat das Mustergesetz über die Anerkennung und Vollstreckbarerklärung ausländischer Geldurteile übernommen[2].

Zum Begriff der Zivilsache ist eine interessante Entscheidung zu vermerken. In dem Fall Regierungspräsident Land Nordrhein-Westfalen v. Rosenthal[3] hatte das Land Nordrhein-Westfalen einen Widerrufsbescheid über DM 40.000,– zu Unrecht gezahlte Wiedergutmachungsleistungen erlassen und dessen Vollstreckbarerklärung in New York betrieben. Das Gericht bejahte die zivilrechtliche Natur des Widerrufsbescheides und erklärte ihn für vollstreckbar. Das Kernproblem der Entscheidung war nicht die zivilrechtliche Natur, sondern ein möglicher ordre public-Verstoß, da es sich um Zahlung an einen ausländischen Staat handelte[4]. Problematisch war auch, daß es sich um einen Rechtsakt

---

[1] Vgl. dazu IPG 1967/68 Nr. 80 (Hamburg); IPG 1973 Nr. 41 (Köln); Bollmann, Gegenrecht und Anerkennung schweizerischer Urteile in den USA, vor allem in New York, SJZ 1974, S. 236 ff.; Harder, Die Anerkennung und Vollstreckung deutscher Urteile, insbesondere deutscher Ehescheidungsurteile und Schiedssprüche, im Staate New York, Diss. Frankfurt/Main 1967; ders., Vollstreckung deutscher Urteile in den USA, insbesondere New York, AWD 1963, S. 36 f.; Homburger, Recognition and Enforcement of Foreign Judgments: A New Yorker reflects on the Uniform Acts, 18 AmJCompL 367 (1970); Kulzer, Recognition of Foreign Country Judgments in New York: The Uniform Foreign Money-Judgments Recognition Act, 18 BuffLR 1 (1968); Schütze, Die Anerkennung und Vollstreckbarerklärung ausländischer Zivilurteile in New York, JR 1986, S. 322 ff.; Weinschenk, Die Anerkennung und Vollstreckung bundesdeutscher Urteile in den Vereinigten Staaten unter den „Foreign Country Money Jugment Recognition Acts", 1988.

[2] McKinney's CPLR 5301 bis 5309; vgl. dazu Homburger, 18 AmJCompL 367 (1970); Kulzer, 18 BuffLR 1 (1968); dies., The Uniform Foreign-Money Judgments Act, Report of the Administrative Board of the Judicial Conference of the State of New York, Legislative Doc. No. 90, S. 164 ff. (1968); Weinschenk aaO.

[3] 232 N.Y.S. 2d 963 (1962); der Widerrufsbescheid war allerdings durch ein Urteil des Landgerichts, bei dem das Amt nach Erlaß des Bescheides Klage erhoben hatte, bestätigt. Vgl. zum Sachverhalt Weinschenk S. 184 ff.; vgl. zu der Entscheidung auch Weinschenk, Anerkennung von Widerrufsbescheiden in den USA, RzW 1964, S. 198 ff.

[4] Vgl. Harder, Diss. (FN 1), S. 99.

handelte, der nur die Überprüfung durch ein Urteil zuließ, selbst aber kein Urteil darstellte[5].

Die Anerkennung erfolgt formlos. Das ausländische Urteil kann als Einwand in einem neuen Prozeß über denselben Streitgegenstand dienen (res iudicata-Einwand). Die Vollstreckbarerklärung erfolgt durch action upon the foreign judgment. Eine révision au fond ist unzulässig. Summary judgment proceedings sind möglich[6].

II. Unterhaltsentscheidungen

Es gelten die Regelungen des § 486 Restatement 3rd Foreign Relations.

III. Sonstige Entscheidungen

Für Sorgerechtsentscheidungen gilt der Uniform Child Custody Jurisdiction Act[7].

Im übrigen ist davon auszugehen, daß die im Restatement 2nd Conflict of Laws und im Restatement 3rd Foreign Relations manifestierten Grundsätze angewandt werden. Es existiert eine umfangreiche Rechtsprechung insbesondere zu Scheidungsurteilen[8]. Gegen die Anerkennung von „Scheidungen auf der Reise“ schützt eine am 01. 07. 1987 in Kraft getretene Regelung[9], die sich eng an den Uniform Divorce Recognition Act anlehnt. Danach wird fingiert, daß eine Person, die bis 12 Monate vor Erhebung der Scheidungsklage in New York domiziliert war und binnen 18 Monaten dorthin zurückgekehrt ist oder zwischenzeitlich dort residence unterhalten hat, in New York domiziliert war[10].

IV. Verbürgung der Gegenseitigkeit

Die Gegenseitigkeit ist verbürgt[11].

---

[5] Vgl. dazu Peterson, Die Anerkennung ausländischer Urteile im amerikanischen Recht, 1964, S. 90 f.

[6] Vgl. Weinschenk S. 204.

[7] McKinney's Domestic Relations Law, §§ 75-a bis 75-z; vgl. dazu Lynch, New York's new custody act, 51 N.Y.S.B.J. 625 (1979).

[8] Vgl. dazu Greene, The enforcement of a foreign divorce decree in New York, 1926; Harder, Diss. (FN 1); Howe/Wolfe, The Recognition of Foreign Divorce Decrees in New York State, 40 ColumLRev 373 (1940); für Rechtsprechungsübersichten vgl. Kessedjian S. 430 ff. und Peterson S. 116 ff.

[9] L. 1966, c. 254, § 11.

[10] Vgl. dazu Bergmann/Ferid, Internationales Ehe- und Kindschaftsrecht, Länderbericht USA, S. 180 a.

[11] Vgl. BGH RIW/AWD 1984, 557 (für Exequaturурteil für Schiedsspruch); dazu

North Carolina[1]

I. Urteile auf Geldzahlung

Die Wirkungserstreckung ausländischer Urteile auf Geldzahlung bestimmt sich nach den Grundsätzen, die im Restatement 2nd Conflict of Laws und im Restatement 3rd Foreign Relations wiedergegeben sind[2].

Eine jüngst ergangene instanzgerichtliche Entscheidung des District Court for the Western District of North Carolina[3] betrifft die Wirkungserstreckung eines deutschen Titels und erörtert einige der Erfordernisse.

Der Urteilsschuldner hatte geltend gemacht, der „due process"-Grundsatz sei im deutschen Prozeß dadurch verletzt worden, daß die von ihm benannten Zeugen wegen Nichtzahlung des Auslagenvorschusses nicht geladen worden seien und ihm eine daraufhin erfolgte Neuterminierung die Möglichkeit zur Stellung der Zeugen in die Sitzung unmöglich gemacht habe[4]. Das Gericht hat diesen Einwand zurückgewiesen unter Hinweis darauf, daß auch das US-amerikanische Prozeßrecht derartige Regeln über den Ausschluß von Beweismitteln kenne und sich der Urteilsschuldner — zumal er sich der Zuständigkeit der deutschen Gerichte durch eine internationale Gerichtsstandsvereinbarung unterworfen hatte — mit den im deutschen Forum geltenden Vorschriften hätte vertraut machen können und müssen.

Die Anerkennung erfolgt formlos. Das ausländische Urteil kann als Einwand in einem neuen Prozeß über denselben Streitgegenstand dienen (res iudicata-Einwand). Die Vollstreckbarerklärung erfolgt durch action upon the foreign judgment. Zuständig ist der District Court. Eine sachliche Nachprüfung (révision au fond) ist unzulässig. Summary judgment proceedings sind möglich[5].

SCHÜTZE, Zulässige Zwangsvollstreckung aus einem New Yorker Exequaturtteil, RIW/AWD 1984, S. 734 ff. (735 f.); BGH RIW/AWD 1984, 644 (incidenter); LG Hamburg IPRspr. 1968/69 Nr. 223 (für fällige Unterhaltsraten); IPG 1967/68 Nr. 80 (Hamburg) (für fällige Unterhaltsraten); IPG 1973 Nr. 41 (Köln); GEIMER/SCHÜTZE S. 1922; MARTINY S. 673 (RdN 1551); SCHÜTZE JR 1986, S. 322 ff.; ZÖLLER/GEIMER Anh. I.

[1] Vgl. dazu SCHÜTZE, Die Anerkennung und Vollstreckbarerklärung ausländischer Zivilurteile in North Carolina, JR 1986, S. 403 f.; THÜMMEL, Zur Anerkennung und Vollstreckung deutscher Urteile in North Carolina, IPRax 1986, S. 256 ff.

[2] Vgl. GEIMER/SCHÜTZE S. 1922; MARTINY S. 673 (RdN 1552).

[3] Vgl. dazu THÜMMEL IPRax 1986, S. 256 ff.

[4] Vgl. für die Darstellung des Sachverhalts THÜMMEL aaO. (vorige FN).

[5] Vgl. WEINSCHENK S. 204.

II. Unterhaltsentscheidungen

North Carolina hat den Revised Uniform Reciprocal Enforcement of Support Act (RURESA) übernommen[6]. Eine Gegenseitigkeitserklärung ist ergangen[7], so daß deutsche Titel aufgrund dieser statutarischen Regelung durchgesetzt werden können.

III. Sonstige Entscheidungen

Für Sorgerechtsentscheidungen gilt der Uniform Child Custody Jurisdiction Act[8].

Im übrigen gelten keine Besonderheiten gegenüber Urteilen auf Geldzahlung.

IV. Verbürgung der Gegenseitigkeit

Die Gegenseitigkeit ist verbürgt[9].

North Dakota[1]

I. Urteile auf Geldzahlung

Ausländische Zivilurteile werden nach comity-Grundsätzen anerkannt. In Medical Arts Building Ltd. v. Eralp[2] hatte ein kanadisches Gericht in Winnipeg, Manitoba, einen Mieter zur Zahlung von Can$ 5.317,21 verurteilt. Der Urteilsschuldner war zum Zeitpunkt des Verfahrens in Manitoba ansässig. Er zog dann nach North Dakota, wo der Urteilsgläubiger die Vollstreckbarerklärung betrieb. Der Urteilsschuldner machte – vergeblich – mangelnde internationale Zuständigkeit des Erstgerichts, Verstoß gegen den ordre public und fehlende Verbürgung der Gegenseitigkeit geltend. Der North Dakota Supreme Court, das höchste Gericht im Staate, hat im wesentlichen die Grundsätze des Restatement 2nd Conflict of Laws und des Restatement 3rd Foreign Relations als in North Dakota anwendbares Recht bestätigt.

---

[6] G.S. §§ 52 A-1 bis 52 A-32.

[7] Vgl. auch Bekanntmachung nach AUG BGBl. 1987 II 420.

[8] G.S. 50 A-1 bis 50 A-25.

[9] Vgl. Geimer/Schütze S. 1922; Martiny S. 673 (RdN 1552); Schütze JR 1986, S. 403 f.; Zöller/Geimer Anh. I.

[1] Vgl. dazu Schütze, Die Anerkennung und Vollstreckbarerklärung ausländischer Zivilurteile in North Dakota, JR 1987, S. 446 f.

[2] 290 N.W. 862 (N.D. 1924).

Aus der Entscheidung sind drei Gesichtspunkte hervorzuheben:

(1) Das Gericht hat das Erstgericht für international zuständig erachtet, weil der Urteilsschuldner sich im kanadischen Verfahren eingelassen hatte und überdies zum Zeitpunkt des Verfahrens in Manitoba domiziliert war.

(2) Der Urteilsschuldner hatte geltend gemacht, daß der Urteilsanspruch nach dem Recht North Dakotas nicht bestehe. Das Gericht hat klargestellt, daß die Tatsache allein, daß das erststaatliche Recht von dem North Dakotas in materiellrechtlicher Hinsicht abweicht und das Erstgericht deshalb zu einem anderen Ergebnis kommt, als dies in einem Rechtsstreit vor einem Gericht North Dakotas der Fall gewesen wäre, nicht ausreicht, um einen ordre public-Verstoß zu begründen.

(3) In Medical Arts Building Ltd. v. Eralp ist das Gericht einen interessanten Weg gegangen, von dem seit Hilton v. Guyot postulierten Anerkennungserfordernis der verbürgten Gegenseitigkeit abzukommen. Es argumentiert, daß Hilton v. Guyot falsch interpretiert werde. Zwar sei richtig, daß nach Hilton v. Guyot ein ausländisches Urteil nur bei verbürgter Gegenseitigkeit als „conclusive" angesehen werden könne. Hilton v. Guyot billige aber anderen ausländischen Urteilen, also auch solchen bei mangelnder Gegenseitigkeitsverbürgung, „prima facie evidence" Qualität zu. Prozessual sei die Unterscheidung praktisch bedeutungslos.

Die Anerkennung erfolgt formlos. Das ausländische Urteil kann in einem neuen Prozeß über denselben Streitgegenstand als Einwendung dienen (res iudicata-Einwand). Die Vollstreckbarerklärung bedarf einer action upon the foreign judgment. Zuständig ist der District Court. Summary judgment proceedings sind möglich[3]. Eine révision au fond ist unzulässig. Ist die Entscheidung in ausländischer Währung ausgedrückt, so ist das Exequaturgericht zur Änderung in US$ berechtigt und verpflichtet[4].

II. Unterhaltsentscheidungen

North Dakota hat den Revised Uniform Reciprocal Enforcement of Support Act (RURESA) übernommen[5]. Eine Gegenseitigkeitserklärung ist ergangen[6], so daß deutsche Titel aufgrund dieser statutarischen Re-

---

[3] Vgl. Weinschenk S. 204.
[4] Vgl. Medical Arts Buildings Ltd. v. Eralp aaO.
[5] NDCC 14-12.1-01 bis 14-12.1-43.
[6] Vgl. auch Bekanntmachung nach AUG BGBl. 1987 II 420.

gelung geltend gemacht werden können. Im übrigen kommen die in § 486 Restatement 3rd Foreign Relations manifestierten Regeln zur Anwendung.

III. Sonstige Entscheidungen

Für Sorgerechtsentscheidungen gilt der Uniform Child Custody Jurisdiction Act[7].

IV. Verbürgung der Gegenseitigkeit

Die Gegenseitigkeit ist verbürgt[8].

Ohio[1]

I. Urteile auf Geldzahlung

Ohio hat den Uniform Foreign Money-Judgments Recognition Act – mit geringfügigen Modifikationen – in das innerstaatliche Recht übernommen[2].

Die Anerkennung erfolgt formlos. Das ausländische Urteil kann als Einwendung in einem neuen Prozeß über den gleichen Streitgegenstand dienen (res iudicata-Einwand). Die Vollstreckbarerklärung bedarf eines gerichtlichen Verfahrens (action upon the foreign judgment)[3]. Eine sachliche Nachprüfung (révision au fond) ist unzulässig. Summary judgment proceedings sind möglich[4].

II. Unterhaltsentscheidungen

Ohio hat den Revised Uniform Reciprocal Enforcement of Support Act (RURESA) in das innerstaatliche Recht übernommen[5]. Eine Gegensei-

---

[7] NDCC 14-14-01 bis 14-14-26.

[8] Vgl. Geimer/Schütze S. 1922; Martiny S. 673 (RdN 1553); Schütze IWB F 8 (USA) Gr. 3, S. 139; ders. JR 1987, S. 446 f.; Zöller/Geimer Anh. I.

[1] Vgl. dazu Hoffheimer, Ohio's New Weapon for Doing Business Abroad: Recognition and Enforcement of Foreign Country Money-Judgments, 58 Ohio Bar 12 (1988); Schütze, Die Anerkennung und Vollstreckbarerklärung ausländischer Zivilurteile in Ohio, JR 1988, S. 193 ff.; ders., Neuregelung der Anerkennung und Vollstreckbarerklärung ausländischer Zahlungsurteile in Ohio, JR 1988, S. 406.

[2] R.C. §§ 2329.90 bis 2329.94.

[3] Vgl. C.A. Scotio County DAVorm 1972, Sp. 526; Martiny S. 574 (RdN 1554).

[4] Vgl. Weinschenk S. 204.

[5] R.C. §§ 3115.01 bis 3115.34.

tigkeitserklärung für die Bundesrepublik Deutschland ist ergangen[6], so daß deutsche Unterhaltstitel nach dem Act geltend gemacht werden können.

Im übrigen gelten die in § 486 Restatement 3rd Foreign Relations zusammengefaßten allgemeinen Grundsätze.

III. Sonstige Entscheidungen

Für Sorgerechtsentscheidungen gilt der Uniform Child Custody Jurisdiction Act[7].

Aus der Rechtsprechung sind zwei Entscheidungen zur internationalen Zuständigkeit und zum ordre public erwähnenswert:

(1) In Re Vandenborght[8]

In der Entscheidung in Re Vandenborght hatte ein belgisches Gericht die Ehe der Eltern des Kindes Marcus Frederik Madelaine Vandenborght, die damals beide die belgische Staatsangehörigkeit besaßen und in Belgien domiziliert waren, geschieden und das Sorgerecht (custody) der Mutter zugesprochen. Diese heiratete einen US-amerikanischen Staatsbürger, zog in die USA und nahm das Kind mit. Auf Antrag des Vaters wurde das Sorgerecht durch ein belgisches Gericht der Mutter entzogen und auf den Vater übertragen. Das Gericht ging davon aus, daß ein ausländisches Gericht grundsätzlich internationale Zuständigkeit für die Abänderung von Sorgerechtsentscheidungen wegen veränderter Umstände besitzt, verneinte die Zuständigkeitsfrage im konkreten Fall dann aber, weil die Zustellung an ein Wahldomizil in Belgien als nicht ausreichend erachtet wurde.

(2) Yoder v. Yoder[9]

In Yoder v. Yoder, einem Erbstreit zwischen zwei Witwen des Erblassers, ging es um die Anerkennung der Scheidung der (ersten) Ehe des Erblassers von der Beklagten. In dem mexikanischen Urteil wurde eine einverständliche Scheidung der angeblich anwesenden Parteien ausgesprochen, wobei die Vermögenslosigkeit der Beklagten ausdrücklich vermerkt wurde. In Wahrheit hatte die Beklagte weder am Verfahren teilgenommen, noch war sie vermögenslos. Offenbar hatte sich die zweite Ehefrau des Erblassers (Klägerin) im Scheidungsprozeß als ihre Rivalin

---

6 Vgl. auch Bekanntmachung nach AUG BGBl. 1989 I 1924.

7 R.C. §§ 3109.21 bis 3109.37.

8 91 N.E. 2d 47 (Ohio 1950).

9 263 N.E. 2d 913 (Ohio App. 1970).

ausgegeben. Das Gericht hat deshalb die Scheidung nicht anerkannt. Das Verfahren verstieß gegen den ordre public. Es war auf betrügerische Weise (fraud) erschlichen. Die Begründung von Yoder v. Yoder ist allerdings mißverständlich. Sie legt die Möglichkeit der sachlichen Nachprüfung eines ausländischen Urteils nahe, was angesichts des Sachverhalts aber wohl nicht gemeint war.

IV. Verbürgung der Gegenseitigkeit

Die Gegenseitigkeit ist für Zahlungsurteile, aber auch darüber hinaus, verbürgt[10].

Oklahoma[1]

I. Urteile auf Geldzahlung

Oklahoma hat den Uniform Foreign Money-Judgments Recognition Act in das innerstaatliche Recht übernommen[2].

Die Anerkennung erfolgt formlos. Die Vollstreckbarerklärung bedarf eines gerichtlichen Verfahrens (action upon the foreign judgment). Summary proceedings sind zulässig[3]. Brenscheidt[4] hält eine Registrierung eines ausländischen Geldurteils nach dem Verfahren des Uniform Enforcement of Foreign Judgments Act, 1964[5] für zulässig. Dieses Gesetz ist zwar nur auf schwesterstaatliche Entscheidungen anwendbar. Da anzuerkennende ausländische Geldurteile aber anzuerkennenden schwesterstaatlichen Urteilen gleichzustellen sind, stehen nach der Ansicht Brenscheidts insoweit auch die „direct enforcement procedures" offen. Diese an sich überzeugende Deduktion[6] hat in der Praxis aber offenbar nicht allseits Anhänger gefunden.

Eine révision au fond ist ausgeschlossen.

---

[10] Vgl. Geimer/Schütze S. 1923; Martiny S. 674 (RdN 1554); Schütze IWB F 8 (USA) Gr. 3, S. 139 ff.; ders. JR 1988, S. 193 ff.; Zöller/Geimer Anh. I.

[1] Vgl. dazu Schütze, Die Anerkennung und Vollstreckbarerklärung ausländischer Zivilurteile in Oklahoma, JR 1989, S. 5 ff.

[2] 12 Okl.St.Ann. §§ 710–718.

[3] Vgl. Weinschenk S. 204.

[4] Vgl. Brenscheidt, Anerkennung und Vollstreckung ausländischer Geldurteile in den USA, RIW/AWD 1976, S. 554 ff. (557)

[5] U.L.A. 13 (1980), 173.

[6] Vgl. auch Homburger, Recognition and Enforcement of Foreign Judgments. A New Yorker Reflects on Uniform Acts, 18 Am.J.Comp.L 367, 369 (1970); im übrigen oben S. 18.

II. Unterhaltsentscheidungen

Oklahoma hat den Revised Uniform Reciprocal Enforcement of Support Act (RURESA) in das innerstaatliche Recht übernommen[7]. Eine Gegenseitigkeitserklärung ist ergangen[8], so daß deutsche Unterhaltstitel aufgrund der statutarischen Regelung in Oklahoma geltend gemacht werden können.

Im übrigen gelten die Grundsätze, die in § 486 Restatement 3rd Foreign Relations wiedergegeben sind.

III. Sonstige Entscheidungen

(1) Statusurteile

Statusurteile werden nach den im Restatement 3rd Foreign Relations und im Restatement 2nd Conflict of Laws wiedergegebenen Grundsätzen anerkannt. Nach einer Entscheidung des Supreme Court of Oklahoma aus dem Jahr 1915[9] sind auch Ehescheidungen nach Stammesritus anerkennungsfähig. In dem der Entscheidung zugrunde liegenden Fall hatten die Ehegatten – beide Indianer vom Stamme der Choctaw – zusammengelebt, nach Stammesritus geheiratet[10] und sich später wieder getrennt. Obwohl kein Beweis erbracht war, daß die bloße Trennung der Ehegatten nach Stammesritus bereits eine Scheidung beinhaltet, wurde die Trennung als Scheidung anerkannt, wohl im Interesse der Kinder aus der zweiten Verbindung des Ehemannes. Als ratio decidendi kann der Entscheidung entnommen werden, daß Privatentscheidungen nach Stammesritus grundsätzlich anerkennungsfähig sind.

Wesentliches Erfordernis der Wirkungserstreckung ist die internationale Zuständigkeit. Dies hat der Supreme Court of Oklahoma in Kirk v. Kirk[11] bekräftigt. In diesem Fall hatte sich das Gericht mit der Anerkennung einer Mexiko-Scheidung zu befassen. Der Ehemann – der nach dem Sachverhalt wohl ein turbulentes Liebesleben führte – hatte sich im Oktober 1946 in Bravos, Chihuahua, scheiden lassen. Er lebte damals in El Paso und hatte niemals einen Wohnsitz in Mexiko begründet.

---

[7] 43 Okl.St.Ann. §§ 301 bis 344.

[8] Vgl. auch Bekanntmachung nach AUG BGBl. 1988 I 1784.

[9] Vgl. James v. Adams 155 P. 1121 (Okl. 1915).

[10] „... they were united ceremonially ...".

[11] Vgl. Kirk v. Kirk 238 P. 2d 808 (Okl. 1951).

Seine Ehefrau lebte zur Zeit der Scheidung in Oklahoma[12]. Die Ehescheidung wurde in Übereinstimmung mit der Rechtsprechung auch anderer Einzelstaaten wegen Mangels internationaler Zuständigkeit (lack of jurisdiction) nicht anerkannt.

(2) Strafurteile

Entscheidungen, die zu Strafen verurteilen, sind grundsätzlich nicht anerkennungsfähig[13]. Das hindert jedoch nicht die Anerkennung der Tatbestandswirkungen eines ausländischen Strafurteils. In Cooly v. Weinberger[14] hatte die Klägerin ihren Ehemann im Iran, wo dieser bei einer Ölgesellschaft tätig war, erschossen. Sie war von einem iranischen Gericht zur Todesstrafe, die in zehnjährige Haftstrafe umgewandelt wurde, verurteilt worden. In einem Rentenrechtsstreit belief sich die beklagte Behörde auf 20 C.F.R. § 404.364 (1971), wonach Ansprüche entfallen, wenn der Versicherte vom Anspruchsteller durch „felonious and intentional homicide" getötet worden ist. Das Gericht hat die Bindung an die Tatbestandswirkungen des iranischen Strafurteils bejaht und die Klage abgewiesen.

(3) Sorgerechtsentscheidungen

Es gilt der Uniform Child Custody Jurisdiction Act[15].

IV. Verbürgung der Gegenseitigkeit

Die Gegenseitigkeit i. S. von § 328 Abs. 1 Nr. 5 ZPO ist für Geldurteile, aber auch darüber hinaus, verbürgt[16].

---

[12] In der Entscheidung heißt es hierzu: „The defendant lived in El Paso, Texas, from November 1945 to December 1946. He testified that he went into Mexico to get a divorce, but nowhere in the record does it appear that he ever established a residence or domicile in Mexico. Carrie Kirk, his wife, had a domicile in Oklahoma."

[13] Vgl. § 483 Restatement 3rd Foreign Relations.

[14] 398 F. Supp. 479 (E.D. Okl. 1974), aff'd 518 F. 2d 151 (10th Cir. 1975).

[15] 10 Okl.St.Ann. §§ 1601–1628; vgl. dazu Hood, Oklahoma's Uniform Child Custody Jurisdiction Act, 51 Okl. B.J. 2537 (1980).

[16] Vgl. Geimer/Schütze S. 1923; Martiny S. 674 (RdN 1555); Schütze IWB F 8 (USA), Gr. 3, S. 139 ff.; ders. JR 1989, S. 5 ff.; Zöller/Geimer Anh. I.

Oregon[1]

I. Urteile auf Geldzahlung

Oregon hat den Uniform Foreign Money-Judgments Recognition Act übernommen[2]. Der Urteilsgläubiger hat die Wahl, eine Wirkungserstrekkung nach der statutarischen Regelung oder nach common law zu betreiben[3].

Die Anerkennung erfolgt formlos. Das anzuerkennende ausländische Urteil kann als Verteidigung (res iudicata-Einwand) in einem neuen Prozeß über denselben Streitgegenstand dienen[4]. Ein vorgängiges Exequaturverfahren ist nicht notwendig. Das Urteil muß lediglich die allgemeinen Beweiserfordernisse erfüllen[5].

Die Vollstreckbarerklärung erfolgt durch action upon the foreign judgment. Eine sachliche Nachprüfung (révision au fond) ist unzulässig. Summary judgment proceedings sind möglich[6].

II. Unterhaltsentscheidungen

Oregon hat den Revised Uniform Reciprocal Enforcement of Support Act (RURESA) übernommen[7]. Eine Gegenseitigkeitserklärung ist ergangen[8], so daß deutsche Titel aufgrund der statutarischen Regelung durchgesetzt werden können.

III. Sonstige Entscheidungen

Für Sorgerechtsentscheidungen gilt der Uniform Child Custody Jurisdiction Act[9].

Im übrigen läßt Oregon ausländische Zivilurteile nur als Vermutung für das Bestehen eines Anspruchs zu[10]. Ausländische Urteile können auf

---

1 Vgl. dazu Schütze, Die Anerkennung und Vollstreckbarerklärung ausländischer Zivilurteile in Oregon, JR 1987, S. 317 ff.; Scoles/Aarnas, The Recognition and Enforcement of Foreign Nation Judgments: California, Oregon and Washington, 57 OreLRev 377 (1978).

2 ORS 24.200 bis 24.255.

3 Vgl. Scoles/Aarnas aaO. S. 380.

4 Vgl. Scoles/Aarnas aaO. S. 379.

5 Vgl. ORS 43.110 bis 43.140.

6 Vgl. Weinschenk S. 204.

7 ORS 110.005 bis 110.291.

8 Vgl. auch Bekanntmachung nach AUG BGBl. 1987 II 420.

9 ORS 109.700 bis 109.930.

10 Vgl. Brenscheidt, Anerkennung und Vollstreckung ausländischer Geldurteile in den USA, RIW/AWD 1976, S. 554 ff. (559).

einen „clear mistake of law or fact“ nachgeprüft werden, was auf eine révision au fond hinausläuft[11]. Scoles/Aarnas[12] gehen unter Berufung auf Red Fox and Red Fox[13] davon aus, daß nunmehr auch eine Wirkungserstreckung nach common law in Oregon möglich ist, wobei die im Restatement 2nd Conflict of Laws niedergelegten Grundsätze Anwendung finden sollen. Das würde eine Wirkungserstreckung unter ähnlichen Erfordernissen ermöglichen, wie sie für Geldurteile bestimmt sind, ohne daß eine révision au fond erfolgen würde. Das in Hilton v. Guyot aufgestellte – in der US-amerikanischen Praxis umstrittene – Gegenseitigkeitserfordernis halten die Autoren dabei für verfassungswidrig.

IV. Verbürgung der Gegenseitigkeit

Die Gegenseitigkeit für Zahlungsurteile ist verbürgt[14]. Im übrigen ist die Gegenseitigkeit wegen der Möglichkeit der révision au fond nicht verbürgt[15]. Die révision au fond schließt die Gegenseitigkeitsverbürgung in jedem Fall aus[16]. Zwar scheint die neuere Entwicklung zu einer Abkehr von der Zulässigkeit sachlicher Nachprüfung zu gehen. Die notwendige sichere Praxis ist aber noch nicht feststellbar.

Pennsylvania[1]

I. Urteile auf Geldzahlung

Ausländische Urteile auf Geldzahlung werden nach der doctrine of comity anerkannt und für vollstreckbar erklärt[2]. Es kann davon ausgegangen

---

[11] Vgl. Geimer/Schütze S. 1923.
[12] AaO. S. 380.
[13] 23 OR. App. 393, 542 P. 2d 918 (1975).
[14] Vgl. Martiny S. 674 (RdN 1556).
[15] Vgl. Geimer/Schütze S. 1923; Schütze JR 1987, S. 317 ff.; zweifelnd Zöller/Geimer Anh. I.
[16] Vgl. RGZ 7, 406 (409); 70, 434 (437); Geimer/Schütze S. 1775; Riezler S. 554.

[1] Vgl. dazu Schütze, Die Anerkennung und Vollstreckbarerklärung ausländischer Zivilurteile in Pennsylvania, JR 1990, S. 188 ff.
[2] Vgl. Kohn v. American Metal Climax, Inc. 322 F. Supp. 1331 (E.D. Pa. 1970), mod. in part 458 F. 2d 255 (3rd Cir. 1971), cert. denied 409 U.S. 874 (1974); Papaionnoiu v. Hellenic Lines, Ltd. 569 F.Supp. 724 (U.S.D.C. Pa. 1983); Martiny S. 674 (RdN 1557).

werden, daß die im Restatement 2nd Conflict of Laws und im Restatement 3rd Foreign Relations manifestierten Grundsätze in Pennsylvania Anwendung finden.

(1) Erfordernisse der Wirkungserstreckung

Judge Adams hat in einer concurring and dissenting opinion der Entscheidung Kohn v. American Metal Climax, Inc.[3] des United States Court of Appeal die Erfordernisse der Wirkungserstreckung zusammengefaßt:

> Of course, tribunals in this nation are not absolutely bound to follow foreign judgments in every case. In Hilton v. Guyot, 159 U.S. 113 16 S.Ct. 139, 40 L.Ed. 95 (1895), the Supreme Court ruled that foreign judgments werde binding in courts of this country as a matter of international comity if certain criteria are satisfied. Summarized, they are:
> 1. Opportunity for a full and fair trial abroad;
> 2. Trial before a court of competent jurisdiction;
> 3. Trial conducted upon regular proceedings;
> 4. Proceedings following due citation or voluntary appearance of adversary parties;
> 5. Trial under a system of jurisprudence likely to secure an impartial administration of justice between the citizens of its own country and those of other countries;
> 6. No evidence to demonstrate
>   a) prejudice in the court
>   b) prejudice in the system of laws in which court was sitting;
>   c) fraud in procuring the judgment; or
>   d) any other special reason why the comity of this nation should not allow full effect. Id. at 202–203, 16 S.Ct. 139.

In Hughes v. Schreiner[4] hat der Supreme Court of Pennsylvania einer action upon a foreign judgment für ein englisches Zahlungsurteil stattgegeben, weil der Beklagte keine wirksame Einwendung vorgebracht hatte. Als solche sah das Gericht nur Erfüllung oder mangelnde internationale Zuständigkeit des Erstgerichts an.

In Moore v. Phillips[5] hat der Supreme Court of Pennsylvania ebenfalls einer action upon the foreign judgment für ein englisches Urteil wegen Fehlens eines „sufficient affidavit of defense" stattgegeben. Der Beklagte, der sich vorübergehend in England aufhielt, war nach seiner Rückkehr nach Pennsylvania in England verklagt und zur Zahlung verurteilt worden. Für ihn war ein Anwalt aufgetreten. Der Beklagte machte nun

---

[3] 458 F. 2d 255, 302, im übrigen FN 2.

[4] 52 A. 30 (Pa. 1902).

[5] 10 Pa. County Ct. 552 (1891), aff'd 25 A. 829 (1893).

geltend, er habe von dem Verfahren nichts gewußt, nicht jedoch, daß der Anwalt ohne Vollmacht gehandelt habe. Das Gericht hat sich mit den Erfordernissen der Wirkungserstreckung im übrigen nicht auseinandergesetzt, hielt diese offenbar für gegeben.

Eine ähnliche Situation war in Cruz v. O'Boyle[6] gegeben. Der Beklagte war in dem Verfahren vor einem mexikanischen Gericht durch einen Anwalt vertreten, der sich rügelos zur Hauptsache eingelassen hatte. In der action upon the foreign judgment aufgrund der mexikanischen Entscheidung machte der Beklagte die mangelnde internationale Zuständigkeit des Gerichts in Jalisco (Mexiko) geltend. Der District Court, M.D. Pennsylvania, hielt die Einlassung durch den Anwalt für ausreichend, um die internationale Zuständigkeit der mexikanischen Gerichte zu begründen.

In Kohn v. American Metal Climax, Inc.[7] setzt sich Judge Adams in seiner concurring and dissenting opinion auch mit dem Erfordernis der verbürgten Gegenseitigkeit auseinander. Die verbürgte Gegenseitigkeit wird im Anschluß an Hilton v. Guyot wohl noch überwiegend gefordert. Judge Adams legt dar, daß dieses Erfordernis in Rechtsprechung und Schrifttum zunehmend in Frage gestellt wird. Er läßt Zweifel an der Notwendigkeit der Gegenseitigkeitsverbürgung erkennen, ohne sich letztlich zu entscheiden, da er die Gegenseitigkeit im Verhältnis zu Zambia in dem entschiedenen Fall für verbürgt ansah. Interessant ist dabei die Art der Feststellung des Inhalts des zambischen Rechts im Rahmen der Gegenseitigkeitsprüfung. Judge Adams geht – zu Recht – davon aus, daß die Unabhängigkeitserklärung Zambias zunächst keinen Einfluß auf das rezipierte englische Recht gehabt hat und das common law fortgilt. Da die Gegenseitigkeit im Verhältnis zu England verbürgt ist, konnte diese auch im Verhältnis zu Zambia angenommen werden. Für deutsche Entscheidungen ist die u. U. geforderte Gegenseitigkeit kein Anerkennungshindernis. Da in der deutschen Literatur die Gegenseitigkeit i. S. von § 328 Abs. 1 Nr. 5 ZPO im Verhältnis zu Pennsylvania bejaht wird[8], kann davon ausgegangen werden, daß auch die Gerichte in Pennsylvania umgekehrt die Gegenseitigkeit im Verhältnis zur Bundesrepublik Deutschland bejahen werden.

(2) Verfahren der Wirkungserstreckung

Die Anerkennung erfolgt formlos. Das anzuerkennende ausländische Urteil kann als wirksame Einwendung in einem neuen Prozeß über

---

[6] 197 F. 824 (M.D. Pa. 1912).

[7] Vgl. FN 2.

[8] Vgl. unten sub IV.

denselben Streitgegenstand dienen (res iudicata-Einwand). In Leo Feist, Inc. v. Debmar Publishing Co.[9] verneinte der U.S. District Court, E.D. Pennsylvania, die Identität des Streitgegenstandes eines englischen Urteils über eine Urheberrechtsstreitigkeit („In a little Spanish Town") mit dem in einem Urheberrechtsverletzungsstreit zwischen den Parteien in einem Prozeß in Pennsylvania. Dennoch erkannte das Gericht die Tatbestandswirkungen des englischen Urteils im Hinblick auf die mangelnde Kenntnis der Urheberrechtsverletzung an[10].

Die Vollstreckbarerklärung erfolgt durch action upon the foreign judgment[11]. Diese ist eine „original and independent action"[12]. Summary judgment proceedings sind zulässig[13]. Eine sachliche Nachprüfung (révision au fond) findet nicht statt[14].

Prozessual interessant ist die Entscheidung Weiseberger v. Nevil. Der Urteilsgläubiger hatte in einem Verfahren vor einem bayerischen Landgericht einen Titel auf Rückzahlung von Darlehen im Werte von ca. US$ 118,– erstritten. In dem Verfahren der action upon the judgment in Pennsylvania wandte der Beklagte ein, die Darlehensforderung sei verjährt. Der County Court entschied, daß Gegenstand der action on the judgment nicht der ursprüngliche Anspruch, vielmehr das ausländische Urteil sei, wies den Einwand zurück und entschied zugunsten des Klägers.

II. Unterhaltsentscheidungen

Pennsylvania hat den Uniform Reciprocal Enforcement of Support Act (RURESA) in das innerstaatliche Recht übernommen[15]. Eine Gegensei-

---

9 232 F. Supp. 623 (S.D. 1964).

10 „Since in a hotly contested law suit in England it has been determined that there was neither conscious nor subconscious copying and since this fact would dispose of the litigation before me..., I am compelled to enter summary judgment in favor of the defendants."

11 Vgl. Hughes v. Schreiner FN 4.

12 Vgl. Weiseberger v. Nevil 11 Pa. County Ct. 40 (1892).

13 Vgl. Somportex Ltd. v. Philadelphia Chewing Gum Corp. 318 F. Supp. 161, 169 (E.D. Pa. 1970); Brenscheidt, Anerkennung und Vollstreckung ausländischer Geldurteile in den USA, RIW/AWD 1976, S. 554 ff. (559); Weinschenk S. 204 hält die Möglichkeit eines summary judgment Verfahrens für ausländische Urteile für unbestimmt.

14 Vgl. Cruz v. O'Boyle FN 6.

15 23 Pa. C.S.A. §§ 4501 bis 4540.

tigkeitserklärung für die Bundesrepublik Deutschland ist abgegeben worden[16].

Im übrigen werden ausländische Unterhaltsurteile nach der doctrine of comity anerkannt und für vollstreckbar erklärt. Es gelten die Grundsätze, die in § 486 Restatement 3rd Foreign Relations[17] manifestiert sind.

III. Sonstige Entscheidungen

(1) Anerkennungsfähige Urteilswirkungen

Der Wirkungserstreckung zugänglich sind die Rechtskraft-, Vollstreckungs-, Gestaltungs-, Feststellungs- und Tatbestandswirkung eines Urteils. Drei Entscheidungen befassen sich mit der Erstreckung der Tatbestandswirkungen:

(a) In Re Mayall's Naturalization[18]
Die Antragstellerin im Einbürgerungsverfahren war in England wegen Ehebruchs geschieden worden und hatte den „Ehebrecher" in Pennsylvania unter Aufdeckung des Sachverhalts geheiratet. Da das pennsylvanische Recht eine Heirat des wegen Ehebruchs geschiedenen Ehepartners mit dem „Ehebrecher" verbot, wollte die Einbürgerungsbehörde das notwendige Kriterium des „good moral character" der Antragstellerin nicht bejahen. Der U.S. District Court ging von einer Anerkennungsfähigkeit der Tatbestandswirkungen der englischen Entscheidung aus.

(b) Bolanos v. Gulf Oil Corp.[19]
Der guatemaltekische Kläger war durch Urteil eines guatemaltekischen Gerichts zu 20monatiger Freiheitsstrafe wegen Veruntreuung verurteilt worden. Er verklagte nunmehr die US-amerikanische Muttergesellschaft seines guatemaltekischen Arbeitgebers in Pennsylvania wegen Verfolgung Unschuldiger (malicious prosecution and abuse of process). Der U.S. District Court, W.D. Pennsylvania, erkannte die Tatbestandswirkungen des guatemaltekischen Urteils im Rahmen der Zuständigkeitsprüfung an.

(c) Leo Feist v. Debma Publishing Co.[20]
In diesem Fall erkannte der U.S. District Court, E.D. Pennsylvania, die Tatbestandswirkungen eines englischen Urteils über Urheberrechtsver-

---

[16] Vgl. auch Bekanntmachung nach AUG BGBl. 1989 I 372.

[17] Vgl. für die Wirkungserstreckung einer jugoslawischen Unterhaltsentscheidung Drakulich v. Drakulich 482 A. 2d 583 (Pa. Super. 1984).

[18] 154 F. Supp. 556 (Pa. 1957).

[19] 502 F. Supp. 689 (W.D. Pa. 1980).

[20] FN 9.

letzungen an, soweit die vorsätzliche Verletzung in Frage stand. Das englische Urteil hatte dabei andere Urheberrechtsverletzungen zum Gegenstand, als in dem Prozeß in Pennsylvania geltend gemacht wurden.

(2) Adoptionsentscheidungen

In Re Christoff's Estate[21] erkannte der Supreme Court of Pennsylvania eine griechische Adoptionsentscheidung incidenter im Rahmen einer Erbauseinandersetzung zwischen dem Adoptivsohn und dem in einem vor der Adoption eingesetzten Testamentserben an. Das Gericht stützte die Entscheidung auf die comity doctrine und wandte die in Hilton v. Guyot enumerierten Erfordernisse der Wirkungserstreckung an.

(3) Sorgerechtsentscheidungen

Pennsylvania hat den Uniform Child Custody Jurisdiction Act (UCCJA) in das innerstaatliche Recht übernommen[22].

In Commonwealth of Pennsylvania ex rel. Thomas Zaubi and Kristine Zaubi v. Thomas Antony Zaubi[23] ging es um die Abänderung einer dänischen Sorgerechtsentscheidung. Der Supreme Court führt aus:

> We agree with the Superior Court that the Act compels Pennsylvania courts not only to recognize valid custody decrees from foreign nations but also to decline to accept jurisdiction to modify custody decrees in the absence of a showing, based on evidence not previously considered, of conditions in the custodial household that are physically or emotionally harmful to the children. Because appellant failed to make such a showing, we affirm the order of the Superior Court.

Die Zuständigkeit für die Abänderung der dänischen Entscheidung wurde deshalb verneint. In dem Zaubi-Fall ging es im übrigen auch um ein „Kidnapping" der ehelichen Kinder. Der Vater hatte ein Besuchsrecht dazu benutzt, die Kinder von Dänemark, wo der Sorgerechtsstreit schwebte, nach Pennsylvania zu verbringen.

In Taylor v. Taylor[24] erkannte der Superior Court of Pennsylvania eine kanadische Sorgerechtsentscheidung an und verneinte die internationale Zuständigkeit zur Abänderung nach dem UCCJA unter Berufung auf die Zaubi-Entscheidung.

---

[21] 192 A. 2d 737 (Pa. 1963).

[22] 42 Pa. C.S.A. §§ 5341 bis 5366.

[23] 423 A. 2d 333 (Pa. 1980).

[24] 420 A. 2d 570 (Pa. Super. 1980).

Die Anerkennung einer israelischen Sorgerechtsentscheidung hatte Hovav v. Hovav[25] zum Gegenstand. Die Mutter hatte während eines Israel-Aufenthalts 1975 geheiratet. Die Eheleute lebten in einem Kibbuz, wo zwei Kinder geboren wurden. Die Ehefrau fuhr mit den Kindern unter dem Vorwand, daß die Kinder die Großeltern besuchen sollten, nach Pennsylvania zurück. Dort reichte sie die Scheidungsklage ein und beantragte die Übertragung des Sorgerechts auf sich. In Anwendung des UCCJA und unter Berufung auf das Zaubi-Urteil erkannte der Superior Court of Pennsylvania eine zwischenzeitlich ergangene israelische Sorgerechtsentscheidung an und verneinte die internationale Zuständigkeit der Gerichte Pennsylvanias zur Regelung der Sorgerechtsfrage.

(4) Scheidungsurteile

In Sargent v. Sargent[26] verweigerte der Superior Court of Pennsylvania einer Mexiko-Scheidung wegen mangelnder internationaler Zuständigkeit der mexikanischen Gerichte die Anerkennung. Der Ehemann hatte eine Scheidung „auf der Reise" in Chihuahua (Mexiko) erwirkt. Die Klage war der Ehefrau in Pennsylvania zugestellt worden, sie ließ sich jedoch in dem mexikanischen Verfahren nicht ein. Zur Notwendigkeit der Wohnsitzbegründung führt das Gericht aus:

> An absolute prerequisite to judicial recognition of an out-of-state divorce is that the plaintiff must have resided in the state or country for a minimum period of residency as determined by local authority and that the residency be accompanied by 'domiciliary intent', i.e. an intent to remain in the foreign jurisdiction.

Interessant mag die Einlassung des Ehemanns im Prozeß in Pennsylvania sein:

Q. How long were you in Mexico?
A. Approximately a week.
Q. A week. Did you have employment in Mexico?
A. No, I did not.
Q. What was the purpose of your trip to Mexico?
A. My purpose was to establish residence in the State of Mexico for obtaining a divorce.
Q. And only for that purpose?
A. For Mexico?
Q. Yes.
A. That's correct – other than economical reasons. I couldn't establish residence in another state because of economical reasons.

---

[25] 458 A. 2d 972 (Pa. Super. 1983).

[26] 307 A. 2d 353 (Pa. Super. 1973).

Q. Because of economical reasons?
A. Yes. It's too expensive.
Q. Too expensive. So you went to Mexico, realizing that you would leave as soon as the minimum residence requirements were established; is that correct, Sir?
A. That I would leave Mexico?
Q. Yes.
A. That's correct.
Q. Did you ever intend to remain there indefinitely?
A. In Mexico?
Q. Yes.
A. No, I did not.

IV. Verbürgung der Gegenseitigkeit

Die Gegenseitigkeit im Verhältnis zu Pennsylvania i. S. von § 328 Abs. 1 Nr. 5 ZPO ist allgemein verbürgt[27].

Rhode Island[1]

I. Urteile auf Geldzahlung

Es gelten die im Restatement 2nd Conflict of Laws und im Restatement 3rd Foreign Relations manifestierten Grundsätze.

Die Anerkennung erfolgt formlos. Die Vollstreckbarerklärung bedarf eines neuen Verfahrens (action upon the foreign judgment). Summary proceedings sind zulässig[2]. Eine révision au fond ist ausgeschlossen.

II. Unterhaltsentscheidungen

Rhode Island hat den Revised Uniform Reciprocal Enforcement of Support Act (RURESA) in das innerstaatliche Recht übernommen[3]. Die gesetzliche Regelung findet jedoch mangels festgestellter Gegenseitig-

---

[27] Vgl. Brenscheidt, The Recognition and Enforcement of Foreign Money-Judgments in the Federal Republic of Germany, 11 Int'l Law 261 (1977); Geimer/Schütze S. 1923; Martiny S. 674 (RdN 1557); Schütze IWB F 8 (USA) Gr. 3, S. 139 ff.; ders. JR 1990, S. 188 ff.; Zöller/Geimer Anh. I.

[1] Vgl. dazu Schütze, Die Anerkennung und Vollstreckbarerklärung ausländischer Zivilurteile in Rhode Island, JR 1990, S. 100 ff.

[2] Vgl. Weinschenk S. 204.

[3] Gen. Laws 1956, §§ 15-11-1 bis 15-11-42.

keitsverbürgung keine Anwendung auf deutsche Entscheidungen. Es gelten die allgemeinen Grundsätze, die in § 486 Restament 3rd Foreign Relations zusammengefaßt sind.

III. Sonstige Entscheidungen

Für ausländische Sorgerechtsentscheidungen findet der Uniform Child Custody Jurisdiction Act[4] Anwendung[5]. Im übrigen gelten die Grundsätze des Restatement 2nd Conflict of Laws und des Restatement 3rd Foreign Relations.

In einer interessanten Entscheidung aus dem Jahr 1928 hat sich der Supreme Court of Rhode Island mit den durch die Anerkennung erstreckungsfähigen Urteilswirkungen befaßt. In Rostron v. Rostron[6] hatte die Ehefrau in England ein Verfahren vor dem Criminal Court gegen den Ehemann u. a. wegen böswilligen Verlassens und Verletzung der Unterhaltspflicht angestrengt. Der Ehemann anerkannte seine Zahlungsverpflichtung in diesem Verfahren. Es erging eine entsprechende court order. Später erhob der Ehemann Scheidungsklage in Rhode Island. Das Gericht erkannte die Tatbestandswirkung der Entscheidung des englischen Criminal Court, soweit diese das Verlassen der Ehefrau durch den Ehemann zum Gegenstand hatte, nicht an. Es führt aus:

> The petitioner frankly admitted that by a judgment entered against him by consent he had been adjudged guilty of deserting his wife, but the question then involved is not res iudicata in these proceedings. A judgment in a criminal case is not conclusive of any fact (except that is was entered) when pleaded or proved in an action for divorce. If the facts which are the basis of such judgment are material in a divorce case, such facts must be proved as any other fact; and proof of the judgment does not even raise a presumption in favour of the facts therein adjucated.

IV. Verbürgung der Gegenseitigkeit

Die Gegenseitigkeit ist für Zahlungsurteile – aber auch darüber hinaus – verbürgt[7].

---

[4] Gen. Laws 1956, §§ 15-14-1 bis 15-14-26.

[5] Der Autor dankt dem Chief Legal Counsel Joseph F. Dugan für die liebenswürdige Information über ein Anerkennungsverfahren für eine israelische Sorgerechtsentscheidung.

[6] 142 A. 162 (R.I. 1928).

[7] Vgl. Geimer/Schütze S. 1923; Martiny S. 675 (RdN 1558); Schütze IWB F 8 (USA) Gr. 3, S. 139 ff.; ders. JR 1990, S. 100 ff.; Zöller/Geimer Anh. I.

South Carolina[1]

Die Rechtsprechung South Carolinas zur Wirkungserstreckung ausländischer Zivilurteile ist ein beredtes Zeugnis der Geschichte dieses Landes. Sie beschäftigt sich im wesentlichen mit Blockadebrechern, die von Charleston aufbrachen und Vorläufer jenes Rhett Burton aus Margaret Mitchells „Vom Winde verweht" sein könnten. In Campbell v. Williamson[2] war die Brigg „Russell" auf der Fahrt nach St. Vincent oder Barbados mit Kontrabande für Surinam von dem britischen Kaperschiff „Louisa" aufgebracht und in den Hafen von St. Johns gebracht worden, wo ein Urteil gegen sie erging[3]. In Blacklock v. Stewart[4] ging es um eine versuchte Durchbrechung der englischen Blockade von Spanien im Zuge der napoleonischen Besetzung. Die Brigg „Susannah" wurde auf der Fahrt von Charleston nach Cadiz von dem englischen Prisenschiff „La Mouche" aufgebracht und in Gibraltar als Prise verurteilt. Ein ähnliches Schicksal war dem Schiff „John" auf der Fahrt von Charleston nach Cadiz im Fall Williamson & Fitzsimmons v. Tunno & Cox et al.[5] beschieden, das in Gibraltar als feindliches Eigentum wegen der Absicht, den Hafen von Cadiz anzulaufen, verurteilt wurde. Eine wahre Odyssee war der Brigg „Mary" auferlegt, deren Schicksal Gegenstand des 1811 entschiedenen Falles Walton and Pagan v. Bethune[6] war. Die Brigg gehörte amerikanischen Eignern in Charleston. Sie wurde auf der Fahrt von Port Republic in San Domingo nach Norfolk/Virginia von einem französischen Prisenschiff aufgebracht. Die Freude der Franzosen währte nicht lange. Ein englisches Prisenschiff jagte ihr die Beute wieder ab. Die Brigg wurde in den Hafen von Kingston/Jamaica verbracht. Der Court of Vice Admiralty von Jamaica entschied anschließend über die problematischen Rechtsfragen betreffend Schiff und Ladung. Auch in Groning v. The United Insurance Co.[7] ging es um ähnliche Rechtsfragen. Die Brigg „Joseph" war auf der Fahrt von St. Jago de Cuba nach Charleston von einem englischen Kaperschiff aufgebracht worden. Der

---

[1] Vgl. dazu SCHÜTZE, Die Anerkennung und Vollstreckbarerklärung ausländischer Zivilurteile in South Carolina, JR 1990, S. 278f.

[2] 2 S.C.L. 237 (1800).

[3] Die Ladung wurde vom Vice-Admirality Court of Antigua „condemned generally as lawful prize".

[4] 2 S.C.L. 363 (1802).

[5] 2 S.C.L. 388 (1802).

[6] 4 S.C.L. 253 (1811).

[7] 10 S.C.L. 537 (1818).

Vice-Admiralty Court of Jamaica fällte eine Entscheidung (feindliches oder neutrales Eigentum?). Allen diesen Fällen ist gemeinsam, daß es um die Wirkungserstreckung von Prisenentscheidungen ging, die im einzelnen für die heutige Rechtspraxis in South Carolina nur noch historische Bedeutung haben[8].

I. Urteile auf Geldzahlung

Die Wirkungserstreckung ausländischer Zivilurteile erfolgt nach der comity doctrine. Es kann davon ausgegangen werden, daß die im Restatement 2nd Conflict of Laws und im Restatement 3rd Foreign Relations manifestierten Grundsätze in South Carolina Anwendung finden.

Die Anerkennung erfolgt formlos. Das anzuerkennende ausländische Urteil kann in einem neuen Prozeß über denselben Streitgegenstand als Einwendung geltend gemacht werden (res iudicata-Einwand). Im übrigen wird die Wirkungserstreckung in einem gerichtlichen Verfahren aufgrund einer action upon the foreign judgment ausgesprochen. Eine révision au fond erfolgt nicht. Summary judgment proceedings sind zulässig[9].

II. Unterhaltsentscheidungen

South Carolina hat den Revised Uniform Reciprocal Enforcement of Support Act (RURESA) in das innerstaatliche Recht übernommen[10]. Die Anwendung auf ausländische Titel erfordert jedoch eine förmliche Gegenseitigkeitsfeststellung, die für die Bundesrepublik Deutschland nicht ergangen ist. Deutsche Unterhaltstitel können nach dieser statutarischen Bestimmung deshalb nicht geltend gemacht werden.

Ausländische Unterhaltstitel werden nach allgemeinen Grundsätzen anerkannt und für vollstreckbar erklärt, wie sie in § 486 Restatement 3rd Foreign Relations zusammengefaßt sind.

III. Sonstige Entscheidungen

Die Wirkungserstreckung erfolgt nach den allgemeinen Grundsätzen, die im Restatement 2nd Conflict of Laws und im Restatement 3rd Foreign Relations manifestiert sind. Für drei Urteilsgattungen liegt eine gesetzliche Regelung und Rechtsprechung vor:

---

[8] In Bailey v. The South Carolina Insurance Co. 6 S.C.L. 381 (1813) ging es ebenfalls um eine Kaperung. Der Schoner „Lucy" wurde auf dem Weg von Charleston von dem englischen Schoner „Haduck" aufgebracht, und in Nassau fand der Prozeß statt.

[9] Vgl. Weinschenk S. 204.

[10] Code 1976 §§ 20-7-960 bis 20-7-1170.

(1) Adoptionsentscheidungen

§ 20-7-1810 des South Carolina Code of Laws bestimmt:

> When the relationship of parent and child has been created by a decree of adoption of a court of any other state or nation, the rights and obligations of the parties as to matters within the jurisdiction of this State shall be determined by § 20-7-1770.

Danach sind die Wirkungen ausländischer Adoptionsentscheidungen[11] grundsätzlich anerkennungsfähig.

(2) Sorgerechtsentscheidungen

Es gilt der Uniform Child Custody Jurisdiction Act[12].

(3) Konkursentscheidungen

Eine Entscheidung aus dem Jahr 1828[13] befaßt sich mit der Anerkennung einer englischen Konkursentscheidung. Das Gericht ist von der Territorialität der Wirkungen des Auslandskonkurses ausgegangen. Wegen des Alters der Entscheidung ist die Präzedenzwirkung zweifelhaft.

IV. Verbürgung der Gegenseitigkeit

Die Gegenseitigkeit i. S. von § 328 Abs. 1 Nr. 5 ZPO ist allgemein verbürgt[14].

---

[11] § 20-7-1770, auf den § 20-7-1810 verweist, hat folgenden Wortlaut:
(a) After the final decree of adoption is entered, the relation of parent and child and all the rights, duties and other legal consequences of the natural relation of child and parent shall thereafter exist between such adopted child and the person adopting such child and the kindred of the adoptive parents. From the date the final decree of adoption is entered, the adopted child shall be considered a natural child of the adopting parents for all inheritance purposes, both by and from such child to the exclusion of the natural or blood parents or kin of such child. These rules of inheritance shall also apply to all the parties where one of the natural parents is united in bonds of matrimony to the other adopting parent.
(b) After a final decree of adoption is entered, the natural parents of the adopted child, unless they are the adoptive parents, shall be relieved of all parental responsibilities for the child and have no rights over such adopted child.

[12] Code 1976 §§ 20-7-782 bis 20-7-830.

[13] Robinson & Co. v. Crowder, Clough & Co. 4 McCord 519 (1828).

[14] Vgl. Geimer/Schütze S. 1923; Martiny S. 675 (RdN 1559); Schütze IWB F 8 (USA) Gr. 3, S. 139 ff.; ders. JR 1990, S. 278 f.; Zöller/Geimer Anh. I.

South Dakota[1]

I. Urteile auf Geldzahlung

Ausländische Urteile auf Geldzahlung werden nach der doctrine of comity anerkannt und für vollstreckbar erklärt. Es ist davon auszugehen, daß die im Restatement 2nd Conflict of Laws und im Restatement 3rd Foreign Relations manifestierten Grundsätze Anwendung finden.

Die Anerkennung erfolgt formlos. Das ausländische Urteil kann in einem neuen Rechtsstreit über denselben Streitgegenstand als Einwendung dienen (res iudicata-Einwand). Die Vollstreckbarerklärung bedarf der action upon the foreign judgment. Diese muß binnen zehn Jahren erhoben werden. Unklar ist, ob summary judgment proceedings zulässig sind[2]. Eine sachliche Nachprüfung (révision au fond) ist unzulässig.

II. Unterhaltsentscheidungen

South Dakota hat den Revised Uniform Reciprocal Enforcement of Support Act (RURESA) übernommen[3]. Eine Gegenseitigkeitserklärung ist ergangen[4], so daß deutsche Titel aufgrund der statutarischen Regelung geltend gemacht werden können.

In der von Tomforde/Webler[5] berichteten Entscheidung Dambacher v. Lavoy ist ein deutscher Unterhaltstitel anerkannt und für vollstreckbar erklärt worden.

III. Sonstige Entscheidungen

Ausländische Sorgerechtsentscheidungen können nach dem Uniform Child Custody Jurisdiction Act[6] anerkannt werden.

Andere Entscheidungen werden nach der comity doctrine anerkannt und für vollstreckbar erklärt.

IV. Verbürgung der Gegenseitigkeit

Die Gegenseitigkeit ist verbürgt[7], jedoch tritt zehn Jahre nach Urteilserlaß Nichtverbürgung der Gegenseitigkeit ein[8].

---

[1] Vgl. dazu SCHÜTZE, Die Anerkennung und Vollstreckbarerklärung ausländischer Zivilurteile in South Dakota, JR 1988, S. 405 f.

[2] Vgl. WEINSCHENK S. 204.

[3] SDCL 25-9A-1 bis 25-9A-43.

[4] Vgl. auch Bekanntmachung nach AUG BGBl. 1987 I 2381.

[5] Vgl. TOMFORDE/WEBLER, Das Recht des nichtehelichen Kindes und seiner Mutter im In- und Ausland, Vereinigte Staaten, S. 28.

[6] SDCL 26-5A-1 bis26-5A-26.

[7] Vgl. GEIMER/SCHÜTZE S. 1923; MARTINY S. 675 (RdN 1560); SCHÜTZE

Tennessee[1]

I. Urteile auf Geldzahlung

Tennessee hat das Mustergesetz über die Anerkennung und Vollstreckbarerklärung ausländischer Urteile auf Geldzahlung nicht in das innerstaatliche Recht übernommen. Ausländische Urteile auf Geldzahlung werden nach den im Restatement 2nd Conflict of Laws und im Restatement 3rd Foreign Relations manifestierten Grundsätzen anerkannt und für vollstreckbar erklärt.

Die Anerkennung erfolgt formlos. Das ausländische Urteil kann in einem neuen Prozeß über denselben Streitgegenstand als Einwendung dienen (res iudicata-Einwand). Die Vollstreckbarerklärung erfolgt durch action upon the foreign judgment. Summary judgment proceedings sind möglich[2]. Eine sachliche Nachprüfung (révision au fond) ist unzulässig.

II. Unterhaltsentscheidungen

Es finden die in § 486 Restatement 3rd Foreign Relations manifestierten Grundsätze Anwendung.

III. Sonstige Entscheidungen

Für Sorgerechtsentscheidungen gilt der Uniform Child Custody Jurisdiction Act[3].

Im übrigen erkennt Tennessee ausländische Entscheidungen nach der doctrine of comity an.

In Hyde v. Hyde[4] hat der Supreme Court of Tennessee dies für ausländische Scheidungsurteile grundsätzlich dargelegt:

> Because the decree for which recognition is sought is that of a foreign nation, the sole question here is whether Tennessee will grant comity to the divorce. We have not found any case in which Tennessee courts have considered the question of what effect should be given a judicial decree from a foreign nation, but the courts of this state have recognized the doctrine of comity in cases

IWB F 8 (USA), Gr. 3, S. 139 ff.; DERS. JR 1988, S. 405 f.; ZÖLLER/GEIMER Anh. I.

8 Vgl. GEIMER/SCHÜTZE S. 1923.

1 Vgl. dazu SCHÜTZE, Die Anerkennung und Vollstreckbarerklärung ausländischer Zivilurteile in Tennessee, JR 1989, S. 276 ff.

2 Vgl. WEINSCHENK S. 204.

3 T.C.A. §§ 36-6-201 bis 36-6-225.

4 562 S.W. 2d 194 (Tenn. 1978).

where the rights of parties under the laws of other states were at issue, and recognition was not obligatory under the Full Faith and Credit Clause.

Die Rechtsprechung Tennessees hat sich besonders mit der Anerkennung von zwei Urteilsgattungen befaßt:

(1) Scheidungsurteile

In Hyde v. Hyde hatten sich die Parteien in der Dominikanischen Republik scheiden lassen. Die Ehefrau war in dem Verfahren in Santo Domingo persönlich erschienen, der Ehemann durch einen von ihm bevollmächtigten Rechtsanwalt vertreten. Die Scheidung war einverständlich „on the ground of incompatibility of temperaments". Das Erstaunliche an dem Fall war, daß die Parteien sich ursprünglich in Shelby County, Tennessee, ihrem gemeinsamen Wohnsitz, scheiden lassen wollten, es ihnen dort aber wegen der Rückstände in der Behandlung von Scheidungsfällen zu lange dauerte.

In Terrell v. Terrell[5] ging es um die Anerkennung einer haitischen Scheidung. Die Ehegatten waren beide in Tennessee domiziliert. In dem Scheidungsverfahren in Port au Prince war die beklagte Ehefrau durch einen Rechtsanwalt vertreten und unterwarf sich der Zuständigkeit des Gerichts. Unmittelbar nach der Rückkehr des Ehemannes aus Haiti (drei Tage nach der Scheidung) schlossen die Parteien einen Scheidungsfolgenvergleich. Die Ehefrau verlangte später – abweichend von dem Vergleich – Unterhalt in einem Verfahren vor den Gerichten in Tennessee.

(a) Internationale Zuständigkeit

Sowohl in Hyde v. Hyde als auch in Terrell v. Terrell handelte es sich um „Scheidungen auf der Reise". Dennoch hat der Supreme Court of Tennessee in beiden Fällen die internationale Zuständigkeit des Erstgerichts in der Dominikanischen Republik und Haiti bejaht, weil sich die beklagte Partei der Zuständigkeit des Erstgerichts unterworfen hatte und in dem Verfahren vertreten war. Der Supreme Court of Tennessee hat das Problem gesehen, wenn er in Hyde v. Hyde ausführt:

> The majority of states do not grant comity to divorces rendered in foreign jurisdictions where neither spouse was actually domiciled, even where both parties voluntarily submitted to the jurisdiction of the rendering court.

Die Rechtsprechung Tennessees ist jedoch offenbar i. S. eines „volenti non fit iniuria" liberaler in der Beurteilung der Zuständigkeitsfrage.

---

[5] 578 S.W. 2d 637 (Tenn. 1979).

(b) Ordre public-Klausel
In Hyde v. Hyde hat das Gericht die Scheidung aus dem Grund der Unvereinbarkeit der Temperamente als nicht ordre public-widrig angesehen, weil auch das Recht Tennessees diesen Scheidungsgrund zuläßt, wenn durch schriftliche Scheidungsfolgenvereinbarung insbesondere Sorgerecht und Unterhalt der Kinder sichergestellt werden.

(c) Umfang der Anerkennung
Terrell v. Terrell ist besonders interessant im Hinblick auf den Umfang der Anerkennung. Der Supreme Court of Tennessee vertrat die Ansicht, daß durch die Anerkennung des haitischen Scheidungsurteils auch die Präklusionswirkung für den Unterhaltsanspruch der Ehegatten erstreckt worden sei. Das Gericht wies deshalb die Unterhaltsklage der Ehefrau, die den Anspruch im Verfahren in Port au Prince nicht geltend gemacht hatte, ab.

(d) Verfahren der Anerkennung
Die Anerkennung kann incidenter erfolgen. In Terrell v. Terrell war das ausländische Urteil als Einwendung im Unterhaltsprozeß geltend gemacht worden. Es ist aber auch eine förmliche Feststellung der Anerkennung möglich. In Hyde v. Hyde wurde die Anerkennung durch Feststellungsurteil ausgesprochen.

(2) Nachlaßentscheidungen

In Re De Franceschi's Estate[6] ging es um die Anerkennung einer italienischen Nachlaßentscheidung. Antonio de Franceschi, domiziliert in Shelby County, Tennessee, war 1931 in Lestana, Italien, verstorben. Der Erblasser hatte ein Testament hinterlassen, das durch ein Gericht in Spilimbergo (Provinz Udine) homologiert worden war. In einem Nachlaßverfahren in Shelby County wurde die italienische Homologation anerkannt.

IV. Verbürgung der Gegenseitigkeit

Die Gegenseitigkeit ist allgemein verbürgt[7].

---

[6] 70 S.W. 2d 513 (Tenn. App. 1934).

[7] Vgl. Geimer/Schütze S. 1924; Martiny S. 675 (RdN 1561); Schütze IWB F 8 (USA) Gr. 3, S. 139 ff.; ders. JR 1989, S. 276 ff.; Zöller/Geimer Anh. I.

Texas[1]

Die Anerkennungspraxis in Texas differenzierte zunächst nach der Art des ausländischen Urteils. Zwei Entscheidungen aus dem Jahr 1847 – die ersten in der Rechtsgeschichte von Texas – unterscheiden zwischen judgments in personam und judgments in rem[2]. In Phillips v. Lyons[3] wurde einem Urteil „in personam" eines Gerichts in Louisiana[4] die Anerkennung verweigert. Das Gericht vertrat die Ansicht, daß eine ausländische Entscheidung nur einen prima facie Beweis für das Bestehen des streitgegenständlichen Anspruchs darstellen könne. In Wellborn v. Carr[5] erkannte dasselbe Gericht ein „in rem" Urteil eines Gerichts von Alabama an. Das Urteil hatte im Erststaat belegene Sachen zum Gegenstand. Das Gericht führte aus, daß bei „in rem" Entscheidungen das „judgment of the forum rei sitae ... absolutely conclusive" sei. Die folgende Entwicklung war uneinheitlich. In zwei Fällen hat ein Bundesgericht in Texas zwar ausländische Urteile anerkannt. Die eine Entscheidung[6] ist aber vor der durch Erie Railroad v. Tompkins[7] und Klaxon Co. v. Stentow Electic Manufacturing Co.[8] etablierten Regel ergangen, wonach Bundesgerichte das materielle Recht einschließlich der Kollisionsnormen des Staates, in dem sie ihren Sitz haben, anwenden müssen. Die zweite Entscheidung[9] ist zwar danach ergangen, das Gericht hat aber die

---

[1] Vgl. dazu BISHOP, Obtaining Recognition and Enforcement of Foreign Country Judgments in Texas, 45 TexBJ 287 (1982); CARL, Recognition of Texas Judgments in Courts of Foreign Nations and Vice Versa, 13 HoustonLRev 680 (1976); SCHÜTZE, Die Anerkennung und Vollstreckbarerklärung ausländischer Zivilurteile in Texas, JR 1987, S. 403 f.

[2] Vgl. zur Unterscheidung von actions in personam und actions in rem ZIEGENBEIN, Die Unterscheidung von Real und Personal Actions im Common Law, 1971.

[3] 1 Tex. 392 (1847).

[4] Texas war 1847 zwar bereits – ebenso wie Louisiana – Bundesstaat (seit dem 29. 12. 1845), der Prozeß datierte aber aus einer Zeit als Texas noch unabhängig war. Louisiana war deshalb in diesem Fall kein Schwesterstaat, sondern ein ausländischer Staat.

[5] 1 Tex. 463 (1847).

[6] Vgl. United States National Bank v. United States 23 F. 2d 927 (S.D. Tex. 1928).

[7] 304 U.S. 64 (1938).

[8] 313 U.S. 487 (1941).

[9] Vgl. Spann v. Compania Mexicana Radiodifusora Fronteriza 41 F. Supp. 907 (N.D. Tex. 1941), aff'd 131 F. 2d 609 (5th Cir. 1942).

Erie-Klaxon Regel offenbar nicht beachtet und Phillips v. Lyons nicht erwähnt. Eine frühe texanische Entscheidung[10] verneint die Wirkungserstreckung eines mexikanischen Urteils, aber nicht aus grundsätzlichen Erwägungen, sondern wegen Nichtgewährung eines „full and fair trial".

I. Urteile auf Geldzahlung

Die Ungewißheit der Behandlung ausländischer Titel ist für Urteile auf Geldzahlung durch Übernahme des Uniform Foreign Money-Judgments Recognition Act in das innerstaatliche Recht[11] beseitigt worden. Texas hat das Mustergesetz um das Gegenseitigkeitserfordernis ergänzt. Damit ist der Gesetzgeber der in der Literatur insoweit überwiegend abgelehnten Entscheidung Hilton v. Guyot gefolgt, die das Erfordernis der verbürgten Gegenseitigkeit aufstellt. Das Berufungsgericht in Banco Minero v. Ross hatte den Weg für diese Ergänzung des Mustergesetzes gezeigt, indem es den Grundsatz aufstellte, daß ausländische Urteile anerkannt und für vollstreckbar erklärt würden, wenn und soweit die Wirkungserstreckung texanischer Entscheidungen im Erststaat möglich sei[12]. Anders als in Colorado wird in Texas auf die tatsächlich verbürgte Gegenseitigkeit abgestellt. Da die h. L. in der Bundesrepublik Deutschland die Gegenseitigkeit i. S. von § 328 Abs. 1 Nr. 5 ZPO bejaht[13], ist das Mustergesetz auf deutsche Titel anwendbar.

Die Anerkennung erfolgt formlos. Die Vollstreckbarerklärung bedarf einer action upon the foreign judgment. Texas läßt eine motion for summary judgment für die Wirkungserstreckung eines ausländischen Urteils zu[14]. Eine révision au fond ist unzulässig. Eine action upon the foreign judgment ist nicht mehr möglich, wenn das Urteil im Erststaat seine Vollstreckbarkeit verloren[15] oder seit Urteilserlaß mehr als zehn Jahre vergangen sind, soweit der Urteilsschuldner in Texas in dieser Zeit domiziliert war.

---

[10] Vgl. Banco Minero v. Ross 138 S.W. 224 (Tex. Civ. App. – San Antonio 1911), aff'd 106 Tex. 522, 172 S.W. 711 (1915).

[11] V.T.C.A., Civil Practice and Remedies Code §§ 36.001 bis 36.008.

[12] Texas hat den Versagungsgründen in § 4 lit. b des Mustergesetzes als 7. Versagungsgrund angefügt: „(7) it is established that the foreign country in which the judgment was rendered does not recognize judgments rendered in this state that, but for the fact that they are rendered in Texas, conform to the definition of 'foreign country judgment' in Section 2 (2) of this Act."

[13] Vgl. dazu unten sub IV.

[14] Vgl. Weinschenk S. 204.

[15] Vgl. Brenscheidt, Anerkennung und Vollstreckung ausländischer Geldurteile in den USA, RIW/AWD 1976, S. 554 ff. (559).

II. Unterhaltsentscheidungen

Texas hat den Revised Uniform Reciprocal Enforcement of Support Act (RURESA) in das innerstaatliche Recht übernommen[16] und eine Gegenseitigkeitserklärung im Verhältnis zur Bundesrepublik Deutschland abgegeben[17]. Deutsche Unterhaltstitel können – soweit sie dem sachlichen Geltungsbereich des RURESA unterfallen – in dem dort vorgesehenen einfachen Verfahren geltend gemacht werden. Im übrigen gelten die Grundsätze des § 486 Restatement 3rd Foreign Relations.

III. Sonstige Entscheidungen

Die Wirkungserstreckung sonstiger Titel, insbesondere von Ehescheidungsurteilen, erfolgt nach comity-Grundsätzen[18]. Es kann wohl – trotz Phillips v. Lyons – auch bei Urteilen in personam davon ausgegangen werden, daß die im Restatement 2nd Conflict of Laws und im Restatement 3rd Foreign Relations wiedergegebenen Grundsätze angewandt werden[19].

Zweifelhaft kann sein, ob neben den allgemeinen Erfordernissen noch die Verbürgung der Gegenseitigkeit notwendig ist. Carl[20] tendiert offenbar zu der Meinung, die verbürgte Gegenseitigkeit werde von der texanischen Rechtsprechung – modernen Tendenzen folgend – trotz Fehlens eines eindeutigen Präzedenzfalles nicht gefordert. Nachdem Texas aber selbst für Urteile auf Geldzahlung das Gegenseitigkeitserfordernis in das Gesetz aufgenommen hat, wird man auch davon ausgehen müssen, daß für andere Titel Gegenseitigkeit gefordert wird. Angesichts der Bejahung der Gegenseitigkeit im Verhältnis zu Texas in der deutschen Literatur[21] wird man aber auch erwarten können, daß die texanische Rechtsprechung die Verbürgung der Gegenseitigkeit im Verhältnis zur Bundesrepublik Deutschland bejaht.

Für Sorgerechtsentscheidungen gilt der Uniform Child Custody Jurisdiction Act[22].

---

16 V.T.C.A., Family Code, §§ 21.01 bis 21.43.

17 Vgl. auch Bekanntmachung nach AUG BGBl. 1988 I 1784; Mockenhaupt, Zur Geltendmachung deutscher Kindesunterhaltsurteile und -ansprüche in den Vereinigten Staaten, DAVorm 1985, Sp. 1 ff.

18 Vgl. Bishop/Burnette, United States Practice Concerning the Recognition of Foreign Judgments, 16 Int'l Law 425 (1982). Die Autoren praktizieren in Texas, so daß ihre Ausführungen für das texanische Recht besondere Bedeutung haben.

19 Vgl. Bishop/Burnette 16 Int'l Law 425, 430 (1982).

20 Vgl. Carl (FN 1).

21 Vgl. unten sub IV.

22 V.T.C.A., Family Code, §§ 11.51 bis 11.75.

IV. Verbürgung der Gegenseitigkeit

Die nach § 328 Abs. 1 Nr. 5 ZPO erforderliche Gegenseitigkeit ist für Urteile auf Geldzahlung[23], aber auch darüber hinaus, verbürgt.

Utah[1]

I. Urteile auf Geldzahlung

Utah hat das Mustergesetz über die Anerkennung und Vollstreckbarerklärung ausländischer Geldurteile nicht übernommen.

Der Utah Foreign Judgments Act[2] regelt nur die Wirkungserstreckung schwesterstaatlicher Urteile. Nach der Legaldefinition in § 78-22a-2 (1) bedeutet „foreign judgment" „any judgment, decree, or order of a court of the United States or of any other court whose acts are entitled to full faith and credit in this state". Die Bezugnahme auf die „full faith and credit clause" ist offensichtlich im Hinblick auf Art. 4 § 1 der US-amerikanischen Verfassung erfolgt[3]. Diese Bestimmung ist nicht auf ausländische (nichtamerikanische) Urteile anwendbar. Es ist davon auszugehen, daß die Gerichte in Utah die Common Law-Prinzipien der Wirkungserstreckung ausländischer Urteile anwenden werden.

Der Utah Code annotated, § 68-3-1 (1953 as amended) bestimmt:

> The common law of England so far as it is not repugnant to, or in conflict with, the Constitution or laws of the United States, or the Constitution or laws of this state, and so far only as it is consistent with and adapted to the natural and physical conditions of this state and the necessities of the people hereof is hereby adopted, and shall be the rule of decision in all courts of this state.

Der Supreme Court Utahs hat die Bestimmung dahin ausgelegt, daß common law nur insoweit anwendbar ist, als die Gerichte Utahs es

---

[23] Vgl. BRENSCHEIDT, The Recognition and Enforcement of Foreign Money Judgments in the Federal Republic of Germany, 11 Int'l Law 261 (1977); GEIMER/SCHÜTZE S. 1924; MARTINY S. 675 (RdN 1568); SCHÜTZE IWB F 8 (USA) Gr. 3, S. 139 ff.; DERS. JR 1987, S. 403 ff.; ZÖLLER/GEIMER Anh. I.

[1] Vgl. dazu SCHÜTZE, Die Anerkennung und Vollstreckbarerklärung ausländischer Zivilurteile in Utah, JR 1987, S. 143.

[2] U.C.A. 1953, § 78-22a-1 ff.

[3] Vgl. dazu Data Management Systems Inc. v. EDP Corporation, 709 P. 2d 377 (Utah 1985).

anerkennen[4]. Da die Rechtsprechung keine eigenen Regeln für die Anerkennung und Vollstreckbarerklärung ausländischer Zivilurteile entwikkelt hat, ist davon auszugehen, daß die im Restatement 2nd Conflict of Laws und im Restatement 3rd Foreign Relations manifestierten Grundsätze angewendet werden.

Die Anerkennung erfolgt formlos. Die ausländische Entscheidung kann als Einwendung in einem neuen Verfahren über denselben Streitgegenstand dienen (res iudicata-Einwand). Die Vollstreckbarerklärung erfolgt durch action upon the foreign judgment. Summary judgment proceedings sind möglich[5]. Eine sachliche Nachprüfung (révision au fond) ist unzulässig.

II. Unterhaltsentscheidungen

Es gelten die in § 486 Restatement 3rd Foreign Relations manifestierten Grundsätze.

III. Sonstige Entscheidungen

Sorgerechtsentscheidungen können nach dem Uniform Child Custody Jurisdiction Act durchgesetzt werden[6].

IV. Verbürgung der Gegenseitigkeit

Die Gegenseitigkeit ist verbürgt[7].

Vermont[1]

I. Urteile auf Geldzahlung

Ausländische Zivilurteile werden nach der doctrine of comity anerkannt und für vollstreckbar erklärt. Es gelten die im Restatement 2nd Conflict of Laws und im Restatement 3rd Foreign Relations manifestierten Grundsätze.

---

4 Vgl. Cahoon v. Pelton 9 Utah 2d 224, 342 P. 2d 94 (Utah 1959); Hatch v. Hatch 46 Utah 116, 148 P. 2d 1096 (Utah 1915).

5 Vgl. Weinschenk S. 204.

6 U.C.A. 1953, §§ 78-45c-1 bis 78-45c-26.

7 Vgl. Geimer/Schütze S. 1924; Martiny S. 675 (RdN 1563); Schütze JR 1987, S. 143; Zöller/Geimer Anh. I.

1 Vgl. dazu Schütze, Die Anerkennung und Vollstreckbarerklärung ausländischer Zivilurteile in Vermont, JR 1989, S. 498 f.

Die Anerkennung erfolgt formlos. Das anzuerkennende ausländische Urteil kann in einem neuen Prozeß über denselben Streitgegenstand als Einwendung dienen (res iudicata-Einwand). Das gilt jedoch nur, soweit der Urteilsgläubiger nicht eine mit dem ausländischen Urteil inhaltlich gleiche Entscheidung begehrt. In Eastern Township Bank v. H.S. Beebee & Co.[2] hatte die klagende Bank ein Urteil über Wechselansprüche in Kanada erstritten. Sie betrieb nun nicht die Wirkungserstreckung dieses Titels in Vermont, klagte vielmehr den Urteilsbetrag aufgrund der Wechsel erneut ein. Der Supreme Court wies die Einrede der Beklagten, die neue Klage sei wegen des kanadischen Titels unzulässig, zurück. Das kanadische Urteil könne — solange es nicht erfüllt sei — als Beweismittel dienen. Nur die Erfüllung des ausländischen Titels mache eine neue Klage unzulässig.

Die Vollstreckbarerklärung erfolgte in einem gerichtlichen Verfahren (action upon the foreign judgment). Eine révision au fond ist unzulässig. Ungeklärt ist, ob „summary judgment proceedings“ für ausländische Urteile zulässig sind[3].

II. Unterhaltsentscheidungen

Vermont hat den Revised Uniform Reciprocal Enforcement of Support Act (RURESA) in das innerstaatliche Recht übernommen[4]. Eine Gegenseitigkeitserklärung ist ergangen[5], so daß deutsche Unterhaltstitel aufgrund der statutarischen Regelung in Vermont geltend gemacht werden können.

III. Sonstige Entscheidungen

Urteile aller Gattungen — soweit sie Zivilsachen zum Gegenstand haben — sind anerkennungsfähig.

(1) Konkursentscheidungen

Nach Peck v. Hibbard[6] sind ausländische Entscheidungen in Insolvenzverfahren, welche eine Geltendmachung von Ansprüchen gegen den Gemeinschuldner unzulässig machen, anerkennungsfähig. In dem entschiedenen Fall war über das Vermögen des Beklagten in Kanada das Konkursverfahren eröffnet worden. In diesem Verfahren war eine Ent-

---

[2] 53 Vt. 177 (1880).
[3] Vgl. WEINSCHENK S. 204.
[4] 15 V.S.A. §§ 385 bis 428.
[5] Vgl. auch Bekanntmachung nach AUG BGBl. 1989 I 372.
[6] 26 Vt. 698 (1854).

scheidung ergangen, wonach der Beklagte aus einem Solawechsel nicht mehr in Anspruch genommen werden konnte. Der Supreme Court hat in einem neuen Verfahren über die Wechselansprüche in Vermont den res iudicata-Einwand aus der kanadischen Konkursentscheidung zugelassen und eine neuerliche Geltendmachung der Ansprüche für unzulässig gehalten.

(2) Scheidungsurteile

(a) Larivière v. Larivière[7]
Der Beklagte hat 1908 in Montreal geheiratet, wo sich der gemeinsame Wohnsitz der Eheleute befand. Durch ein Gericht in Montreal wurde der Ehefrau das Recht zum Getrenntleben zuerkannt. Der Beklagte verlegte seinen Wohnsitz nach Massachusetts, wo die Ehe auf seine Klage hin geschieden wurde. In Massachusetts heiratete er erneut die Klägerin. Diese verklagte ihn später in Vermont auf Scheidung. Der Supreme Court hielt die Ehe der Parteien für nichtig, da das Scheidungsurteil der ersten Ehe des Beklagten aus Massachusetts nicht anerkennungsfähig sei. Es verstoße gegen die kanadische Entscheidung über das Getrenntleben. Überdies sei das Gericht in Massachusetts international nicht zuständig gewesen. Im Rahmen der kollisionsrechtlich nach dem Recht Vermonts gebotenen Beurteilung des Personenstands nach kanadischem Recht hat der Supreme Court incidenter über die Nichtanerkennung des Scheidungsurteils aus Massachusetts entschieden.

(b) De Wolfe v. De Wolfe[8]
In De Wolfe v. De Wolfe hatten die Parteien eine Trennungsvereinbarung in New York abgeschlossen. Die Ehe wurde unmittelbar danach in Mexiko geschieden. Die Klägerin machte später vor einem Gericht in Vermont gewisse Zahlungen nach der Trennungsvereinbarung geltend, die in das mexikanische Scheidungsurteil einbezogen war. Der Supreme Court of Vermont erkannte das mexikanische Scheidungsurteil – dessen Wirksamkeit von keiner der Parteien in Frage gestellt wurde – incidenter an.

(3) Sorgerechtsentscheidungen
Ausländische Sorgerechtsentscheidungen können nach dem Uniform Child Custody Jurisdiction Act geltend gemacht werden[9].

---

[7] auszugsweise wiedergegeben bei PERRET S. 222 f.
[8] 367 A. 2d 662 (Vt. 1976).
[9] 15 V.S.A. §§ 1031 bis 1051.

IV. Verbürgung der Gegenseitigkeit

Die Gegenseitigkeit i. S. von § 328 Abs. 1 Nr. 5 ZPO ist für Zahlungsurteile, aber auch darüber hinaus, verbürgt[10].

Virginia[1]

Das Recht Virginias folgt eng englischer Rechtstradition.

In Oehl v. Oehl[2] hat der Supreme Court of Virginia grundsätzliche Ausführungen zum Richterrecht und der Verbindung zum englischen Recht gemacht:

> Virginia's jurisprudence is deeply rooted in the ancient precedents, procedures, and practices of the English system of justice. A substantial portion of 'the common law of England' and the 'writs, remedial and judicial, given by any statute or act of Parliament, made in aid of the common law' have been legislatively incorporated in the law of this Commonwealth. ... As the record in this case illustrates, the prevailing English rules of procedure comport favourably with the concept of procedural due process as that concept has evolved in this State and nation.

I. Urteile auf Geldzahlung

Ausländische Zivilurteile auf Geldzahlung wurden bis zur Übernahme des Mustergesetzes über die Wirkungserstreckung ausländischer Geldurteile nach der doctrine of comity anerkannt und für vollstreckbar erklärt. Das Prinzip der comity ist in der Rechtsprechung Virginias mehrfach im Hinblick auf die Wirkungserstreckung ausländischer Zivilurteile angesprochen worden. In McFarland v. McFarland[3] definiert das Gericht:

> Comity is the recognition which one nation allows within its territory to the legislative, executive, or judicial acts of another nation, having due regard both to international duty and convenience, and to the rights of its own citizens or of other persons who are under the protection of its laws.

---

[10] Vgl. Geimer/Schütze S. 1924; Martiny S. 676 (RdN 1564); Schütze IWB F 8 (USA), Gr. 3, S. 39 ff.; ders. JR 1989, S. 498 f.; Zöller/Geimer Anh. I.

[1] Vgl. dazu Schütze, Die Anerkennung und Vollstreckbarerklärung ausländischer Zivilurteile in Virginia, JR 1990, S. 147 ff.

[2] 272 S.E. 2d 441 (Va. 1980). Die Entscheidung ist vor Inkrafttreten des Uniform Child Custody Jurisdiction Act ergangen.

[3] 179 Va. 430, 19 S.E. 2d 77 (1942).

In Oehl v. Oehl führt das Gericht aus:

> But Virginia courts should grant comity to any order of a foreign court of competent jurisdiction, entered in accordance with the procedural and substantive laws prevailing in its judicatory domaine, when that law in terms of moral standards, societal values, personal rights and public policy, is reasonably comparable to those of Virginia.

Nunmehr hat Virginia auch den Foreign Money-Judgments Recognition Act übernommen[4].

(1) Anerkennungsfähige Titel

Es sind nicht nur Urteile auf Geldzahlung, sondern auch gerichtliche oder gerichtlich bestätigte Vergleiche anerkennungs- und vollstreckbarerklärungsfähig. In Perdouris v. The S/S Olympos[5] hatte der Kläger – ein griechischer Seemann – sich über Ansprüche aus einem Arbeitsunfall vor einem Gericht in Athen verglichen. Die Umstände dieses Vergleichs waren recht dubios. Die Anwälte des Schiffeigners hatten dem Kläger einen Anwalt beschafft, mit dem sie ständig zusammenarbeiteten und der nach Ansicht des Supreme Court of Virginia die Interessen des Klägers bei dem Vergleichsabschluß nicht wahrnahm. Der Supreme Court of Virginia war der Ansicht, daß der Vergleich an sich zwar anerkennungsfähig sei, die Anerkennung aber wegen der Umstände des Einzelfalls nicht erfolgen könne. Das Gericht sah offenbar einen ordre public-Verstoß als gegeben an.

(2) Wirkungen der Anerkennung

In einem Urteil aus dem Jahr 1937 befaßt sich der District Court, E.D. Virginia, Norfolk Division, mit Umfang und Wirkungen der Anerkennung. Im Fall The Maria[6] war das Schiff Maria mit einer Ladung Holz auf dem Weg von New Orleans über Houston und Galvaston (Texas), Wilmington (Virginia) nach Trepani (Sizilien) wegen veralteter Seekarten vor Wilmington auf Grund gelaufen. In einem Rechtsstreit vor dem District Court wandten die Beklagten ein, ein italienisches Gericht in Triest habe über den Streitgegenstand bereits entschieden. Das Gericht wies diesen Einwand zurück, da das italienische Urteil nicht zwischen den Parteien ergangen war. Es entschied, daß ein Urteil zwischen den Parteien, nicht aber im Verhältnis zu Dritten „binding and final" sei.

---

[4] Code 1450 §§ 8.01–465.6 bis 8.01–465.13.

[5] 185 F. Supp. 140 (E.D. Va. 1960).

[6] 20 F. Supp. 284 (D.C. Va. 1937).

(3) Verfahren der Wirkungserstreckung

Die Anerkennung bedarf keines besonderen Verfahrens. Das ausländische Urteil kann in einem neuen Rechtsstreit vor einem Gericht in Virginia über denselben Streitgegenstand als Einwendung geltend gemacht werden (res iudicata-Einwand). So hat das Gericht in Perdouris v. The S/S Olympos in der Klage des griechischen Seemanns incidenter über die Anerkennung des griechischen gerichtlichen Vergleichs entschieden.

Die Vollstreckbarerklärung erfolgt durch action upon the foreign judgment. Die Klage muß binnen zehn Jahren erhoben werden. Sie ist jedenfalls aber dann nicht mehr zulässig, wenn sie nach dem Recht des Erststaates nicht mehr zulässig ist oder das Urteil im Erststaat nicht mehr vollstreckt werden kann[7]. Die Zuständigkeit folgt allgemeinen Regeln; eine spezifische Zuständigkeit für die action upon the foreign judgment kennt das Recht Virginias nicht. Regelmäßig sind die Circuit Courts zuständig, die bei Streitwerten über 1.000,— US$ Zuständigkeit besitzen[8]. Eine sachliche Nachprüfung des ausländischen Urteils (révision au fond) erfolgt nicht. Summary judgment proceedings sind nur bedingt zulässig[9].

II. Unterhaltsurteile

Virginia hat den Revised Uniform Reciprocal Enforcement of Support Act (RURESA) zwar in das innerstaatliche Recht übernommen[10]. Eine Gegenseitigkeitserklärung, die die Anwendung auf deutsche Unterhaltstitel ermöglichen würde, ist aber nicht ergangen. Sie ist auch nach einer Auskunft des Generalbundesanwalts beim Bundesgerichtshof, der zentrale Behörde zur Geltendmachung von Unterhaltsansprüchen im Verkehr mit ausländischen Staaten ist, in naher Zukunft nicht zu erwarten.

Auch ausländische Unterhaltstitel werden nach der doctrine of comity anerkannt und für vollstreckbar erklärt. Es gelten die Grundsätze, die in § 486 Restatement 3rd Foreign Relations manifestiert sind.

III. Sonstige Entscheidungen

Es sind alle Urteilsgattungen anerkennungsfähig und — soweit sie einen vollstreckbaren Inhalt haben — der Vollstreckbarerklärung zugänglich.

---

[7] Vgl. GEIMER/SCHÜTZE S. 1924.

[8] Vgl. zur Zuständigkeit der Circuit Courts aus der Rechtsprechung insbes. Cox v. Thomas 50 Va. (9 Gratt) 323 (1852) und James v. Powell 154 Va. 96, 152 S.E. 539 (1930).

[9] Vgl. WEINSCHENK S. 205.

[10] Code 1950 §§ 20-88.13 bis 20-88.31.

Es gelten die comity-Grundsätze, was der Supreme court of Virginia in Doulgeris v. Bambacus[11] für Adoptionsentscheidungen ausdrücklich bestätigt hat:

> The recognition of such foreign adoption decrees is based upon comity, and not upon the full faith and credit clause of the Federal Constitution.

Für Sorgerechtsentscheidungen ist der Uniform Child Custody Jurisdiction Act anwendbar[12].

Die Gerichte in Virginia haben sich insbesondere mit ausländischen Adoptionen und Sorgerechtsentscheidungen zu befassen gehabt.

(1) Doulgeris v. Bambacus

In einem Erbschaftsstreit ging es um die Wirksamkeit einer griechischen Adoptionsentscheidung. Die Erbprätendentin war im Alter von 14 Jahren von einem 86jährigen, dessen 68jährige Ehefrau schwer krank war, in Griechenland adoptiert worden. Die Adoption erfolgt in Anbetracht des hohen Alters des Adoptivvaters und des schlechten Gesundheitszustandes mit der Begründung:

> We have the need of a child for our attendance, consolation and support.

Weder die Adoptivmutter noch die leibliche Mutter waren bei der Adoption zugegen. Sie hatten auch beide ihre Zustimmung zur Adoption nicht gegeben. Das Gericht hielt die griechische Adoptionsentscheidung für ordre public-widrig, weil – entgegen dem Recht Virginias – nicht das Kindeswohl berücksichtigt – nicht einmal geprüft – worden war, vielmehr allein auf das Interesse des Adoptivvaters abgestellt wurde. Bei grundsätzlicher Anerkennungsfähigkeit ausländischer Adoptionsentscheidungen nach der comity doctrine wurde die Anerkennung im entschiedenen Fall deshalb verweigert. Da das deutsche Adoptionsrecht auch auf das Kindeswohl abstellt, dürften bei der Anerkennung deutscher Adoptionen in Virginia regelmäßig keine Probleme entgegenstehen.

(2) Oehl v. Oehl

In dieser Entscheidung ging es um die Anerkennung einer englischen Sorgerechtsentscheidung. Das Urteil ist vor Inkrafttreten des Uniform Child Custody Jurisdiction Act (UCCJA) ergangen. Es ist besonders wegen einiger grundsätzlicher Ausführungen zur Anerkennung und Voll-

---

[11] 230 Va. 670, 127 S.E. 2d 145 (1962).

[12] Code 1950 §§ 20-125 bis 20-146; vgl. dazu WADLINGTON, Virginia domestic relations law: Recent developments, 68 Va.L.Rev. 507 (1982).

streckbarerklärung ausländischer Zivilurteile interessant. In dem Urteil stellt der Supreme Court of Virginia drei Erfordernisse für die Wirkungserstreckung ausländischer Sorgerechtsentscheidungen auf:

1. Did the foreign court have jurisdiction over the parties and the subject matter?
2. Was the procedural and substantive law applied by the foreign court reasonably comparable to that of Virginia? and
3. was the foreign order based upon a determination of the best interests of the child?

In dem zugrunde liegenden Fall hatten die Parteien 1963 in London geheiratet. Unmittelbar nach der Geburt des zweiten Kindes verließ der Ehemann seine Frau und übersiedelte nach Virginia. Ein englisches Gericht übertrug das Sorgerecht auf die Ehefrau und gab dem Ehemann das Recht auf „reasonable access to the children". Die Ehe wurde 1973 in Virginia geschieden. Das Sorgerecht wurde ebenfalls auf die Ehefrau mit einem angemessenen Besuchsrecht für den Ehemann übertragen. Als der Ehemann sein Besuchsrecht in der Weise ausüben wollte, daß die Kinder nach Virginia kommen sollten, erging eine Entscheidung des englischen Gerichts, die dies im Interesse der Kinder untersagte und das Besuchsrecht auf England beschränkte. In den folgenden gerichtlichen Auseinandersetzungen über das Besuchsrecht erkannte der Supreme Court of Virginia die englische Entscheidung über das Sorgerecht und die Einschränkungen des Besuchsrechts an.

(3) Middleton v. Middleton[13]

Es handelte sich um einen heute schon fast alltäglich zu nennenden „Kidnapping"-Fall zwischen den Eltern der sorgebedürftigen Kinder. Die Parteien hatten 1962 in England geheiratet, waren 1967 nach Virginia gezogen, wo zwei Töchter geboren wurden. Die Mutter kehrte 1974 nach England zurück. Die Ehe wurde einige Jahre später in Virginia geschieden. Das Sorgerecht wurde auf die Mutter mit einer Besuchsregelung für den Vater übertragen. Bei einem Besuch der Kinder in den USA beantragte der Vater die Übertragung des Sorgerechts auf ihn und beabsichtigte, die Kinder nach Ablauf des vereinbarten Besuchs bei sich zu behalten. Die Mutter kam darauf nach Virginia, „kidnappte" die Töchter und brachte sie nach England zurück, wo ein Gericht der Mutter das Aufenthaltsbestimmungsrecht zusprach. In dem Verfahren in Virginia über den Sorgerechtsantrag hatte das Gericht über die Anerkennung der

---

[13] 314 S.E. 362 (Va. 1984).

englischen Entscheidung zu befinden. Das Gericht wandte den UCCJA an. Das Gericht führt dazu aus:

> Nevertheless, we give the UCCJA a liberal interpretation in order to accomplish the general purposes of the act.

Die entscheidende Frage war die nach der internationalen Zuständigkeit.

Der Supreme Court of Virginia bejahte in Anwendung der Grundsätze von § 20–130 die internationale Zuständigkeit des englischen Gerichts und erklärte das Verfahren in Virginia wegen deren Anerkennung der englischen Entscheidung für unzulässig.

(4) Lyons v. Lyons[14]

In diesem Fall, der zusammen mit Middleton v. Middleton entschieden wurde, ging es ebenfalls um ein „Kidnapping". Die Mutter hatte – als sie den Vater verließ – das eheliche Kind mit nach England genommen und dort eine Sorgerechtsentscheidung zu ihren Gunsten erwirkt. Der Supreme Court of Virginia wandte ebenfalls den UCCJA an, versagte der englischen Entscheidung aber in diesem Fall wegen Fehlens der internationalen Zuständigkeit die Anerkennung.

IV. Verbürgung der Gegenseitigkeit

Die Gegenseitigkeit ist verbürgt[15] – bei Zahlungsurteilen nur partiell im Rahmen der zeitlichen Grenzen (zehn Jahre)[16].

Washington[1]

I. Urteile auf Geldzahlung

Washington hat den Uniform Foreign Money-Judgments Recognition Act übernommen[2].

---

[14] 314 S.E. 362 (Va. 1984).

[15] Vgl. Geimer/Schütze S. 1924; Martiny S. 676 (RdN 1565); Schütze IWB F 8 (USA) Gr. 3, S. 139ff.; ders. JR 1990, S. 147ff.; Zöller/Geimer Anh. I.

[16] Vgl. Geimer/Schütze S. 1924.

[1] Vgl. dazu Schütze, Die Anerkennung und Vollstreckbarerklärung ausländischer Zivilurteile in Washington, JR 1987, S. 9f.; Scoles/Aarnas, The Recognition and Enforcement of Foreign Nation Judgments: California, Oregon and Washington 57 OreLRev 377 (1978).

[2] West's RCWA 6.40.010 bis 6.40.915.

Die Anerkennung erfolgt formlos. Das ausländische Urteil kann als Einwendung in einem neuen Prozeß über denselben Streitgegenstand dienen (res iudicata-Einwand). Die Vollstreckbarerklärung erfolgt aufgrund einer action upon the foreign judgment. Summary proceedings sind möglich[3]. Eine sachliche Nachprüfung (révision au fond) ist unzulässig.

II. Unterhaltsentscheidungen

Es gelten die Regeln des § 486 Restatement 3rd Foreign Relations.

In der Entscheidung Untersteiner v. Untersteiner[4] hatte sich das Gericht mit dem ordre public-Einwand gegen ausländische Unterhaltstitel auseinanderzusetzen. Hier liegt ja in der Regel das Hauptproblem der Durchsetzung von Unterhaltsentscheidungen. Nach US-amerikanischer Auffassung dient die Verpflichtung zur Unterhaltszahlung letztlich dazu, den Wohnsitzstaat zu entlasten[5], so daß die Vollstreckbarerklärung einer Unterhaltsentscheidung gegen eine Person, die nach dem Recht des Vollstreckungsstaates einer keine gesetzliche Unterhaltspflicht trifft, regelmäßig gegen den ordre public verstößt. Im Fall Untersteiner v. Untersteiner waren die Parteien — österreichische Staatsangehörige — in Österreich geschieden worden. Im Zusammenhang mit der Scheidung hatten sie einen Unterhaltsvergleich abgeschlossen, durch den sich der Beklagte zur Zahlung von Unterhalt an die Klägerin und das gemeinsame Kind verpflichtete. Als der Beklagte die Zahlung einstellte, erwirkte die Klägerin für das Kind einen Titel vor einem österreichischen Gericht. Die Vollstreckung dieses Titels und die Geltendmachung des nicht titulierten Unterhaltsanspruchs der Klägerin (aufgrund der außergerichtlichen Unterhaltsvereinbarung) waren Gegenstand des Verfahrens. Der Beklagte unterlag in beiden Instanzen. Das Gericht verneinte den ordre public-Verstoß[6], da es angesichts der Unterhaltsvereinbarung keinen Anlaß sah, in eine Prüfung einzutreten[7].

---

[3] Vgl. Weinschenk S. 205.

[4] 32 Wn. App. 859, 650 P. 2d 256.

[5] Vgl. Perret S. 166.

[6] Die Vollstreckbarerklärung einer ausländischen Entscheidung kann allerdings dann ordre public widrig sein, wenn die finanzielle Situation und die Arbeitsfähigkeit der unterhaltsberechtigten Frau nicht berücksichtigt worden sind, vgl. dazu auch Morgan v. Morgan, 59 Wn. 2d 639, 642—643, 369 P. 2d 516 (1962); Cleaver v. Cleaver, 10 Wn. App. 14, 20, 516 P. 2d 508 (1973).

[7] Vgl. dazu auch Kinne v. Kinne, 82 Wn. 2d 360, 363, 510 P. 2d 814 (1973).

III. Sonstige Entscheidungen

Für Sorgerechtsentscheidungen gilt der Uniform Child Custody Jurisdiction Act[8]. Im übrigen kommen die im Restatement 2nd Conflict of Laws und im Restatement 3rd Foreign Relations manifestierten Grundsätze zur Anwendung.

IV. Verbürgung der Gegenseitigkeit

Die Gegenseitigkeit ist verbürgt[9].

West Virginia[1]

I. Urteile auf Geldzahlung

Es gelten die im Restatement 2nd Conflict of Laws und im Restatement 3rd Foreign Relations manifestierten Grundsätze.

Die Anerkennung erfolgt formlos. Das ausländische Urteil kann in einem neuen Prozeß über denselben Streitgegenstand als Einwendung dienen (res iudicata-Einwand). Die Vollstreckbarerklärung erfolgt durch action upon the foreign judgment. Summary judgment proceedings sind möglich[2]. Eine sachliche Nachprüfung (révision au fond) ist unzulässig.

II. Unterhaltsentscheidungen

West Virginia hat den Uniform Reciprocal Enforcement of Support Act (RURESA) übernommen[3]. Eine Gegenseitigkeitserklärung ist ergangen[4], so daß deutsche Entscheidungen aufgrund der statutarischen Regelung durchgesetzt werden können. Im übrigen gelten die Regeln des § 486 Restatement 3rd Foreign Relations.

III. Sonstige Entscheidungen

Für Sorgerechtsentscheidungen ist der Uniform Child Custody Jurisdiction Act anwendbar[5].

---

[8] West's RCWA 26.27.010 bis 26.27.910.

[9] Vgl. Geimer/Schütze S. 1924; Martiny S. 676 (RdN 1566); Schütze JR 1987, S. 9f.; Zöller/Geimer Anh. I.

[1] Vgl. dazu Schütze, Die Anerkennung und Vollstreckbarerklärung ausländischer Zivilurteile in West Virginia, JR 1989, S. 102f.

[2] Vgl. Weinschenk S. 205.

[3] Code, 48A-7-1 bis 48A-7-41.

[4] Vgl. auch Bekanntmachung nach AUG BGBl. 1988 I 351.

[5] Code 48-10-1 bis 48-10-26.

Zwei Entscheidungen des Supreme Court of Appeal of West Virginia aus dem Jahre 1970[6] befassen sich mit der Anerkennung ausländischer Sorgerechtsentscheidungen und – als obiter dictum – ausländischer Ehescheidungsurteile. In State ex rel. Domico v. Domico waren die Parteien, die während der Stationierung des Ehemannes in Deutschland unmittelbar nach dem zweiten Weltkrieg geheiratet hatten, nach mehrfachem Wohnungswechsel zwischen der Bundesrepublik Deutschland und den USA durch deutsches Urteil geschieden worden. Das Sorgerecht war der Mutter zugesprochen worden. Der Vater hatte die beiden Kinder in einer „Nacht-und-Nebel-Aktion" (das eine aus dem Krankenbett, das andere aus der Schulklasse) nach West Virginia verbracht. In dem Fall State ex rel. Thabet v. Thabet war die Ehe der Parteien in Mexiko geschieden worden. Sie hatten eine Sorgerechtsvereinbarung dahin getroffen, daß die Kinder beim Vater verbleiben sollten. Diese Vereinbarung war Grundlage einer mexikanischen Entscheidung. In beiden Fällen begehrten die Mütter das Sorgerecht und die Herausgabe der Kinder, im ersteren Fall in Übereinstimmung mit der deutschen, im zweiten Fall entgegen der mexikanischen Entscheidung.

(1) Scheidungsurteile

Die Anerkennung der Ehescheidungen war in beiden Fällen nicht Gegenstand des Sorgerechtsstreites. Dennoch hat der Supreme Court of Appeal grundsätzliche Ausführungen dazu gemacht. So heißt es im zweiten Leitsatz in State ex rel. Domico v. Domico:

> Full faith and credit under the Constitution of the United States is not required to be given to judgments of foreign countries; however such judgments are frequently recognized and given force and effect through comity.

In State ex rel. Thabet v. Thabet heißt es im Anschluß an die Domico-Entscheidung:

> The respondent is correct in her contention that we are not required to give full faith and credit to a divorce decree of a foreign jurisdiction ...

Immerhin wird man davon ausgehen können, daß ausländische Scheidungsurteile nach der comity doctrine regelmäßig anerkannt werden.

(2) Sorgerechtsentscheidungen

Bei Sorgerechtsentscheidungen ergibt sich das Problem der Endgültigkeit. Sie können im Erststaat regelmäßig abgeändert werden. Sie sind

---

[6] Vgl. State ex rel. Domico v. Domico 172 S.E. 2d 805 (W.Va. 1970); State ex rel. Thabet v. Thabet 176 S.E. 2d 687 (W.Va. 1970).

nur beschränkt anerkennungsfähig. Sie unterliegen der Abänderbarkeit im Interesse des Kindes, wenn seit dem Erlaß der ausländischen Entscheidung eine Änderung der Verhältnisse eingetreten ist. Dies ist die ratio decidendi von State ex rel. Domico v. Domico:

> A foreign decree or order awarding the custody of a minor child in a divorce suit is not res judicata in a subsequent proceeding in this State, involving the custody of the infant, where there has been such change in the conditions since the rendition of the foreign judgment as to render its modification desirable for the welfare and protection of the child.

Die dissenting opinion des Richters Calhoun zu dem Urteil stellt diesen Grundsatz nicht in Frage, hält nur eine Änderung der Verhältnisse in dem entschiedenen Fall für nicht gegeben und geht von einer falschen Wertung des Kindesinteresses durch die Mehrheit des Gerichts aus.

In State ex rel. Thabet v. Thabet folgt das Gericht zu State ex rel. Domico v. Domico. Die Sorgerechtsregelung in der mexikanischen Entscheidung wurde nur deshalb nicht abgeändert, weil eine Änderung im Interesse des Kindes nicht erforderlich schien.

IV. Verbürgung der Gegenseitigkeit

Die Gegenseitigkeit für Geldurteile ist verbürgt[7]. Angesichts der nicht sehr anerkennungsfreundlichen Passagen in State ex. rel. Domico v. Domico könnte man für Titel, die nicht auf Geldzahlung lauten, an einer Verbürgung der Gegenseitigkeit zweifeln. Es ist aber davon auszugehen, daß die apodiktischen Ausführungen, daß nach der comity keine Verpflichtung zur Anerkennung besteht, die allgemeinen Grundsätze der Wirkungserstreckung nicht in Frage stellen. Es kann deshalb auch über Geldzahlungsurteile hinaus von einer Gegenseitigkeitsverbürgung ausgegangen werden.

Wisconsin[1]

I. Urteile auf Geldzahlung

Wisconsin hat das Mustergesetz über die Wirkungserstreckung ausländischer Zivilurteile auf Geldzahlung nicht in das innerstaatliche Recht

---

[7] Vgl. Geimer/Schütze S. 1924; Martiny S. 676 (RdN 1567); Schütze JR 1989, S. 192 f.; Zöller/Geimer Anh. I.

[1] Vgl. dazu Schütze, Die Anerkennung und Vollstreckbarerklärung ausländischer Zivilurteile in Wisconsin, JR 1989, S. 145 f.

übernommen. Ausländische Zivilurteile werden nach der doctrine of comity anerkannt und für vollstreckbar erklärt[2]. Eine Definition der comity-Lehre gibt das Gericht in der Entscheidung In Re Estate of Steffke:

> By virtue of the doctrine of comity, rights acquired under statute enacted or judgment rendered in one state will be given force and effect in another, unless, as said, against policy or laws of the state, prejudicial to interests of its citizens or against good morals and natural justice; comity being a rule of practice, however, and not a rule of law ...
> The doctrine of comity results in recognition of a decree of a different state not entitled to full faith and credit. It is neither a matter of absolute obligation nor of mere courtesy and good will, but is recognition which one state allows within its territory to legislative, executive, or judicial acts of another, having due regard to duty and convenience and to rights of its own citizens.

Es ist davon auszugehen, daß die Gerichte die Grundsätze, die im Restatement 2nd Conflict of Laws und im Restatement 3rd Foreign Relations manifestiert sind, anwenden.

Über die Wirkungserstreckung ausländischer Zahlungsurteile sind nur wenige – sämtlich ältere – Entscheidungen veröffentlicht.

In Mellin v. Horlick[3] hatte der Kläger in einem Patentnichtigkeitsverfahren in England vor dem High Court – Chancery Division – obsiegt. In diesem Verfahren waren Kosten gegen den Beklagten festgesetzt worden. Der Kläger betrieb die Wirkungserstreckung dieses englischen Kostenfestsetzungstitels. In dem Patentnichtigkeitsprozeß vor dem High Court war der Beklagte durch einen Rechtsanwalt vertreten. Der Circuit Court E.D. Wisconsin bejahte deshalb die internationale Zuständigkeit der englischen Gerichte und anerkannte den englischen Kostentitel.

In Smith v. Grady[4] machten die Gläubiger eines kanadischen Titels ihre Ansprüche gegen die Erbschaft des inzwischen verstorbenen Urteilsschuldners geltend. Die Klage des Erstgerichts in Ontario war dem Erblasser in Wisconsin zugestellt worden. Er hatte sich in dem kanadischen Verfahren nicht eingelassen. Der Supreme Court of Wisconsin

---

[2] In der Entscheidung In Re Estate of Steffke 222 N.W. 2d 628 (Wis. 1974) ist die comity ausdrücklich als Grundlage der Wirkungserstreckung bezeichnet worden. Obschon es sich um die Inzidentanerkennung eines ausländischen Scheidungsurteils handelt, trifft die ratio decidendi auch sonstige Entscheidungen.

[3] 31 F. 865 (Wis. 1887).

[4] 31 N.W. 477 (Wis. 1887).

verneinte in Übereinstimmung mit den Vorinstanzen die internationale Zuständigkeit des kanadischen Gerichts und wies die Klage ab.

Die Anerkennung erfolgt formlos, die Vollstreckbarerklärung durch action upon the foreign judgment. Das vereinfachte Verfahren der summary proceedings steht dem Urteilsgläubiger offen[5]. Eine sachliche Nachprüfung des ausländischen Urteils (révision au fond) ist unzulässig.

II. Unterhaltsentscheidungen

Wisconsin hat den Revised Uniform Reciprocal Enforcement of Support Act in das innerstaatliche Recht übernommen[6]. Eine Gegenseitigkeitserklärung – nur für Kindesunterhalt – im Verhältnis zur Bundesrepublik Deutschland ist ergangen[7]. Im übrigen kommen die Grundsätze des § 486 Restatement 3rd Foreign Relations zur Anwendung.

III. Sonstige Entscheidungen

Die Rechtsprechung in Wisconsin hat sich in neuerer Zeit insbesondere mit der Wirkungserstreckung von Scheidungsurteilen und – im hier behandelten Zusammenhang nicht interessierenden – Strafurteilen befaßt.

(1) Scheidungsurteile

In den Entscheidungen In Re Estate of Steffke und In Re Gibson's Estate[8] ging es um die Anerkennung von Mexiko-Scheidungen im Rahmen von Erbschaftsprozessen.

Im Steffke-Fall war keiner der Ehegatten jemals in Mexiko domiziliert. Die Ehefrau erwirkte eine „Scheidung auf der Reise", wobei der Ehemann in dem Verfahren allerdings durch einen Rechtsanwalt vertreten war. Die Ehegatten waren während des Verfahrens ständig Wisconsin domiziliert. Das Gericht verneinte unter Berufung auf Sect. 247.21 und 247.22 der Wisconsin Statutes die internationale Zuständigkeit der mexikanischen Gerichte. Das Gericht stellte auch in diesem Fall klar, daß die internationale Zuständigkeit nach zweitstaatlichem Recht zu beurteilen ist.

Im Gibson-Fall waren die Eheleute ebenfalls zum Zeitpunkt der mexikanischen Scheidung weder in Mexiko domiziliert, noch hatten sie

---

[5] Vgl. Weinschenk S. 205.

[6] W.S.A. 767.65.

[7] Vgl. auch Bekanntmachung nach AUG BGBl. 1989 I 372.

[8] In Re Estate of Gibson 96 N.W. 2d 859 (Wis. 1959).

ihren gewöhnlichen Aufenthalt dort. Auch hier handelte es sich um eine „Scheidung auf der Reise", der wegen Fehlens der mexikanischen internationalen Zuständigkeit vom Supreme Court of Wisconsin die Anerkennung versagt wurde.

In St. Sure v. Lindsfelt[9] hatten die Ehegatten in Schweden geheiratet und waren nach fünfjähriger Ehe 1842 nach New York ausgewandert. Nach offenbar zumindest teilweise glücklicher Ehe, aus der acht Kinder hervorgingen, verließ der Ehemann seine Frau, die zeitweise nach Schweden zurückkehrte und dort ein Scheidungsverfahren einleitete. Sie kehrte nach fünf Jahren 1858 in die USA zurück, wo sie bis zu ihrem Tode lebte. Die Ehe wurde 1864 in Schweden geschieden. In einem Erbschaftsstreit nach dem Tod des Ehemannes verweigerte der Supreme Court of Wisconsin der schwedischen Scheidung die Anerkennung wegen fehlender internationaler Zuständigkeit der schwedischen Gerichte. Überdies wurde die Entscheidung auch deshalb nicht anerkannt, weil die Klage dem Ehemann nicht gehörig zugestellt worden war.

(2) Strafurteile

In Mitchell v. United States[10] ging es um die Anerkennung eines mexikanischen Strafurteils. Der Verurteilte war wegen Drogenhandels im Urlaub in Mexiko inhaftiert und verurteilt worden. Grundsätzlich können die Tatbestandswirkungen eines Strafurteils anerkannt werden. Darum ging es vorliegend aber nicht. Die Entscheidung behandelt allein die Durchsetzung ausländischer Strafurteile.

(3) Sorgerechtsentscheidungen

Wisconsin hat den Uniform Child Custody Jurisdiction Act in das innerstaatliche Recht übernommen[11].

IV. Verbürgung der Gegenseitigkeit

Die Gegenseitigkeit i. S. von § 328 Abs. 1 Nr. 5 ZPO ist für Zahlungsurteile – aber auch darüber hinaus – verbürgt[12].

---

[9] 52 N.W. 308 (Wis. 1892).

[10] 483 F. Supp. 291 (D.C. Wis. 1980).

[11] W.S.A. 822.01 bis 822.25.

[12] Vgl. Geimer/Schütze S. 1925; Martiny S. 676 (RdN 1568); Schütze IWB F 8 (USA) Gr. 3, S. 139ff.; ders. JR 1989, S. 145f.; Zöller/Geimer Anh. I.

Wyoming[1]

I. Urteile auf Geldzahlung

Die Wirkungserstreckung ausländischer Urteile auf Geldzahlung erfolgt nach comity Grundsätzen. Es werden die in den Restatements 2nd Conflict of Laws und 3rds Foreign Relations manifestierten Regeln angewendet. Die Anerkennung erfolgt formlos. Die Vollstreckbarerklärung bedarf eines gerichtlichen Verfahrens (action upon the foreign judgment). Eine révision au fond ist unzulässig. Summary judgment proceedings sind zulässig[2].

II. Unterhaltsentscheidungen

Wyoming hat den Revised Uniform Reciprocal Enforcement of Support Act (RURESA) in das innerstaatliche Recht übernommen[3]. Eine Gegenseitigkeitserklärung ist ergangen[4], so daß deutsche Unterhaltstitel nach dieser statutarischen Regelung geltend gemacht werden können.

Im übrigen gelten die Regeln des § 486 Restatement 3rd Foreign Relations.

III. Sonstige Entscheidungen

Für Sorgerechtsentscheidungen gilt der Uniform Child Custody Jurisdiction Act[5]. Im übrigen werden die Grundsätze angewendet, die im Restatement 2nd Conflict of Laws und im Restatement 3rd Foreign Relations manifestiert sind.

IV. Verbürgung der Gegenseitigkeit

Die Gegenseitigkeit ist für Zahlungsurteile, aber auch darüber hinaus, verbürgt[6].

---

[1] Vgl. dazu SCHÜTZE, Die Anerkennung und Vollstreckbarerklärung ausländischer Zivilurteile in Wyoming, JR 1986, S. 444 f.

[2] Vgl. WEINSCHENK S. 205.

[3] W.S. §§ 20-4-101 bis 20-4-138.

[4] Vgl. auch Bekanntmachung nach AUG BGBl. 1988 I 1041.

[5] W.S. §§ 20-5-101 bis 20-15-125.

[6] Vgl. GEIMER/SCHÜTZE S. 1925; MARTINY S. 676 (RdN 1569); SCHÜTZE IWB F 8 (USA) Gr. 3, S. 139 ff.; DERS. JR 1986, S. 444 f.; ZÖLLER/GEIMER Anh. I.

B. Die Anerkennung und Vollstreckbarerklärung US-amerikanischer Zivilurteile in der Bundesrepublik Deutschland

I. Rechtsgrundlagen

Eine staatsvertragliche Regelung der Anerkennung und Vollstreckbarerklärung von Zivilurteilen fehlt im deutsch-amerikanischen Verhältnis. Der deutsch-amerikanische Freundschafts-, Handels- und Schiffahrtsvertrag vom 29. 10. 1954[1] regelt nicht die Wirkungserstreckung von gerichtlichen Entscheidungen. Die Anerkennung US-amerikanischer Zivilurteile bestimmt sich nach der allgemeinen Regelung in § 328 ZPO, die Vollstreckbarerklärung nach §§ 722 f. ZPO[2].

Erfordernisse der Anerkennung sind[3]:

- Es muß ein Urteil eines staatlichen Gerichts vorliegen. Urteile privater Spruchkörper sind nicht anerkennungsfähig. Ausnahmen gelten für Privatscheidungen[4].

---

[1] Vgl. dazu SCHWENK, Der neue Freundschafts-, Handels- und Schiffahrtsvertrag zwischen der Bundesrepublik Deutschland und den Vereinigten Staaten von Amerika, JZ 1957, S. 197 ff.

[2] Vgl. aus der englischsprachigen Literatur insbes. BRENSCHEIDT, The Recognition and Enforcement of Foreign Money-Judgments in the Federal Republic of Germany, 11 Int'l Law 261 (1977); COMMENT, Enforcement of Foreign Money-Judgments in the Federal Republic of Germany, 17 Tex. Int'l L.J. 195 (1982); HEIDENBERGER, Similarities and Differences in the Enforcement of Foreign Decrees and Judgments in the Federal Republic of Germany and the United States, D.C.B.J. 433 (1966); MARTINY, Recognition and Enforcement of Foreign Money-Judgments in the Federal Republic of Germany, 35 AmJCompL 721 (1987); SCHÜTZE, The Recognition and Enforcement of American Civil Judgments Containing Punitive Damages in the Federal Republic of Germany, 11 U.Pa.J.Int'l Bus.L. 581 (1990).
Allgemein vgl. neben den Kommentaren zur ZPO GEIMER/SCHÜTZE, Internationale Urteilsanerkennung, Bd. I, 2, 1984 m. w. N.; MARTINY, Anerkennung ausländischer Entscheidungen nach autonomem Recht, in: Handbuch des Internationalen Zivilverfahrensrechts, Bd. III/1, 1984; MÜLLER, Zum Begriff der „Anerkennung" von Urteilen nach § 328 ZPO, ZZP 79 (1966), S. 199 ff.

[3] Vgl. dazu im einzelnen GEIMER, Internationales Zivilprozeßrecht, 1987, S. 451 ff.; MARTINY S. 215 ff. (RdN 462 ff.); SCHÜTZE, Deutsches Internationales Zivilprozeßrecht, 1985, S. 136 ff.

[4] Allerdings beurteilt sich die Anerkennung einer Privatscheidung nicht nach

– Das Urteil muß ein ausländisches sein. Der Auslandsbegriff ist nicht staats- oder völkerrechtlich, sondern allein gerichtsverfassungsrechtlich zu bestimmen.
– Die Entscheidung muß eine Zivilsache zum Gegenstand haben. Die Bestimmung erfolgt nach erst- und zweitstaatlichem Recht (Doppelqualifikation[5]). Die zivilrechtliche Natur ist bei punitive-damages-Verurteilungen zweifelhaft[6].
– Nur rechtskräftige Urteile können anerkannt und für vollstreckbar erklärt werden, obwohl dieses Erfordernis nur für die Vollstreckbarerklärung im Gesetz aufgeführt ist. Umstritten ist, ob formelle oder materielle Rechtskraft zu fordern ist[7].
– Der Erststaat muß Gerichtsbarkeit besessen haben[8].
– Das Erstgericht muß zur Entscheidung international zuständig gewesen sein (§ 328 Abs. 1 Nr. 1 ZPO)[9]. Dabei gilt der „Spiegelbildgrundsatz". Die internationale Zuständigkeit wird unter hypothetischer Anwendung deutscher Zuständigkeitsnormen geprüft. Bestand nach deutschem Recht eine Zuständigkeit des Erstgerichts, dann ist die internationale Zuständigkeit gegeben, selbst wenn das Erstgericht seine Zuständigkeit aufgrund eines aus deutscher Sicht gemißbilligten Gerichtsstandes – z. B. dem der Klagezustellung (transient jurisdiction[10]) – angenommen hat.
– Die prozeßeinleitende Landung oder Verfügung muß dem Beklagten, der sich im erststaatlichen Verfahren nicht eingelassen hat, ordnungsgemäß und so rechtzeitig zugestellt worden sein, daß er sich angemessen verteidigen konnte (§ 328 Abs. 1 Nr. 2 ZPO). Internationale Rechtshilfeübereinkommen sind zu berücksichtigen, im deutsch-ame-

---

international zivilprozessualen Grundsätzen, sondern nach IPR, vgl. HAUSMANN, Kollisionsrechtliche Schranken von Scheidungsurteilen, 1980, S. 247 m. w. N.

[5] Vgl. RIEZLER S. 116 f.; SCHÜTZE, Deutsches Internationales Zivilprozeßrecht, 1985, S. 15 ff.

[6] Vgl. dazu unten sub B II 1.

[7] Vgl. dazu eingehend KALLMANN, Anerkennung und Vollstreckung ausländischer Zivilurteile und gerichtlicher Vergleiche, 1946, S. 15 ff.

[8] Vgl. GEIMER, Zur Prüfung der Gerichtsbarkeit und der internationalen Zuständigkeit bei der Anerkennung ausländischer Urteile, 1966, S. 75 ff.; MARTINY S. 261 ff. (RdN 564 ff.).

[9] Vgl. dazu FRICKE, Anerkennungszuständigkeit zwischen Spiegelbildgrundsatz und Generalklausel, 1990; GEIMER (vorige FN) m. w. N.; MARTINY S. 276 ff. (RdN 596 ff.); SCHRÖDER, Internationale Zuständigkeit, 1971, S. 749 ff.

[10] Vgl. dazu unten sub B II 2 a.

rikanischen Verhältnis insbesondere das Haager Zustellungsübereinkommen[11].

- Die ausländische Entscheidung darf nicht mit einem inländischen oder früher erlassenen anzuerkennenden ausländischen Urteil unvereinbar sein. Anerkennungsschädlich ist auch, wenn das der ausländischen Entscheidung zugrunde liegende Verfahren mit dem früher vor dem deutschen Gericht rechtshängig gewordenen Verfahren unvereinbar ist (§ 328 Abs. 1 Nr. 3 ZPO).
- Die ausländische Entscheidung darf nicht gegen den inländischen ordre public verstoßen (§ 328 Abs. 1 Nr. 4 ZPO)[12]. Der ordre public Vorbehalt ist restriktiv zu interpretieren. Anerkennungsschädlich sind sowohl ein Verstoß gegen den materiellrechtlichen ordre public als auch ein solcher gegen den verfahrensrechtlichen ordre public[13]. Ein Verstoß gegen den materiellrechtlichen ordre public kann bei US-amerikanischen Urteilen bei Zuerkennung von punitive damages vorliegen, wenn man diesen überhaupt zivilrechtlichen Charakter zubilligen will[14]. Den verfahrensrechtlichen ordre public können US-amerikanische Entscheidungen bei extensiver pre-trial-discovery verletzen[15].
- Die Gegenseitigkeit muß tatsächlich verbürgt sein (328 Abs. 1 Nr. 5 ZPO)[16], wobei partielle Verbürgung ausreicht[17].

---

[11] Vgl. dazu Pfeil-Kammerer, Deutsch-amerikanischer Rechtshilfeverkehr in Zivilsachen, 1987.

[12] Vgl. dazu Roth, Der Vorbehalt des Ordre Public gegenüber fremden gerichtlichen Entscheidungen, 1967.

[13] Vgl. zum verfahrensrechtlichen ordre public Baur, Einige Bemerkungen zum verfahrensrechtlichen ordre public, Festschrift für Guldener, 1973, S. 1 ff.; Geimer, Zur Nichtanerkennung ausländischer Urteile wegen nicht ordnungsgemäßen erststaatlichen Verfahrens, JZ 1969, S. 12 f.

[14] Vgl. dazu unten sub B II 3 b.

[15] Vgl. dazu unten sub B II 3 a.

[16] Vgl. dazu Geimer/Schütze S. 1749 ff. m. w. N.; Martiny S. 423 ff. (RdN 1179 ff.); Süss, Die Anerkennung ausländischer Urteile, Festschrift für Rosenberg, 1949, S. 229 ff.; von Wedel, Zur Auslegung des § 328 Nr. 5 ZPO, Judicium 5 (1933), Sp. 77 ff.

[17] Vgl. dazu Fragistas, Der Begriff der Gegenseitigkeit bei der Anerkennung der ausländischen Urteile, Festschrift für Schätzel, 1960, S. 149 ff.; Geimer/Schütze S. 1767 ff.; Schütze, Zur partiellen Verbürgung der Gegenseitigkeit bei der Anerkennung ausländischer Zivilurteile, NJW 1973, S. 2143 ff.

II. Probleme der Wirkungserstreckung US-amerikanischer Zivilurteile

Die Anerkennung und Vollstreckbarerklärung US-amerikanischer Entscheidungen bringen besondere Probleme in Fällen, in denen eine Verurteilung zu punitive damages[18] oder sonstiger exzessiv hoher Schadensersatzleistung[19] erfolgt oder in denen dem Urteil eine extensive pre-trial discovery vorangeht[20]. Darüber hinaus ist bedeutsam, daß das US-amerikanische Prozeßrecht zahlreiche dem deutschen Recht unbekannte Gerichtsstände kennt.

1. Entscheidung in einer Zivilsache

Nach deutschem Recht unterfallen Entscheidungen, die zu Strafen verurteilen, nicht dem Geltungsbereich des § 328 ZPO[21]. Sie können nicht anerkannt werden. In Produkthaftungsprozessen in den USA wird dem Kläger zuweilen über den tatsächlich erlittenen Schaden hinaus ein Betrag für punitive damages[22] zugesprochen, der den tatsächlich erlittenen Scha-

---

[18] Vgl. dazu Schütze, Die Anerkennung und Vollstreckbarerklärung US-amerikanischer Schadensersatzurteile in Produkthaftungssachen in der Bundesrepublik Deutschland, Festschrift für Nagel, 1987, S. 329 ff.; ders., Die Anerkennung und Vollstreckbarerklärung ausländischer Entscheidungen in Produkthaftungssachen, in: Graf von Westphalen, Produkthaftungshandbuch, Bd. 2, 1991, S. 206 ff.; ders., The Recognition and Enforcement of American Civil Judgements Containing Punitive Damages in the Federal Republic of Germany, 11 U. Pa. J. Int'l Bus. L. 581 (1990).

[19] Vgl. dazu Schütze, Die Anerkennung und Vollstreckbarerklärung US-amerikanischer Zivilurteile, die nach einer pre-trial-discovery ergangen sind, in der Bundesrepublik Deutschland, Festschrift für Stiefel, 1987, S. 697 ff.

[20] Vgl. dazu Stiefel/Stürner, Die Vollstreckbarkeit US-amerikanischer Zivilurteile in exzessiver Höhe, VersR 1987, S. 829 ff.

[21] Vgl. Geimer/Schütze, Internationale Urteilsanerkennung, Bd. II, 1971, S. 259.

[22] Vgl. dazu Debusschere/Kretschmar, Länderbericht USA, in: Graf von Westphalen, Produkthaftungshandbuch, Bd. 2, 1991, S. 310 ff.; Grossfeld, Die Privatstrafe, 1990; Hoechst, Die US-amerikanische Produzentenhaftung, 1986; Owen, Punitive Damages in Products Liability Litigation MichLRev 1258 (1976); Sales/Cole, Punitive Damages: A relict that has outlined its origins 37 Vanderbilt Law Review 117 (1984); Stiefel/Stürner aaO. VersR 1987, S. 829 ff. (835 f.); Thümmel, Neues zu den Punitive Damages in den

den um ein Vielfaches übersteigen kann. Wenn punitive damages Strafcharakter hätten, dann wären Entscheidungen, die hierzu verurteilen schon deshalb nicht anerkennungsfähig.

Punitive damages haben verschiedene Funktionen[23]. Sie dienen – in schwindendem Maße – dem Ersatz immaterieller Schäden, sollen die an sich nicht erstattbaren Kosten[24] des siegreichen Klägers ausgleichen und haben eine Sühne- und Abschreckungsfunktion[25]. Der präventive Zweck steht heute in Produkthaftungssachen im Vordergrund. Anders sind die außergewöhnlich hohen Beträge der punitive damages, die in Prozessen gegen Automobilhersteller verhängt worden sind, nicht zu erklären. Da punitive damages vorwiegend pönalen Charakter haben, sind Entscheidungen, die hierzu verurteilen, nicht als solche in einer Zivilsache zu qualifizieren[26]. Sie unterfallen damit nicht dem Geltungsbereich des § 328 ZPO und sind nicht anerkennungsfähig[27]. Eine Differenzierung im Einzelfall nach dem Zweck der Verurteilung und dem Anteil der punitive damages, der aus präventiven Zwecken ausgeworfen wird, wie sie Martiny offenbar vornehmen will[28], ist unmöglich. Wie soll der Zweitrichter die Motive der Jury erforschen?

2. Internationale Zuständigkeit

Einige Gerichtsstände des US-amerikanischen Zivilprozeßrechts sind nicht geeignet, internationale Zuständigkeit i. S. von § 328 Abs. 1 Nr. 1

USA, RIW/AWD 1988, S. 613 f.; GRAF VON WESTPHALEN, „Punitive Damages" in US-amerikanischen Produkthaftungsklagen und der Vorbehalt des Art. 12 EGBGB, RIW/AWD 1981, S. 141 ff.

[23] Vgl. MARTINY S. 236 (RdN 507); SCHÜTZE, Festschrift für Nagel aaO. S. 395 ff. m. w. N.

[24] Vgl. SCHÜTZE, Rechtsverfolgung im Ausland, 1985, S. 165; WEINSCHENK, Die Eintreibung kleiner Forderungen in den USA, AWD 1973, S. 131 ff.

[25] Nach den Feststellungen von STIEFEL/STÜRNER aaO. S. 836 ist am weitesten verbreitet die Formel von „punishment and deterrence" als Hauptzweck. Vgl. für Nachweise der wesentlichen Rechtsprechung ebenda FN 96.

[26] Vgl. SCHÜTZE, Festschrift für Nagel aaO., S. 397; DERS., Produkthaftungshandbuch aaO. S. 207.

[27] Vgl. HOECHST, Zur Versicherbarkeit von punitive damages, VersR 1983, S. 53 ff.; VON HÜLSEN, Produkthaftpflicht USA 1981, RIW/AWD 1982, S. 1 ff. (9), teilweise unter dem Gesichtspunkt des ordre public; SCHÜTZE, Festschrift für Nagel aaO. S. 397; DERS., Produkthaftungshandbuch aaO. S. 207.

[28] Vgl. MARTINY S. 236 (RdN 507).

ZPO zu begründen. Ist ein Urteil in einem solchen Gerichtsstand ergangen – und besteht aus deutscher Sicht auch keine andere nach dem Spiegelbildgrundsatz anzuerkennende Zuständigkeit – so scheidet eine Anerkennung aus[29]. Bedeutsam sind insbesondere vier Gerichtsstände[30]:

a. *Transient Jurisdiction*[31]

Die Zustellung der Klageschrift im Gerichtssprengel begründet internationale Zuständigkeit. § 28 Restatement 2nd Conflict of Laws definiert: *„A state has power to exercise judicial jurisdiction over an individual who is present within his territory, whether permanently or temporarily."*

Ein Gericht in Arkansas hat es dabei sogar genügen lassen, daß die Klageschrift beim Überfliegen des Territoriums von Arkansas zugestellt wurde[32].

b. *Long Arm Statutes*[33]

Long Arm Statutes fast aller Bundesstaaten sehen vor, daß geschäftliche Tätigkeit des Beklagten internationale Zuständigkeit begründet. Der Begriff des „doing business" wird dabei teilweise uferlos ausgedehnt. Eine Grenze bildet zwar das Erfordernis, daß die geschäftliche Tätigkeit „continuous and substantial" sein muß[34], die Gerichte neigen aber – insbesondere in Produkthaftungssachen – zur Bejahung ihrer Zustän-

---

[29] Vgl. für ein Beispiel LG München I RIW/AWD 1988, 738 (Arizona).

[30] Vgl. dazu SCHÜTZE, Rechtsverfolgung im Ausland, 1986, S. 106 ff.; DERS., Konzeptionelle Unterschiede der Prozeßführung vor US-amerikanischen und deutschen Gerichten, WM 1983, S. 1078 ff. (1081 f.).

[31] Vgl. dazu BERNSTEIN, Prozessuale Risiken im Handel mit den USA (Ausgewählte Fragen zu § 328 ZPO), Festschrift für Ferid, 1978, S. 75 ff.; CASAD, Jurisdiction in Civil Actions, 1983, 3.01; EHRENZWEIG, The Transient Rule of Personal Jurisdiction, 65 YaleLJ 289 (1956); NADELMANN, Jurisdictionally Improper Fora, Legal Essays in Honor of Hessel E. Yntema, 1961, S. 321 ff.; SCHACK, Jurisdictional Minimum Contacts Scrutinized, 1983, S. 32 ff.; SCHÜTZE WM 1983, S. 1078 ff.

[32] Vgl. Grace v. McArthur 170 F.Supp. 442 (E.D. Ark, 1959).

[33] Vgl. dazu BERNSTEIN, Der lange Arm amerikanischer Gerichte, UFITA 76 (1976), S. 195 ff.; CASAD, Long Arm and Convenient Forum, 20 KanLRev 1 (1971); DERS., Jurisdiction in Civil Actions, 1983, 9.01; SCHÜTZE, Rechtsverfolgung im Ausland, 1986, S. 107 m. w. N. in FN 211.

[34] Vgl. dazu SCHACK, Einführung in das US-amerikanische Zivilprozeßrecht, 1988, S. 25.

digkeit bei Klagen gegen Ausländer. Die Rechtsprechung ist nicht eindeutig[35]. Im Fall World Wide Volkswagen Corp. v. Woodson[36] – einem Produkthaftungsprozeß wegen eines behaupteten Konstruktionsmangels – hatte das Gericht in Oklahoma die Zuständigkeit gegen den mitbeklagten New Yorker Händler nach seinem long arm statute bejaht. Der Supreme Court hat hierin einen Verstoß gegen das due process Gebot gesehen.

c. *Zuständigkeitsdurchgriff*[37]

Die Kapitalverflechtung eines ausländischen Unternehmens mit einer im Gerichtssprengel tätigen Gesellschaft ist zur Begründung internationaler Zuständigkeit geeignet. Es handelt sich um eine Quasi-Sippenhaftung. Die Rechtsprechung ist uneinheitlich[38], jedoch jedenfalls vom Mißtrauen gegen die Multis geprägt.

d. *Third Party Complaints*[39]

Das US-amerikanische Zivilprozeßrecht kennt eine Regreßzuständigkeit ähnlich der bei der Garantieklage in den romanischen Rechten. Die Third Party Complaints[40] erfüllen zunächst die Funktion der deutschen Streitverkündung. Sie führen aber – anders als bei der Streitverkündung – zu einem Urteil gegen den Dritten, gegen den Regreßansprüche geltend gemacht werden.

---

35 Vgl. dazu SCHACK, Jurisdictional Minimum Contacts Scrutinized, 1983, S. 38: „The requirement of 'continuous and substantial' activities is not a very effective restriction." Bei SCHACK finden sich auch zahlreiche Beispiele aus der unübersichtlichen Rechtsprechung.

36 444 U.S. 286 (1980). Bei SCHACK, Einführung aaO. S. 26 findet sich eine kurze Sachverhaltsdarstellung.

37 Vgl. dazu TOEPKE, Jurisdiction Over Foreign (non-U.S.) Corporations in The United States on Parent-Subsidiary Relationships (Durchgriffshaftung), Festschrift für Stiefel, 1987, S. 785 ff.; WELP, Internationale Zuständigkeit über auswärtige Gesellschaften mit Inlandstöchtern im amerikanischen Zivilprozeß, 1982.

38 Einen gewissen Markstein stellt International Shoe v. Washington, 326 U.S. 310 (1945) dar.

39 Vgl. dazu SCHRÖDER, Internationale Zuständigkeit, 1971, S. 577 ff.; SCHURTMAN/WALTER, Der amerikanische Zivilprozeß, 1978, S. 44.

40 Vgl. dazu THÜMMEL, Zum Regreß im US-amerikanischen Produkthaftungsprozeß, RIW/AWD 1988, S. 359 ff.

3. Ordre public Klausel

Einige Besonderheiten des U-amerikanischen Schadensersatz- und Prozeßrechts können einen Verstoß gegen den deutschen ordre public begründen und einer Anerkennung nach § 328 Abs. 1 Nr. 4 ZPO entgegenstehen.

a. Verstoß gegen den prozessualen ordre public

Die Parteien sind im US-Zivilprozeß zu umfassender gegenseitiger Sachaufklärung verpflichtet. Im Rahmen der pre-trial discovery kommen folgende Maßnahmen in Betracht[41]:

- Die Vorlegung von Dokumenten und Sachen im weitesten Sinne, die sich im Besitz der anderen Partei oder potentieller Zeugen befinden und die Einsichtnahme hierin;
- die Augenscheinseinnahme von Sachen, Personen, Fabrikationsanlagen pp.;
- die Vernehmung von Parteien und Zeugen (depositions);
- Untersuchungen (mental and physical examinations);
- Ersuchen um Zugeständnisse (requests for admissions).

Im Beweisermittlungsverfahren verschafft sich der Kläger, der zunächst nur eine kurze – nach deutschen Verfahrensgrundsätzen regelmäßig unsubstatiierte – Klageschrift einreicht, erst das Material für seinen Prozeßvortrag. Ein instruktives Beispiel findet sich im Paris Air Crash Fall[42]. Nachdem im März 1974 in Paris Orly eine DC 10 der Türk Hava Yollari abgestürzt war, klagte eine Reihe von Hinterbliebenen der 346 Opfer der Flugzeugkatastrophe beim Bundesgericht in Los Angeles u. a. gegen die Hersteller des Flugzeuges, die Firmen McDonnell Douglas und General Aviatioin. Im Verlauf der pre-trial discovery mußten diese

---

[41] Im Verfahren vor den Bundesgerichten regelt Rule 26 a Federal Rules of Civil Procedure die Techniken der pre-trial discovery; vgl. dazu BLACK/LANGE, Civil Litigation in the United States, 1985, S. 49 ff.; FREI, Discovery, Secrecy and International Mutual Assistance in Civil Matters, in ZÄCH (Herausg.), Litigation in Business Matters in the United States and International Legal Assistance, 1984, S. 169 ff.; MENTZ, Das „Pre-Trial Discovery" Verfahren im US-amerikanischen Zivilprozeßrecht, RIW/AWD 1981, S. 73 ff.; JAMES/HAZARD, Civil Procedure, 3. Aufl., S. 223 ff.; FRIEDENTHAL/KANE/MILLER, Civil Procedure, 1985, S. 380 ff.

[42] Vgl. In Re Paris Air Crash of March 3, 1974, 399 F. Supp. 732 (C.D. Calif. 1975); dazu JÜNGER, Forum Shopping, RabelsZ 46 (1982), S. 708 ff. (709).

tausende von Unterlagen herausgeben, die den Klägern überhaupt erst die Grundlage für die Verfolgung ihrer Ansprüche gaben.

Man kann ohne Übertreibung sagen, daß – zumindest in Produkthaftungssachen – der Kläger sich die Tatsachen für seinen Prozeßvortrag regelmäßig erst durch die pre-trial discovery verschafft[43]. Damit führt die pre-trial discovery[44] häufig zu einer im deutschen Beweisrecht[45] verbotenen Ausforschung[46]. Dabei ist nicht das Beweisermittlungsverfahren an sich anstößig – auch das englische Zivilprozeßrecht kennt es[47] – sondern seine spezifische Ausformung und Handhabung im US-amerikanischen Zivilprozeß.

Ein Verstoß gegen den ordre public liegt in einer vorgängigen pretrial discovery[48],

- wenn die Beweisermittlungsmaßnahme im Einzelfall eine unzulässige Ausforschung (unter Zugrundelegung deutscher Prozeßrechtsgrundsätze) beinhaltet,
- die Ausforschungsmaßnahme für die Entscheidung kausal war und
- die „ausgeforschte Partei" der Maßnahme nicht zugestimmt hat.

Im übrigen liegt ein Verstoß gegen den prozessualen ordre public immer dann vor, wenn die Beweisermittlung unter Verletzung der Bestimmungen des Haager Beweisübereinkommens durchgeführt worden ist.

b. Verstoß gegen den materiellrechtlichen ordre public

Schadensersatzurteile in exzessiver Höhe – insbesondere in Produkthaftungsfällen – können gegen den materiellrechtlichen ordre public ver-

---

43 Vgl. SCHÜTZE, Festschrift für Stiefel aaO. S. 700.

44 Vgl. zur pre-trial discovery im US-amerikanischen Zivilprozeß aus der deutschen Literatur JACOBY, Das Erforschungsverfahren im Amerikanischen Zivilprozeß – Vorschläge für eine Reform der ZPO, ZZP 74 (1961), S. 145 ff.; JUNKER, Discovery im deutsch-amerikanischen Rechtsverkehr, 1987, S. 39 ff.; MENTZ RIW/AWD 1981, S. 73 ff.

45 Vgl. dazu PETERS, Der Ausforschungsbeweis im Zivilprozeßrecht, 1966; für Nachweise von Rechtsprechung und Schrifttum zur Unzulässigkeit des Ausforschungsbeweises vgl. SCHÜTZE, Festschrift für Stiefel aaO. S. 702 FN 36 f.

46 Auf die Unterschiede der Beweisermittlung im englischen und US-amerikanischen Zivilprozeß weist JUNKER, Discovery im deutsch-amerikanischen Rechtsverkehr, 1987, S. 60 ff. hin.

47 Vgl. dazu BUNGE, Der englische Zivilprozeß, 1974, S. 80 ff.; SCHAAFF, Discovery und andere Mittel der Sachaufklärung im englischen Pre-Trial-Verfahren im Vergleich zum deutschen Zivilprozeß, 1983.

48 Vgl. im einzelnen SCHÜTZE, Festschrift für Stiefel aaO. S. 701 ff.; DERS., Produkthaftungshandbuch aaO. S. 210 f.

stoßen[49]. In diesem Sinne liegt eine schweizerische Entscheidung aus dem Jahre 1982 vor[50]. In der Literatur wird die Problematik im wesentlichen unter dem Gesichtspunkt des Art. 38 EGBGB (früher Art. 12 EGBGB) behandelt[51].

Stiefel/Stürner[52] wenden sich gegen eine direkte Anwendung von Art. 38 EGBGB im Rahmen von § 328 Abs. 1 Nr. 4 ZPO[53], weil es „keine Weltgeltung des deutschen Rechts im Rahmen des Anerkennungsverfahrens geben könne". Martiny[54] und Geimer[55] kommen zum im wesentlichen gleichen Ergebnis. Sie meinen, es sei „nicht unerträglich, wenn Leben und Gesundheit anderswo finanziell höher bewertet werden als bei uns" und wollen Art. 38 EGBGB im Rahmen des § 328 Abs. 1 Nr. 4 ZPO nicht anwenden. Art. 38 EGBGB ist jedoch ein Unterfall der ordre public Klausel[56]. Der ordre public aber ist unteilbar, ohne daß es in diesem Zusammenhang auf die neuerdings gemachten Differenzierungen ankäme[57]. Wenn das deutsche Recht die Anwendung eines ausländischen Rechtssatzes im Rahmen von Art. 38 EGBGB als ordre public widrig ansieht, dann muß dies auch für die Anerkennung eines Urteils gelten, dessen Spruch auf dieser — aus deutscher Sicht — ordre publicwidrigen Rechtsanwendung beruht. Es ist ein Grundprinzip des deutschen Rechtes, daß niemand aus einem Schadensfall „ein Geschäft machen" darf (§ 249 BGB).

---

[49] Vgl. dazu Schütze, Festschrift für Nagel aaO. S. 399 ff.; ders., Produkthaftungshandbuch aaO. S. 209; Stiefel/Stürner VersR 1987, S. 829 ff.

[50] Vgl. dazu Drolshammer/Schärrer, Die Verletzung des materiellen ordre public als Verweigerungsgrund bei der Vollstreckung eines US-amerikanischen „punitive damages-Urteils" (Urteilsanmerkung), SJZ 1986, S. 309 ff. mit einer Wiedergabe von Tatbestand und Entscheidungsgründen.

[51] Vgl. dazu Schack, Art. 12 EGBGB in deutschen Urteilsanerkennungs- und Regreßverfahren, VersR 1984, S. 422 ff.; Schütze, Festschrift für Nagel aaO. S. 400; Stiefel/Stürner VersR 1987, S. 829 ff. (837 ff.); Graf von Westphalen RIW/AWD 1981, S. 141 ff.

[52] AaO. S. 837.

[53] Ebenso LG Berlin RIW/AWD 1989, 988.

[54] Vgl. Martiny S. 471 (RdN 1046).

[55] Vgl. Zöller/Geimer, ZPO, 16. Aufl., § 328 RdN 169.

[56] Vgl. Schütze, Festschrift für Nagel aaO. S. 400 m. w. N. in FN 53; Graf von Westphalen RIW/AWD 1981, S. 141; Schack VersR 1984, S. 422 f.

[57] Vgl. dazu Kornblum, „Ordre public transnational", „ordre public international" und „ordre public interne" im Recht der privaten Schiedsgerichtsbarkeit, Festschrift für Nagel, 1987, S. 140 ff.

Ausländische Entscheidungen, die zu exzessiven Schadensersatzzahlungen, insbesondere punitive damages, verurteilen, sind deshalb wegen Verstoßes gegen § 328 Abs. 1 Nr. 4 ZPO nicht anerkennungsfähig[58]. In diesem Sinne hat auch das LG Berlin entschieden[59]. Dabei ist jedoch zu berücksichtigen, daß die Zuerkennung exzessiver Schadensersatzbeträge der Anerkennung nicht unbedingt entgegensteht. Erfolgt eine Verurteilung zu compensatory damages und zu punitive damages, so ist eine Teilanerkennung und -vollstreckbarerklärung hinsichtlich der compensatory damages Verurteilung möglich[60]. Eine Trennung ist jedoch nur bei unterschiedlichem Rechtsgrund möglich, nicht dagegen ist eine Reduzierung auf den nach deutschem Recht angemessenen Betrag zulässig[61]. Das würde eine révision au fond beinhalten und eine unzulässige Abänderung der ausländischen Entscheidung bedeuten.

4. Verbürgung der Gegenseitigkeit

Die Gegenseitigkeit i. S. von § 328 Abs. 1 Nr. 5 ZPO ist heute zu fast allen Staaten der USA verbürgt[62]. Dabei ist folgendes zu berücksichtigen:

Mangelnde Erfahrung in der Behandlung deutscher Urteile in der Gerichtspraxis führen nicht zu Verneinung der Gegenseitigkeit[63]. Bei Mangel positiver Anerkennungspraxis genügt es, daß keine negative Praxis feststellbar ist[64]. So kann außerhalb statutarischer Regelung regelmäßig davon ausgegangen werden, daß die Gerichte die im Restatement 2nd Conflict of Law und Restatement 3rd Foreign Relations manifestierten Grundsätze anwenden.

Die Inkongruenz der internationale Zuständigkeit begründenden Gerichtsstände im deutschen und im US-amerikanischen Recht führt nicht zu einer Verneinung der Gegenseitigkeit für den inkongruenten Teil der Zuständigkeitsordnung, sondern unter Umständen zu einer Versagung der Anerkennung nach § 328 Abs. 1 Nr. 1 ZPO[65].

---

58 Vgl. für Nachweise Schütze, Festschrift für Nagel aaO. S. 400 FN 55.

59 Vgl. LG Berlin RIW/AWD 1989, 988.

60 Vgl. Schütze, Festschrift für Nagel aaO. S. 400; ders., Produkthaftungshandbuch aaO. S. 210.

61 So jedoch Stiefel/Stürner VersR 1987, S. 837 ff.

62 Vgl. dazu oben sub A VI.

63 Vgl. Geimer/Schütze S. 1763 ff. m. w. N.

64 Vgl. BGHZ 22, 24; 49, 50.

65 Vgl. Geimer/Schütze Bd. I, 2, S. 1780; Schütze, Internationale Zuständigkeit und Verbürgung der Gegenseitigkeit bei der Anerkennung ausländischer Entscheidungen, AWD 1970, S. 495 ff.; die Rechtsprechung des BGH ist nicht eindeutig, vgl. BGHZ 52, 251; 53, 332.

C. Anhang

Uniform Foreign Money-Judgments Recognition Act

§ 1. [Definitions]
As used in this Act:

(1) "foreign state" means any governmental unit other than the United States, or any state, district, commonwealth, territory, insular possession thereof, or the Panama Canal Zone, the Trust Territory of the Pacific Islands, or the Ryukyu Islands;

(2) "foreign judgment" means any judgment of a foreign state granting or denying recovery of a sum of money, other than a judgment for taxes, a fine or other penalty, or a judgment for support in matrimonial or family matters.

§ 2. [Applicability]
This Act applies to any foreign judgment that is final and conclusive and enforceable where rendered even though an appeal therefrom is pending or it is subject to appeal.

§ 3. [Recognition and Enforcement]
Except as provided in section 4, a foreign judgment meeting the requirements of section 2 is conclusive between the parties to the extent that it grants or denies recovery of a sum of money. The foreign judgment is enforceable in the same manner as the judgment of a sister state which is entitled to full faith and credit.

§ 4. [Grounds for Non-recognition]
(a) A foreign judgment is not conclusive if

(1) the judgment was rendered under a system which does not provide impartial tribunals or procedures compatible with the requirements of due process of law;

(2) the foreign court did not have personal jurisdiction over the defendant; or

(3) the foreign court did not have jurisdiction over the subject matter.

(b) A foreign judgment need not be recognized if

(1) the defendant in the proceedings in the foreign court did not receive notice of the proceedings in sufficient time to enable him to defend;

(2) the judgment was obtained by fraud;

(3) the [cause of action] [claim for relief] on which the judgment is based is repugnant to the public policy of this state;

(4) the judgment conflicts with another final and conclusive judgment;

(5) the proceeding in the foreign court was contrary to an agreement between the parties under which the dispute in question was to be settled otherwise than by proceedings in that court; or

(6) in the case of jurisdiction based only on personal service, the foreign court was a seriously inconvenient forum for the trial of the action.

§ 5. [Personal Jurisdiction]

(a) The foreign judgment shall not be refused recognition for lack of personal jurisdiction if

(1) the defendant was served personally in the foreign state;

(2) the defendant voluntarily appeared in the proceedings, other than for the purpose of protecting property seized or threatened with seizure in the proceedings or of contesting the jurisdiction of the court over him;

(3) the defendant prior to the commencement of the proceedings had agreed to submit to the jurisdiction of the foreign court with respect to the subject matter involved;

(4) the defendant was domiciled in the foreign state when the proceedings were instituted, or, being a body corporate had its principal place of business, was incorporated, or had otherwise acquired corporate status, in the foreign state;

(5) the defendant had a business office in the foreign state and the proceedings in the foreign court involved a [cause of action] [claim for relief] arising out of business done by the defendant through that office in the foreign state; or

(6) the defendant operated a motor vehicle or airplane in the foreign state and the proceedings involved a [cause of action] [claim for relief] arising out of such operation.

(b) The courts of this state may recognize other bases of jurisdiction.

§ 6. [Stay in Case of Appeal]

If the defendant satisfies the court either that an appeal is pending or that he is entitled and intends to appeal from the foreign judgment, the court may stay the proceedings until the appeal has been determined or until the expiration of a period of time sufficient to enable the defendant to prosecute the appeal.

§ 7. [Savings Clause]

This Act does not prevent the recognition of a foreign judgment in situations not covered by this Act.

§ 8. [Uniformity of Interpretation]

This Act shall be so construed as to effectuate its general purpose to make uniform the law of those states which enact it.

§ 9. [Short Title]

This Act may be cited as the Uniform Foreign Money-Judgments Recognition Act.

§ 10. [Repeal]
[The following Acts are repealed:
(1)
(2)
(3) .]

§ 11. [Time of Taking Effect]
This Act shall take effect —.

Revised Uniform Reciprocal Enforcement of Support Act

Part I — General Provisions

§ 1. Purposes.
The purposes of this Act are to improve and extend by reciprocal legislation the enforcement of duties of support.

§ 2. Definitions.
(a) "Court" means the [here insert name] court of this State and when the context requires means the court of any other state as defined in a substantially similar reciprocal law.

(b) "Duty of support" means a duty of support whether imposed or imposable by law or by order, decree, or judgment of any court, whether interlocutory or final or whether incidental to an action for divorce, separation, separate maintenance, or otherwise and includes the duty to pay arrearages of support past due and unpaid.

(c) "Governor" includes any person performing the functions of Governor or the executive authority of any state covered by this Act.

(d) "Initiating state" means a state in which a proceeding pursuant to this or a substantially similar reciprocal law is commenced. "Initiating court" means the court in which a proceeding is commenced.

(e) "Law" includes both common and statutory law.

(f) "Obligee" means a person including a state or political subdivision to whom a duty of support is owed or a person including a state or political subdivision that has commenced a proceeding for enforcement of an alleged duty of support or for registration of a support order. It is immaterial if the person to whom a duty of support is owed is a recipient of public assistance.

(g) "Obligor" means any person owing a duty of support or against whom a proceeding for the enforcement of a duty of support or registration of a support order is commenced.

(h) "Prosecuting attorney" means the public official in the appropriate place who has the duty to enforce criminal laws relating to the failure to provide for the support of any person.

(i) "Register" means to [record] [file] in the Registry of Foreign Support Orders.

(j) "Registering court" means any court of this State in which a support order of a rendering state is registered.

(k) "Rendering state" means a state in which the court bas issued a support order for which registration is sought or granted in the court of another state.

(l) "Responding state" means a state in which any responsive proceeding pursuant to the proceeding in the initiating state is commenced. "Responding court" means the court in which the responsive proceeding is commenced.

(m) "State" includes a state, territory, or possession of the United States, the District of Columbia, the Commonwealth of Puerto Rico, and any foreign jurisdiction in which this or a substantially similar reciprocal law is in effect.

(n) "Support order" means any judgment, decree, or order of support in favor of an obligee whether temporary or final, or subject to modification, revocation, or remission, regardless of the kind of action or proceeding in which it is entered.

§ 3. Remedies Additional to Those Now Existing.
The remedies herein provided are in addition to and not in substitution for any other remedies.

§ 4. Extent of Duties of Support.
Duties of support arising under the law of this State, when applicable under section 7, bind the obligor present in this State regardless of the presence or residence of the obligee.

Part II – Criminal Enforcement

§ 5. Interstate Rendition.
The Governor of this State may

(1) demand of the Governor of another state the surrender of a person found in that state who is charged criminally in this State with failing to provide for the support of any person; or

(2) surrender on demand by the Governor of another state a person found in this State who is charged criminally in that state with failing to provide for the support of any person. Provisions for extradition of criminals not inconsistent with this Act apply to the demand even if the person whose surrender is demanded was not in the demanding state at the time of the commission of the crime and has not fled therefrom. The demand, the oath, and any proceedings for extradition pursuant to this section need not state or show that the person whose surrender is demanded has fled from justice or at the time of the commission of the crime was in the demanding state.

§ 6. Conditions of Interstate Rendition.
(a) Before making the demand upon the Governor of another state for the surrender of a person charged criminally in this State with failing to provide for

the support of a person, the Governor of this State may require any prosecuting attorney of this State to satisfy him that at least [60] days prior thereto the obligee initiated proceedings for support under this Act of that any proceeding would be of no avail.

(b) If, under a substantially similar Act, the Governor of another state makes a demand upon the Governor of this State for the surrender of a person charged criminally in that state with failure to provide for the support of a person, the Governor may require any prosecuting attorney to investigate the demand and to report to him whether proceedings for support have been initiated or would be effective. If it appears to the Governor that a proceeding would be effective but has not been initiated he may delay honoring the demand for a reasonable time to permit the initiation of a proceeding.

(c) If proceedings have been initiated and the person demanded has prevailed therein the Governor may decline to honor the demand. If the obligee prevailed and the person demanded is subject to a support order, the Governor may decline to honor the demand if the person demanded is complying with the support order.

Part III – Civil Enforcement

§ 7. Choice of Law.
Duties of support applicable under this Act are those imposed under the laws of any state where the obligor was present for the period during which support is sought. The obligor is presumed to have been present in the responding state during the period for which support is sought until otherwise shown.

§ 8. Remedies of State or Political Subdivision Furnishing Support.
If a state or a political subdivision furnishes support to an individual obligee it has the same right to initiate a proceeding under this Act as the individual obligee for the purpose of securing reimbursement for support furnished and of obtaining continuing support.

§ 9. How Duties of Support Enforced.
All duties of support, including the duty to pay arrearages, are enforceable by a proceeding under this Act including a proceeding for civil contempt. The defense that the parties are immune to suit because of their relationship as husband and wife or parent and child is not available to the obligor.

§ 10. Jurisdiction.
Jurisdiction of any proceeding under this Act is vested in the [here insert title of court desired.]

§ 11. Contents and Filing of [Petition] for Support; Venue.

(a) The [petition] shall be verified and shall state the name and, so far as known to the obligee, the address and circumstances of the obligor and the persons for whom support is sought, and all other pertinent information. The obligee may include in or attach to the [petition] any information which may help in locating or identifying the obligor including a photograph of the obligor, a description of any distinguishing marks on his person, other names and aliases by which he has been or is known, the name of his employer, his fingerprints, and his Social Security number.

(b) The [petition] may be filed in the appropriate court of any state in which the obligee resides. The court shall not decline or refuse to accept and forward the [petition] on the ground that it should be filed with some other court of this or any other state where there is pending another action for divorce, separation, annulment, dissolution, habeas corpus, adoption, or custody between the same parties or where another court has already issued a support order in some other proceeding and has retained jurisdiction for its enforcement.

§ 12. Officials to Represent Obligee.

If this State is acting as an initiating state the prosecuting attorney upon the request of the court [a state department of welfare, a county commissioner, an overseer of the poor, or other local welfare officer] shall represent the obligee in any proceeding under this Act. [If the prosecuting attorney neglects or refuses to represent the obligee, the [Attorney General] may order him to comply with the request of the court or may undertake the representation.] [If the prosecuting attorney neglects or refuses to represent the obligee, the [Attorney General] [State Director of Public Welfare] may undertake the representation.]

§ 13. Petition for a Minor.

A [petition] on behalf of a minor obligee may be executed and filed by a person having legal custody of the minor without appointment as guardian ad litem.

§ 14. Duty of Initiating Court.

If the initiating court finds that the [petition] sets forth facts from which it may be determined that the obligor owes a duty of support and that a court of the responding state may obtain jurisdiction of the obligor or his property it shall so certify and cause 3 copies of the [petition] and its certificate and one copy of this Act to be sent to the responding court. Certification shall be in accordance with the requirements of the initiating state. If the name and address of the responding court is unknown and the responding state has an information agency comparable to that established in the initiating state it shall cause the copies to be sent to the state information agency or other proper official of the responding state, with a request that the agency or official forward them to the proper court and that the court of the responding state acknowledge their receipt to the initiating court.

§ 15. Costs and Fees.

An initiating court shall not require payment of either a filing fee or other costs from the obligee but may request the responding court to collect fees and costs from the obligor. A responding court shall not require payment of a filing fee or other costs from the obligee but it may direct that all fees and costs requested by the initiating court and incurred in this State when acting as a responding state, including fees for filing of pleadings, service of process, seizure of property, stenographic or duplication service, or other service supplied to the obligor, be paid in whole or in part by the obligor or by the [state or political subdivision thereof.] These costs or fees do not have priority over amounts due to the obligee.

§ 16. Jurisdiction by Arrest.
If the court of this State believes that the obligor may flee it may

(1) as an initiating court, request in its certificate that the responding court obtain the body of the obligor by appropriate process; or

(2) as a responding court, obtain the body of the obligor by appropriate process. Thereupon it may release him upon his own recognizance or upon his giving a bond in an amount set by the court to assure his appearance at the hearing.

§ 17. State Information Agency.
(a) The [Attorney General's Office, State Attorney's Office, Welfare Department or other Information Agency] is designated as the state information agency under this Act, it shall

(1) compile a list of the courts and their addresses in this State having jurisdiction under this Act and transmit it to the state information agency of every other state which has adopted this or a substantially similar Act. Upon the adjournment of each session of the [legislature] the agency shall distribute copies of any amendments to the Act and a statement of their effective date to all other state information agencies;

(2) maintain a register of lists of courts received from other states and transmit copies thereof promptly to every court in this state having jurisdiction under this Act; and

(3) forward to the court in this State which has jurisdiction over the obligor or his property petitions, certificates and copies of the Act it receives from courts or information agencies of other states.

(b) If the state information agency does not know the location of the obligor or his property in the state and no state location service is available it shall use all means at its disposal to obtain this information, including the examination of official records in the state and other sources such as telephone directories, real property records, vital statistics records, police records, requests for the name and address from employers who are able or willing to cooperate, records of motor vehicle license offices, requests made to the tax offices both state and federal where such offices are able to cooperate, and requests made to the Social Security Administration as permitted by the Social Security Act as amended.

(c) After the deposit of 3 copies of the [petition] and certificate and one copy of the Act of the initiating state with the clerk of the appropriate court, if the state information agency knows or believes that the prosecuting attorney is not prosecuting the case diligently it shall inform the [Attorney General] [State Director of Public Welfare,] who may undertake the representation.

§ 18. Duty of the Court and Officials of This State as Responding State.

(a) After the responding court receives copies of the [petition], certificate and Act from the initiating court the clerk of the court shall docket the case and notify the prosecuting attorney of his action.

(b) The prosecuting attorney shall prosecute the case diligently. He shall take all action necessary in accordance with the laws of this State to enable the court to obtain jurisdiction over the obligor or his property and shall request the court [clerk of the court] to set a time and place for a hearing and give notice thereof to the obligor in accordance with law.

(c) [If the prosecuting attorney neglects or refuses to represent the obligee the [Attorney General] may order him to comply with the request of the court or may undertake the representation.] [If the prosecuting attorney neglects or refuses to represent the obligee, the [Attorney General] [State Director of Public Welfare] may undertake the representation.]

§ 19. Further Duties of Court and Officials in the Responding State.

(a) The prosecuting attorney on his own initiative shall use all means at his disposal to locate the obligor or his property, and if because of inaccuracies in the [petition] or otherwise the court cannot obtain jurisdiction the prosecuting attorney shall inform the court of what he has done and request the court to continue the case pending receipt of more accurate information or an amended [petition] from the initiating court.

(b) If the obligor or his property is not found in the [county], and the prosecuting attorney discovers that the obligor or his property may be found in another [county] of this State or in another state he shall so inform the court. Thereupon the clerk of the court shall forward the documents received from the court in the initiating state to a court in the other [county] or to a court in the other state or to the information agency or other proper official of the other state with a request that the documents be forwarded to the proper court. All powers and duties provided by this Act apply to the recipient of the documents so forwarded. If the clerk of a court of this State forwards documents to another court he shall forthwith notify the initiating court.

(c) If the prosecuting attorney has no information as to the location of the obligor or his property he shall so inform the initiating court.

§ 20. Hearing and Continuance.

If the obligee is not present at the hearing and the obligor denies owing the duty of support alleged in the petition or offers evidence constituting a defense the court, upon request of either party, shall continue the hearing to permit evidence relative to the duty to be adduced by either party by deposition or by appearing in person before the court. The court may designate the judge of the initiating court as a person before whom a deposition may be taken.

§ 21. Immunity from Criminal Prosecution.

If at the hearing the obligor is called for examination as an adverse party and he declines to answer upon the ground that his testimony may tend to incriminate him, the court may require him to answer, in which event he is immune from criminal prosecution with respect to matters revealed by his testimony, except for perjury committed in this testimony.

§ 22. Evidence of Husband and Wife.
Laws attaching a privilege against the disclosure of communications between husband and wife are inapplicable to proceedings under this Act. Husband and wife are competent witnesses [and may be compelled] to testify to any relevant matter, including marriage and parentage.

§ 23. Rules of Evidence.
In any hearing for the civil enforcement of this Act the court is governed by the rules of evidence applicable in a civil court action in the ... Court. If the action is based on a support order issued by another court a certified copy of the order shall be received as evidence of the duty of support, subject only to any defenses available to an obligor with respect to paternity (Section 27) or to a defendant in an action or a proceeding to enforce a foreign money judgment. The determination or enforcement of a duty of support owed to one obligee is unaffected by any interference by another obligee with rights of custody or visitation granted by a court.

§ 24. Order of Support.
If the responding court finds a duty of support it may order the obligor to furnish support or reimbursement therefor and subject the property of the obligor to the order. Support orders made pursuant to this Act shall require that payments be made to the [clerk] [bureau] [probation department] of the court of the responding state. [The court and prosecuting attorney of any [county] in which the obligor is present or has property have the same powers and duties to enforce the order as have those of the [county] in which it was first issued. If enforcement is impossible or cannot be completed in the [county] in which the order was issued, the prosecuting attorney shall send a certified copy of the order to the prosecuting attorney of any [county] in which it appears that proceedings to enforce the order would be effective. The prosecuting attorney to whom the certified copy of the order is forwarded shall proceed with enforcement and report the results of the proceedings to the court first issuing the order.]

§ 25. Responding Court to Transmit Copies to Initiating Court.
The responding court shall cause a copy of all support orders to be sent to the initiating court.

§ 26. Additional Powers of Responding Court.
In addition to the foregoing powers a responding court may subject the obligor to any terms and conditions proper to assure compliance with its orders and in particular to:

(1) require the obligor to furnish a cash deposit or a bond of a character and amount to assure payment of any amount due;

(2) require the obligor to report personally and to make payments at specified intervals to the [clerk] [bureau] [probation department] of the court, and

(3) punish under the power of contempt the obligor who violates any order of the court.

§ 27. Paternity.

If the obligor asserts as a defense that he is not the father of the child for whom support is sought and it appears to the court that the defense is not frivolous, and if both of the parties are present at the hearing or the proof required in the case indicates that the presence of either or both of the parties is not necessary, the court may adjudicate the paternity issue. Otherwise the court may adjourn the hearing until the paternity issue has been adjudicated.

§ 28. Additional Duties of Responding Court.

A responding court has the following duties which may be carried out through the [clerk] [bureau] [probation department] of the court:

(1) to transmit to the initiating court any payment made by the obligor pursuant to any order of the court or otherwise; and

(2) to furnish to the initiating court upon request a certified statement of all payments made by the obligor.

§ 29. Additional Duty of Initiating Court.

An initiating court shall receive and disburse forthwith all payments made by the obligor or sent by the responding court. This duty may be carried out through the [clerk] [bureau] [probation department] of the court.

§ 30. Proceedings Not to be Stayed.

A responding court shall not stay the proceeding or refuse a hearing under this Act because of any pending or prior action or proceeding for divorce, separation, annulment, dissolution, habeas corpus, adoption, or custody in this or any other state. The court shall hold a hearing and may issue a support order pendente lite. In aid thereof it may require the obligor to give a bond for the prompt prosecution of the pending proceeding. If the other action or proceeding is concluded before the hearing in the instant proceeding and the judgment therein provides for the support demanded in the [petition] being heard the court must conform its support order to the amount allowed in the other action or proceeding. Thereafter the court shall not stay enforcement of its support order because of the retention of jurisdiction for enforcement purposes by the court in the other action or proceeding.

§ 31. Application of Payments.

A support order made by a court of this State pursuant to this Act does not nullify and is not nullified by a support order made by a court of this State pursuant to any other law or by a support order made by a court of any other state pursuant to a substantially similar act or any other law, regardless of priority of issuance, unless otherwise specifically provided by the court. Amounts paid for a particular period pursuant to any support order made by the court of another state shall be credited against the amounts accruing or accrued for the same period under any support order made by the court of this State.

[§ 32. Effect of Participation in Proceeding.
Participation in any proceeding under this Act does not confer jurisdiction upon any court over any of the parties thereto in any other proceeding.]

[§ 33. Intrastate Application.
This Act applies if both the obligee and the obligor are in this State but in different [counties.] If the court of the [county] in which the [petition] is filed finds that the [petition] sets forth facts from which it may be determined that the obligor owes a duty of support and finds that a court of another [county] in this State may obtain jurisdiction over the obligor or his property, the clerk of the court shall send the [petition] and a certification of the findings to the court of the [county] in which the obligor or his property is found. The clerk of the court of the [county] receiving these documents shall notify the prosecuting attorney of their receipt. The prosecuting attorney and the court in the [county] to which the copies are forwarded then shall have duties corresponding to those imposed upon them when acting for this State as a responding state.]

§ 34. Appeals.
If the [Attorney General] [State Director of Public Welfare] is of the opinion that a support order is erroneous and presents a question of law warranting an appeal in the public interest, he may

(a) perfect an appeal to the proper appellate court if the support order was issued by a court of this State, or

(b) if the support order was issued in another state, cause the appeal to be taken in the other state. In either case expenses of appeal may be paid on his order from funds appropriated for his office.

Part IV – Registration of Foreign Support Orders

§ 35. Additional Remedies.
If the duty of support is based on a foreign support order, the obligee has the additional remedies provided in the following sections.

§ 36. Registration.
The obligee may register the foreign support order in a court of this State in the manner, with the effect, and for the purposes herein provided.

§ 37. Registry of Foreign Support Orders.
The clerk of the court shall maintain a Registry of Foreign Support Orders in which he shall [file] foreign support orders.

§ 38. Official to Represent Obligee.
If this State is acting either as a rendering or a registering state the prosecuting attorney upon the request of the court [a state department of welfare, a county commissioner, and overseer of the poor, or other local welfare official] shall represent the obligee in proceedings under this Part.

[If the prosecuting attorney neglects or refuses to represent the obligee, the [Attorney General] may order him to comply with the request of the court or may undertake the representation.] [If the prosecuting attorney neglects or refuses to represent the obligee, the [Attorney General] [State Director of Public Welfare] may undertake the representation.]

§ 39. Registration Procedure; Notice.
(a) An obligee seeking to register a foreign support order in a court of this State shall transmit to the clerk of the court (1) three certified copies of the order with all modifications thereof, (2) one copy of the reciprocal enforcement of support act of the state in which the order was made, and (3) a statement verified and signed by the obligee, showing the post office address of the obligee, the last known place of residence and post office address of the obligor, the amount of support remaining unpaid, a description and the location of any property of the obligor available upon execution, and a list of the states in which the order is registered. Upon receipt of these documents the clerk of the court, without payment of a filing fee or other cost to the obligee, shall file them in the Registry of Foreign Support Orders. The filing constitutes registration under this Act.

(b) Promptly upon registration the clerk of the court shall send by certified or registered mail to the obligor at the address given a notice of the registration with a copy of the registered support order and the post office address of the obligee. He shall also docket the case and notify the prosecuting attorney of his action. The prosecuting attorney shall proceed diligently to enforce the order.

§ 40. Effect of Registration; Enforcement Procedure.
(a) Upon registration the registered foreign support order shall be treated in the same manner as a support order issued by a court of this State. It has the same effect and is subject to the same procedures, defenses, and proceedings for reopening, vacating, or staying as a support order of this State and may be enforced and satisfied in like manner.

(b) The obligor has [20] days after the mailing of notice of the registration in which to petition the court to vacate the registration or for other relief. If he does not so petition the registered support order is confirmed.

(c) At the hearing to enforce the registered support order the obligor may present only matters that would be available to him as defenses in an action to enforce a foreign money judgment. If he shows to the court that an appeal from the order is pending or will be taken or that a stay of execution has been granted the court shall stay enforcement of the order until the appeal is concluded, the time for appeal has expired, or the order is vacated, upon satisfactory proof that the obligor has furnished security for payment of the support ordered as required by the rendering state. If he shows to the court any ground upon which enforcement of a support order of this State may be stayed the court shall stay enforcement of the order for an appropriate period if the obligor furnishes the same security for payment of the support ordered that is required for a support order of this State.

§ 41. Uniformity of Interpretation.
This Act shall be so construed as to effectuate its general purpose to make uniform the law of those states which enact it.

§ 42. Short Title.
This Act may be cited as the Revised Uniform Reciprocal Enforcement of Support Act (1968).

§ 43. Severability.
If any provision of this Act or the application thereof to any person or circumstance is held invalid, the invalidity does not affect other provisions or applications of the Act which can be given effect without the invalid provision or application, and to this end the provisions of this Act are severable.

Uniform Child Custody Jurisdiction Act

§ 1. Purposes of Act; Construction of Provisions.
(a) The general purposes of this Act are to:

(1) avoid jurisdictional competition and conflict with courts of other states in matters of child custody which have in the past resulted in the shifting of children from state to state with harmful effects on their well-being;

(2) promote cooperation with the courts of other states to the end that a custody decree is rendered in that state which can best decide the case in the interest of the child;

(3) assure that litigation concerning the custody of a child take place ordinarily in the state with which the child and his family have the closest connection and where significant evidence concerning his care, protection, training, and personal relationships is most readily available, and that courts of this state decline the exercise of jurisdiction when the child and his family have a closer connection with another state;

(4) discourage continuing controversies over child custody in the interest of greater stability of home environment and of secure family relationships for the child;

(5) deter abductions and other unilateral removals of children undertaken to obtain custody awards;

(6) avoid re-litigation of custody decisions of other states in this state insofar as feasible;

(7) facilitate the enforcement of custody decrees of other states;

(8) promote and expand the exchange of information and other forms of mutual assistance between the courts of this state and those of other states concerned with the same child; and

(9) make uniform the law of those states which enact it.

(b) This Act shall be construed to promote the general purposes stated in this section.

§ 2. Definitions.

As used in this Act:

(1) "contestant" means a person, including a parent, who claims a right to custody or visitation rights with respect to a child;

(2) "custody determination" means a court decision and court orders and instructions providing for the custody of a child, including visitation rights; it does not include a decision relating to child support or any other monetary obligation of any person;

(3) "custody proceeding" includes proceedings in which a custody determination is one of several issues, such as an action for divorce or separation, and includes child neglect and dependency proceedings;

(4) "decree" or "custody decree" means a custody determination contained in a judicial decree or order made in a custody proceeding, and includes an initial decree and a modification decree;

(5) "home state" means the state in which the child immediately preceding the time involved lived with his parents, a parent, or a person acting as parent, for at least 6 consecutive months, and in the case of a child less than 6 months old the state in which the child lived from birth with any of the persons mentioned. Periods of temporary absence of any of the named persons are counted as part of the 6-month or other period;

(6) "initial decree" means the first custody decree concerning a particular child;

(7) "modification decree" means a custody decree which modifies or replaces a prior decree, whether made by the court which rendered the prior decree or by another court;

(8) "physical custody" means actual possession and control of a child;

(9) "person acting as parent" means a person, other than a parent, who has physical custody of a child and who has either been awarded custody by a court or claims a right to custody; and

(10) "state" means any state, territory, or possession of the United States, the Commonwealth of Puerto Rico, and the District of Columbia.

§ 3. Jurisdiction.

(a) A court of this State which is competent to decide child custody matters has jurisdiction to make a child custody determination by initial or modification decree if:

(1) this State (i) is the home state of the child at the time of commencement of the proceeding, or (ii) had been the child's home state within 6 months before

commencement of the proceeding and the child is absent from this State because of his removal or retention by a person claiming his custody or for other reasons, and a parent or person acting as parent continues to live in this State; or

(2) it is in the best interest of the child that a court of this State assume jurisdiction because (i) the child and his parents, or the child and at least one contestant, have a significant connection with this State, and (ii) there is available in this State substantial evidence concerning the child's present or future care, protection, training, and personal relationships; or

(3) the child is physically present in this State and (i) the child has been abandoned or (ii) it is necessary in an emergency to protect the child because he has been subjected to or threatened with mistreatment or abuse or is otherwise neglected [or dependent]; or

(4) (i) it appears that no other state would have jurisdiction under prerequisites substantially in accordance with paragraphs (1), (2), or (3), or another state has declined to exercise jurisdiction on the ground that this State is the more appropriate forum to determine the custody of the child, and (ii) it is in the best interest of the child that this court assume jurisdiction.

(b) Except under paragraphs (3) and (4) of subsection (a), physical presence in this State of the child, or of the child and one of the contestants, is not alone sufficient to confer jurisdiction on a court of this State to make a child custody determination.

(c) Physical presence of the child, while desirable, is not a prerequisite for jurisdiction to determine his custody.

§ 4. Notice and Opportunity to be Heard.

Before making a decree under this Act, reasonable notice and opportunity to be heard shall be given to the contestants, any parent whose parental rights have not been previously terminated, and any person who has physical custody of the child. If any of these persons is outside this State, notice and opportunity to be heard shall be given pursuant to section 5.

§ 5. Notice to Persons Outside this State; Submission to Jurisdiction.

(a) Notice required for the exercise of jurisdiction over a person outside this State shall be given in a manner reasonably calculated to give actual notice, and may be:

(1) by personal delivery outside this State in the manner prescribed for service of process within this State;

(2) in the manner prescribed by the law of the place in which the service is made for service of process in that place in an action in any of its courts of general jurisdiction;

(3) by any form of mail addressed to the person to be served and requesting a receipt; or

(4) as directed by the court [including publication, if other means of notification are ineffective].

(b) Notice under this section shall be served, mailed, or delivered, [or last published] at least [10, 20] days before any hearing in this State.
(c) Proof of service outside this State may be made by affidavit of the individual who made the service, or in the manner prescribed by the law of this State, the order pursuant to which the service is made, or the law of the place in which the service is made. If service is made by mail, proof may be a receipt signed by the addressee or other evidence of delivery to the addressee.
(d) Notice is not required if a person submits to the jurisdiction of the court.

§ 6. Simultaneous Proceedings in Other States.

(a) A court of this State shall not exercise its jurisdiction under this Act if at the time of filing the petition a proceeding concerning the custody of the child was pending in a court of another state exercising jurisdiction substantially in conformity with this Act, unless the proceeding is stayed by the court of the other state because this State is a more appropriate forum or for other reasons.

(b) Before hearing the petition in a custody proceeding the court shall examine the pleadings and other information supplied by the parties under section 9 and shall consult the child custody registry established under section 16 concerning the pendency of proceedings with respect to the child in other states. If the court has reason to believe that proceedings may be pending in another state it shall direct an inquiry to the state court administrator or other appropriate official of the other state.

(c) If the court is informed during the course of the proceeding that a proceeding concerning the custody of the child was pending in another state before the court assumed jurisdiction it shall stay the proceeding and communicate with the court in which the other proceeding is pending to the end that the issue may be litigated in the more appropriate forum and that information be exchanged in accordance with sections 19 through 22. If a court of this state has made a custody decree before being informed of a pending proceeding in a court of another state it shall immediately inform that court of the fact. If the court is informed that a proceeding was commenced in another state after it assumed jurisdiction it shall likewise inform the court to the end that the issues may be litigated in the more appropriate forum.

§ 7. Inconvenient Forum.

(a) A court which has jurisdiction under this Act to make an initial or modification decree may decline to exercise its jurisdiction any time before making a decree if it finds that it is an inconvenient forum to make a custody determination under the circumstances of the case and that a court of another state is a more appropriate forum.
(b) A finding of inconvenient forum may be made upon the court's own motion or upon motion of a party or a guardian ad litem or other representative of the child.
(c) In determining if it is an inconvenient forum, the court shall consider if it is in the interest of the child that another state assume jurisdiction. For this purpose it may take into account the following factors, among others:

(1) if another state is or recently was the child's home state;

(2) if another state has a closer connection with the child and his family or with the child and one or more of the contestants;

(3) if substantial evidence concerning the child's present or future care, protection, training, and personal relationships is more readily available in another state;

(4) if the parties have agreed on another forum which is no less appropriate; and

(5) if the exercise of jurisdiction by a court of this state would contravene any of the purposes stated in section 1.

(d) Before determining whether to decline or retain jurisdiction the court may communicate with a court of another state and exchange information pertinent to the assumption of jurisdiction by either court with a view to assuring that jurisdiction will be exercised by the more appropriate court and that a forum will be available to the parties.

(e) If the court finds that it is an inconvenient forum and that a court of another state is a more appropriate forum, it may dismiss the proceedings, or it may stay the proceedings upon condition that a custody proceeding be promptly commenced in another named state or upon any other conditions which may be just and proper, including the condition that a moving party stipulate his consent and submission to the jurisdiction of the other forum.

(f) The court may decline to exercise its jurisdiction under this Act if a custody determination is incidental to an action for divorce or another proceeding while retaining jurisdiction over the divorce or other proceeding.

(g) If it appears to the court that it is clearly an inappropriate forum it may require the party who commenced the proceedings to pay, in addition to the costs of the proceedings in this State, necessary travel and other expenses, including attorneys' fees, incurred by other parties or their witnesses. Payment is to be made to the clerk of the court for remittance to the proper party.

(h) Upon dismissal or stay of proceedings under this section the court shall inform the court found to be the more appropriate forum of this fact, or if the court which would have jurisdiction in the other state is not certainly known, shall transmit the information to the court administrator or other appropriate official for forwarding to the appropriate court.

(i) Any communication received from another state informing this State of a finding of inconvenient forum because a court of this State is the more appropriate forum shall be filed in the custody registry of the appropriate court. Upon assuming jurisdiction the court of this State shall inform the original court of this fact.

§ 8. Jurisdiction Declined by Reason of Conduct.

(a) If the petitioner for an initial decree has wrongfully taken the child from another state or has engaged in similar reprehensible conduct the court may decline to exercise jurisdiction if this is just and proper under the circumstances.

(b) Unless required in the interest of the child, the court shall not exercise its jurisdiction to modify a custody decree of another state if the petitioner, without consent of the person entitled to custody, has improperly removed the child from the physical custody of the person entitled to custody or has improperly retained the child after a visit or other temporary relinquishment of physical custody. If the petitioner has violated any other provision of a custody decree of another state the court may decline to exercise its jurisdiction if this is just and proper under the circumstances.

(c) In appropriate cases a court dismissing a petition under this section may charge the petitioner with necessary travel and other expenses, including attorneys' fees, incurred by other parties or their witnesses.

§ 9. Information under Oath to be Submitted to the Court.

(a) Every party in a custody proceeding in his first pleading or in an affidavit attached to that pleading shall give information under oath as to the child's present address, the places where the child has lived within the last 5 years, and the names and present addresses of the persons with whom the child has lived during that period. In this pleading or affidavit every party shall further declare under oath whether:

(1) he has participated (as a party, witness, or in any other capacity) in any other litigation concerning the custody of the same child in this or any other state;

(2) he has information of any custody proceeding concerning the child pending in a court of this or any other state; and

(3) he knows of any person not a party to the proceedings who has physical custody of the child or claims to have custody or visitation rights with respect to the child.

(b) If the declaration as to any of the above items is in the affirmative the declarant shall give additional information under oath as required by the court. The court may examine the parties under oath as to details of the information furnished and as to other matters pertinent to the court's jurisdiction and the disposition of the case.

(c) Each party has a continuing duty to inform the court of any custody proceeding concerning the child in this or any other state of which he obtained information during this proceeding.

§ 10. Additional Parties.

If the court learns from information furnished by the parties pursuant to section 9 or from other sources that a person not a party to the custody proceeding has physical custody of the child or claims to have custody or visitation rights with respect to the child, it shall order that person to be joined as a party and to be duly notified of the pendency of the proceeding and of his joinder as a party. If the person joined as a party is outside this State he shall be served with process or otherwise notified in accordance with section 5.

§ 11. Appearance of Parties and the Child.

[(a) The court may order any party to the proceeding who is in this State to appear personally before the court. If that party has physical custody of the child the court may order that he appear personally with the child.]

(b) If a party to the proceeding whose presence is desired by the court is outside this State with or without the child the court may order that the notice given under section 5 include a statement directing that party to appear personally with or without the child and declaring that failure to appear may result in a decision adverse to that party.

(c) If a party to the proceeding who is outside this State is directed to appear under subsection (b) or desires to appear personally before the court with or without the child, the court may require another party to pay to the clerk of the court travel and other necessary expenses of the party so appearing and of the child if this is just and proper under the circumstances.

§ 12. Binding Force and Res Judicata Effect of Custody Decree.
A custody decree rendered by a court of this State which had jurisdiction under section 3 binds all parties who have been served in this State or notified in accordance with section 5 or who have submitted to the jurisdiction of the court, and who have been given an opportunity to be heard. As to these parties the custody decree is conclusive as to all issues of law and fact decided and as to the custody determination made unless and until that determination is modified pursuant to law, including the provisions of this Act.

§ 13. Recognition of Out-of-State Custody Decrees.
The courts of this State shall recognize and enforce an initial or modification decree of a court of another state which had assumed jurisdiction under statutory provisions substantially in accordance with this Act or which was made under factual circumstances meeting the jurisdictional standards of the Act, so long as this decree has not been modified in accordance with jurisdictional standards substantially similar to those of this Act.

§ 14. Modification of Custody Decree of Another State.

(a) If a court of another state has made a custody decree, a court of this State shall not modify that decree unless (1) it appears to the court of this State that the court which rendered the decree does not now have jurisdiction under jurisdictional prerequisites substantially in accordance with this Act or has declined to assume jurisdiction to modify the decree and (2) the court of this State has jurisdiction.

(b) If a court of this State is authorized under subsection (a) and section 8 to modify a custody decree of another state it shall give due consideration to the transcript of the record and other documents of all previous proceedings submitted to it in accordance with section 22.

§ 15. Filing and Enforcement of Custody Decree of Another State.

(a) A certified copy of a custody decree of another state may be filed in the office of the clerk of any [District Court, Family Court] of this State. The clerk shall treat the decree in the same manner as a custody decree of the [District Court, Family Court] of this State. A custody decree so filed has the same effect and shall be enforced in like manner as a custody decree rendered by a court of this State.

(b) A person violating a custody decree of another state which makes it necessary to enforce the decree in this State may be required to pay necessary travel and other expenses, including attorneys' fees, incurred by the party entitled to the custody or his witnesses.

§ 16. Registry of Out-of-State Custody Decrees and Proceedings.
The clerk of each [District Court, Family Court] shall maintain a registry in which he shall enter the following:

(1) certified copies of custody decrees of other states received for filing;

(2) communications as to the pendency of custody proceedings in other states;

(3) communications concerning a finding of inconvenient forum by a court of another state; and

(4) other communications or documents concerning custody proceedings in another state which may affect the jurisdiction of a court of this State or the disposition to be made by it in a custody proceeding.

§ 17. Certified Copies of Custody Decree.
The Clerk of the [District Court, Family Court] of this State, at the request of the court of another state or at the request of any person who is affected by or has a legitimate interest in a custody decree, shall certify and forward a copy of the decree to that court or person.

§ 18. Taking Testimony in Another State.
In addition to other procedural devices available to a party, any party to the proceeding or a guardian ad litem or other representative of the child may adduce testimony of witnesses, including parties and the child, by deposition or otherwise, in another state. The court on its own motion may direct that the testimony of a person be taken in another state and may prescribe the manner in which and the terms upon which the testimony shall be taken.

§ 19. Hearings and Studies in Another State; Orders to Appear.

(a) A court of this State may request the appropriate court of another state to hold a hearing to adduce evidence, to order a party to produce or give evidence under other procedures of that state, or to have social studies made with respect to the custody of a child involved in proceedings pending in the court of this State; and to forward to the court of this State certified copies of the transcript of the record of the hearing, the evidence otherwise adduced, or any social studies prepared in compliance with the request. The cost of the services may be assessed against the parties or, if necessary, ordered paid by the [County, State].

(b) A court of this State may request the appropriate court of another state to order a party to custody proceedings pending in the court of this State to appear in the proceedings, and if that party has physical custody of the child, to appear with the child. The request may state that travel and other necessary expenses of the party and of the child whose appearance is desired will be assessed against another party or will otherwise be paid.

§ 20. Assistance to Courts of Other States.

(a) Upon request of the court of another state the courts of this State which are competent to hear custody matters may order a person in this State to appear at a hearing to adduce evidence or to produce or give evidence under other procedures available in this State [or may order social studies to be made for use in a custody proceeding in another state]. A certified copy of the transcript of the record of the hearing or the evidence otherwise adduced [and any social studies prepared] shall be forwarded by the clerk of the court to the requesting court.

(b) A person within this State may voluntarily give his testimony or statement in this State for use in a custody proceeding outside this state.

(c) Upon request of the court of another state a competent court of this State may order a person in this State to appear alone or with the child in a custody proceeding in another state. The court may condition compliance with the request upon assurance by the other state that state travel and other necessary expenses will be advanced or reimbursed.

§ 21. Preservation of Documents for Use in Other States.

In any custody proceeding in this State the court shall preserve the pleadings, orders and decrees, any record that has been made of its hearings, social studies, and other pertinent documents until the child reaches [18, 21] years of age. Upon appropriate request of the court of another state the court shall forward to the other court certified copies of any or all such documents.

§ 22. Request for Court Records of Another State.

If a custody decree has been rendered in another state concerning a child involved in a custody proceeding pending in a court of this State, the court of this State upon taking jurisdiction of the case shall request of the court of the other state a certified copy of the transcript of any court record and other documents mentioned in section 21.

§ 23. International Applications.

The general policies of this Act extend to the international area. The provisions of this Act relating to the recognition and enforcement of custody decrees of other states apply to custody decrees and decrees involving legal institutions similar in nature to custody institutions rendered by appropriate authorities of other nations if reasonable notice and opportunity to be heard were given to all affected persons.

[§ 24. Priority.

Upon the request of a party to a custody proceeding which raises a question of existence or exercise of jurisdiction under this Act the case shall be given calendar priority and handled expeditiously.]

§ 25. Severability.
If any provision of this Act or the application thereof to any person or circumstance is held invalid, its invalidity does not affect other provisions or applications of the Act which can be given affect without the invalid provision or application, and to this end the provisions of this Act are severable.

§ 26. Short Title.
This Act may be cited as the Uniform Child Custody Jurisdiction Act.

§ 27. Repeal.
The following acts and parts of acts are repealed:
(1)
(2)
(3)

§ 28. Time of Taking Effect.
This Act shall take effect ...

Auszug aus dem Restatement 2nd Conflict of Laws

§ 92. Requisites of a Valid Judgment.
A judgment is valid if
(a) the state in which it is rendered has jurisdiction to act judicially in the case; and
(b) a reasonable method of notification is employed and a reasonable opportunity to be heard is afforded to persons affected; and
(c) the judgment is rendered by a competent court; and
(d) there is compliance with such requirements of the state of rendition as are necessary for the valid exercise of power by the court.

§ 93. Recognition of Sister State and Federal Court Judgments.
A valid judgment rendered in one State of the United States must be recognized in a sister State, except as stated in §§ 103–121.

§ 94. Persons Affected.
What persons are bound by a valid judgment is determined, subject to constitutional limitations, by the local law of the State where the judgment was rendered.

§ 95. Issues Affected.
What issues are determined by a valid judgment is determined, subject to constitutional limitations, by the local law of the State where the judgment was rendered.

§ 96. Res Judicata as to Jurisdiction Over the Person.
When a defendant appears in an action to object that the court has no jurisdiction over him and the court overrules the objection and renders judgment against him, the local law of the State where the judgment was rendered determines, subject to constitutional limitations, whether the parties are precluded from attacking the judgment collaterally on the ground that the court had no jurisdiction over the defendant.

§ 97. Res Judicata as to Jurisdiction Over Thing or Status or as to Competence Over Subject Matter.
When a court has jurisdiction over the parties, the local law of the State where the judgment was rendered determines, subject to constitutional limitations, whether the parties are precluded from collaterally attacking the judgment on the ground that the court had no jurisdiction over the thing or status involved or lacked competence over the subject matter of the controversy.

§ 98. Recognition of Foreign Nation Judgments.
A valid judgment rendered in a foreign nation after a fair trial in a contested proceeding will be recognized in the United States so far as the immediate parties and the underlying cause of action are concerned.

§ 99. Methods of Enforcement.
The local law of the forum determines the methods by which a judgment of another state is enforced.

§ 100. Enforcement of Money Judgments.
A valid judgment for the payment of money rendered in a State of the United States will be enforced in a sister State, except as stated in §§ 103–121.

§ 101. Amount For Which Judgment May Be Enforced.
A valid judgment for the payment of money will be enforced in other states only in the amount for which it is enforceable in the state where it was rendered.

§ 102. Enforcement of Judgment Ordering or Enjoining Act.
A valid judgment that orders the doing of an act other than the payment of money, or that enjoins the doing of an act, may be enforced, or be the subject of remedies, in other states.

§ 103. Limitations on Full Faith and Credit.
A judgment rendered in one State of the United States need not be recognized or enforced in a sister State if such recognition or enforcement is not required by the national policy of full faith and credit because it would involve an improper interference with important interests of the sister State.

§ 104. Judgment Rendered Without Judicial Jurisdiction or Without Adequate Notice or Opportunity to be Heard.
A judgment rendered without judicial jurisdiction or without adequate notice or adequate opportunity to be heard will not be recognized or enforced in other states.

§ 105. Judgment Rendered by Court Lacking Competence.
A judgment rendered by a court lacking competence to render it and for that reason subject to collateral attack in the state of rendition will not be recognized or enforced in other states.

§ 106. Erroneous Judgment.
A judgment will be recognized and enforced in other states even though an error of fact or of law was made in the proceedings before judgment, except as stated in § 105.

§ 107. Non-Final Judgment.
A judgment will not be recognized or enforced in other states insofar as it is not a final determination under the local law of the state of rendition.

§ 108. Amount of Judgment Uncertain.
A judgment for the payment of money will not be enforced in other states unless the amount to be paid has been finally determined under the local law of the state of rendition.

§ 109. Modifiable Judgment.
(1) A judgment rendered in one State of the United States need not be recognized or enforced in a sister State insofar as the judgment remains subject to modification in the State of rendition either as to sums that have accrued and are unpaid or as to sums that will accrue in the future.
(2) A court is free to recognize or enforce a judgment that remains subject to modification under the local law of the state of rendition.

§ 110. Judgment Not on the Merits.
A judgment that is not on the merits will be recognized in other states only as to issues actually decided.

§ 111. Conditional Judgment.
A judgment will not be enforced in other states if the judgment is not subject to enforcement in the state of rendition because the judgment is subject to a condition not yet performed.

§ 112. Vacated Judgment.
A judgment will not be enforced in other states if it has been vacated in the state of rendition.

§ 113. Effect of Injunction Against Holder of Judgment – A judgment will not be enforced in other states if the holder of the judgment has been permanently enjoined from enforcing the judgment.

§ 114. Inconsistent Judgments.
A judgment rendered in a State of the United States will not be recognized or enforced in sister States if an inconsistent, but valid, judgment is subsequently rendered in another action between the parties and if the earlier judgment is superseded by the later judgment under the local law of the State where the later judgment was rendered.

§ 115. Equitable Relief Available Against Judgment in State of Rendition.
A judgment will not be recognized or enforced in other states if upon the facts shown to the court equitable relief could be obtained against the judgment in the state of rendition.

§ 116. Payment or Other Discharge.
A judgment will not be enforced in other states if the judgment has been discharged by payment or otherwise under the local law of the state of rendition.

§ 117. Original Claim Contrary to Public Policy of State Where Enforcement of Judgment is Sought.
A valid judgment rendered in one State of the United States will be recognized and enforced in a sister State even though the strong public policy of the latter State would have precluded recovery in its courts on the original claim.

§ 118. Statute of Limitations.
(1) A valid judgment rendered in a State of the United States will be enforced in a sister State although action on the original claim was barred by the statute of limitations of the sister State at the time when the judgment was rendered.
(2) A valid judgment rendered in a State of the United States may be denied enforcement in a sister State if suit on the judgment is barred by the sister State's statute of limitations applicable to judgments.

§ 119. Original Suit Brought by One Not Real Party in Interest.
A valid judgment rendered in a State of the United States will be recognized and enforced in a sister State even though the original action was brought by one who was not a real party in interest according to the local law of the sister State.

§ 120. Judgment on Governmental Claim.
A valid judgment rendered on a non-penal governmental claim in a State of the United States will be recognized and enforced in a sister State.

§ 121. Reversal of Prior Judgment.
The effect of the reversal of a prior judgment upon a later judgment in a second state that is based on the prior judgment is determined by the local law of the state where the later judgment was rendered.

Auszug aus dem Restatement 3rd Foreign Relations

§ 481. Recognition and Enforcement of Foreign Judgments.

(1) Except as provided in § 482, a final judgment of a court of a foreign state granting or denying recovery of a sum of money, establishing or confirming the status of a person, or determining interests in property, is conclusive between the parties, and is entitled to recognition in courts in the United States.

(2) A judgment entitled to recognition under Subsection (1) may be enforced by any party or its successors or assigns against any other party, its successors or assigns, in accordance with the procedure for enforcement of judgments applicable where enforcement is sought.

§ 482. Grounds for Nonrecognition of Foreign Judgments.

(1) A court in the United States may not recognize a judgment of the court of a foreign state if:

(a) the judgment was rendered under a judicial system that does not provide impartial tribunals or procedures compatible with due process of law; or

(b) the court that rendered the judgment did not have jurisdiction over the defendant in accordance with the law of the rendering state and with the rules set forth in § 421.

(2) A court in the United States need not recognize a judgment of the court of a foreign state if:

(a) the court that rendered the judgment did not have jurisdiction of the subject matter of the action;

(b) the defendant did not receive notice of the proceedings in sufficient time to enable him to defend;

(c) the judgment was obtained by fraud;

(d) the cause of action on which the judgment was based, or the judgment itself, is repugnant to the public policy of the United States or of the State where recognition is sought;

(e) the judgment conflicts with another final judgment that is entitled to recognition; or

(f) the proceeding in the foreign court was contrary to an agreement between the parties to submit the controversy on which the judgment is based to another forum.

§ 483. Recognition and Enforcement of Tax and Penal Judgments.
Courts in the United States are not required to recognize or to enforce judgments for the collection of taxes, fines, or penalties rendered by the courts of other states.

§ 484. Recognition of Foreign Divorce Decrees.
(1) Courts in the United States will recognize a divorce granted in the state in which both parties to the marriage had their domicile or their habitual residence at the time of divorce, and valid and effective under the law of that state.
(2) Courts in the United States may, but need not, recognize a divorce, valid and effective under the law of the state where it was granted,
(a) if that state was, at the time of divorce, the state of domicile or habitual residence of one party to the marriage; or
(b) if the divorce was granted by a court having jurisdiction over both parties, and if at least one party appeared in person and the other party had notice of and opportunity to participate in the proceeding.
(3) A court that would not recognize a divorce that is within Subsection 2(a) or 2(b) may nevertheless recognize such a divorce if it would be recognized by the state where the parties were domiciled or had their habitual residence at the time of the divorce.

§ 485. Recognition and Enforcement of Foreign Child Custody Orders.
(1) A court in the United States will recognize an order of a foreign court awarding or modifying an award of custody of a child, valid and effective in the state where it was issued, if, when the proceeding was commenced,
(a) the issuing state was the habitual residence of the child;
(b) the child and at least one party to the custody proceeding had a significant connection with that state; or
(c) the child was present in that state and emergency conditions required a custody order for protection of the child;
provided that notice of the proceeding was given to each parent and to any other person having physical custody of the child.
(2) Ordinarily, a court in the United States may modify a custody order entitled to recognition under this section only if the rendering court no longer has jurisdiction to modify the order, or has declined to exercise its jurisdiction to modify it.

§ 486. Recognition and Enforcement of Foreign Support Orders.
(1) A court in the United States will recognize and enforce an order of a foreign court for support, valid and effective under the law of the state where it was issued, if the issuing state
(a) was the domicile or habitual residence of both parties to the marriage when the obligation for support accrued;
(b) was the domicile or habitual residence of the support debtor at the time the order was issued; or
(c) was the domicile or habitual residence of the support creditor, and the support debtor appeared in the proceedings.
(2) A court in the United States may modify a support order entitled to recognition under Subsection (1), at the initiative of either party, if the court has jurisdiction over the other party in accordance with § 421 (2) (b), (c), or (g).

Stichwortverzeichnis

Die Zahlen verweisen auf die Seiten. Die Hinweise auf Gegenseitigkeitserklärungen in den Fußnoten zu den Länderberichten beziehen sich auf die Gegenseitigkeitserklärungen nach § 1 Abs. 2 AUG. Stichworte zu den Länderberichten beschränken sich regelmäßig auf den entsprechenden Staat und umfassen nicht die in allen Länderberichten vorkommenden Stichworte (z. B. Unterhaltsentscheidung, Gegenseitigkeit).